Translation Quality Assessment: Past and Present
Authorized translation from the English language edition published by Routledge,
a member of the Taylor & Francis Group. All rights reserved.

이 책의 한국어 판권은 Routledge와의 독점계약으로 한국문화사에 있습니다.

Korean Translation Copyright ⓒ 2019 by HANKOOK MUNHWASA Publishing Co.

번역품질평가
과거와 현재

Translation Quality Assessment
Past and Present

Juliane House 지음
최은실 · 신상규 · 김도훈 옮김

한국문화사

번역품질평가: 과거와 현재

1판1쇄 발행 2019년 2월 28일

원　　제　Translation Quality Assessment: Past and Present
지 은 이　Juliane House(쥴리안 하우스)
옮 긴 이　최은실·신상규·김도훈
펴 낸 이　김진수
펴 낸 곳　**한국문화사**
등　　록　1991년 11월 9일 제2-1276호
주　　소　서울특별시 성동구 광나루로 130 서울숲 IT캐슬 1310호
전　　화　02-464-7708
전　　송　02-499-0846
이 메 일　hkm7708@hanmail.net
홈페이지　www.hankookmunhwasa.co.kr

책값은 뒤표지에 있습니다.

잘못된 책은 구매처에서 바꾸어 드립니다.
이 책의 내용은 저작권법에 따라 보호받고 있습니다.

ISBN 978-89-6817-734-7 93700

저자 서문

　번역품질평가는 번역학에서 중요한 주제 중 하나가 되고 있다. 필자의 번역 검정에 대한 최신의 포괄적인 논의를 통해 번역물의 가치를 평가하는 근거가 명확해지고 번역이 본질적으로는 언어적 작업이라는 사실이 강조되었다.

　번역품질평가에 있어 전 세계적으로 가장 잘 알려진 번역품질평가 모델을 제시한 Juliane House는 이 책을 통해 번역, 문화 간 의사소통, 세계화, 코퍼스, 심리언어학, 신경언어학 등 번역과 관련된 동시대의 학제간 연구를 개괄한다.

　House는 텍스트 내에 들어 있는 사회문화적이고 상황적인 맥락의 경우 번역이라는 행위를 통해 시간과 공간을 넘어 전환될 때 분석의 대상이 되어야 하므로 그것이 가지는 중요성을 인지하는 동시에, 번역이 가지는 언어학적 특성을 강조한다.

　본서에는 새롭게 고안되어 제시되는 번역품질평가 모델이 포함되며, 이전에 발표한 번역품질평가와 마찬가지로 구체적인 텍스트 분석 및 비교와 더불어 문화적으로 알고 있는 문맥적 분석 및 비교를 기반으로 하고 있다. 또한 테스트 사례에서는 번역 검정 시 두 단계가 존재한다는 사실을 보여 준다. 첫 번째 단계는 분석, 기술, 설명이고 두 번째 단계는 가치 판단, 사회 문화적 관련성과 적절성이다. 두 번째 단계는 첫 번째 단계가 시행되지 않는다면 아무 의미가 없다. 왜냐하면 판단은 쉽지만 그에 반해 이해는 판단에 비해 그렇게 쉽지는 않기 때문이다.

　『번역품질평가』는 번역학이나 문화 간 의사소통을 공부하는 학생들이나 연구자뿐 아니라 전문적인 번역사들에게도 매우 유용한 자료가 될 것이다.

역자 서문

> *"번역은 독해보다 천만 배 무겁다."*
>
> - 정영목(2018. 14)

이 말보다 번역을 잘 설명하는 말이 있을까 싶다. 번역이라는 행위는 그 자체로 가치가 있는 작업이다. 근대 사회로 접어들면서 문명과 문명이 만나는 곳에는 항상 번역이 존재했고, 그 현상은 현대 사회까지도 이어지고 있다. 인터넷이 생활 깊숙이 들어서면서 다양한 문화 주체들이 만나게 되고, 번역의 주체가 사람이든 기계이든 간에 새로운 문화와 문화가 만나는 곳에서는 항상 번역이 등장하고 있다. 이와 같이 중요한 역할을 하고 있는 번역이지만, 번역된 결과물들이 예전에 비해 좀 더 많은 독자들 혹은 관객들을 만나면서 번역에 따른 평가도 항상 수반되기 마련이다.

번역사의 블로그에 댓글을 달아 자신의 평가 결과를 알리는 독자들이 있는가 하면 출발어의 뉘앙스를 잘 알리지 못한 자막 번역에 대한 신문기사가 나오기도 한다. 그렇다면 그들이 기반을 두고 있는 평가 기준은 무엇일까? 이러한 물음이 떠오른 독자라면 이 책을 추천하고 싶다. Juliane House는 번역품질평가라는 (엄청나게 포괄적인) 큰 주제를 두고 번역 현상과 관련된 거의 모든 분야를 다루면서 다학제적 접근 방식을 시도했다. 독자들은 언어학적 접근법뿐 아니라, 심리학, 인지학, 사회학 등의 학문을 기반으로 독자 반응이나 텍스트의 기능 등에 따른 다양한 번역품질 평가 이론을 접하는 것만으로도 번역품질평가에 대한 본인만의 기준을 어느 정도는 세울 수 있을 것이다.

또한 House가 제시한 품질평가모델이 적용된 품질평가 사례 역시 흥미로운 부분이다. 경제 텍스트, 아동 문학 텍스트, 과학 텍스트 등을 두고 본인의 평가 모델을 기반으로 영어에서 독일어로 번역한 버전을 다시 영어로 역번역한 텍스트와 함께 번역 품질을 분석했다. 비록 출발어가 영어이고 도착어가 독일어인 번역 사례를 비교한 사례이지만, 자세한 설명이 따라 나오기 때문에 독자들 역시 흥미를 느낄 것이라고 생각한다. 번역을 하면서 한국어와 영어를 언어쌍으로 한 사례가 나와 준다면 한국의 독자들에게 더욱 도움이 되지 않을까 했지만 연구로까지 확장하지 못한 것에는 아쉬움이 남는다.

   다학제적인 내용을 이해하고 번역하느라 번역 작업에 상당히 오랜 시간이 걸렸다. 그럼에도 불구하고 묵묵히 기다려 주신 한국문화사, 편집에 열과 성을 다해 주신 이은하 선생님, 번역 업무에 종사하는 전문가들 및 번역에 그저 관심이 있는 독자, 번역에 문외한인 독자까지도 이 책을 통해 번역품질평가에 대한 이해도를 높이고 평가 기준들을 반영함으로써 각자의 번역능력 향상에 도움이 되기를 바란다.

2019년 2월

최은실, 신상규, 김도훈

차례

- 저자 서문 / v
- 역자 서문 / vi

1. 번역 이론과 번역품질평가	1
번역이란 무엇인가?	3
문화 간 의사소통 및 사회적 행위로서의 번역	5
인지 과정으로서의 번역	7
번역과 등가	8
2. 다양한 관점의 번역 이론 및 번역품질평가	13
심리·사회적 접근법	14
반응 기반 접근법	16
텍스트 및 담화 기반 접근법	19
번역품질평가를 위한 제언	24
3. House의 오리지널 번역품질평가 모델 (1977)	33
핵심 개념	33
언어의 기능과 텍스트의 기능은 같지 않다!	36
오리지널 번역품질평가 모델 설계	41
오리지널 모델의 운용	49
텍스트를 비교 분석하는 오리지널 방법	49
오리지널 평가 검정	52
4. 오리지널 모델의 실행	56
상업적 텍스트(출발어는 영어, 도착어는 독어)	58

ST 분석 및 기능 진술서	71
ST와 TT의 비교 및 기능 진술서	81

5. 텍스트 사례를 바탕으로 오리지널 모델 개선하기 88
번역의 유형 88
외현적 번역 88
내재적 번역 91
여러 유형의 번역과 버전 구분하기 93

6. House의 수정된 번역품질평가 모델(1997) 103
외현적 번역과 내재적 번역 107
문화적 필터 111

7. 수정된 1997년 모델의 실행: 텍스트 사례 116
아동 도서 텍스트(출발어는 영어, 도착어는 독어) 117
ST 분석 및 기능 진술서 127
ST와 TT 비교 및 기능 진술서 135

8. 대조 화용론, 문화 간 의사소통 및 이해: 번역품질평가 시 문화적 필터링을 위한 서로 간어 관련성 145
대조 화용론 145
대조 화용론 분석 예시: 독일어-영어 146
문화 간 차이의 다섯 가지 관점: 영어-독일어 149
문화 간 의사소통 및 문화 간 이해 157

9. 세계화와 번역품질평가 시 문화적 필터링과의 관련성	165
담화의 세계화	166
10. 번역품질평가를 위한 모델에서 코퍼스 연구와 장르라는 개념과의 관련성	181
번역 관계 분석	191
11. 인지적 번역 관련 연구와 번역품질평가와의 관련성	195
12. 번역품질관리의 새로운 통합 모델을 향하여	206
유니레버 연간보고서(2000)에서 인용	210
새롭게 수정된 모델을 기반으로 한 영어 원문 문장 분석	215
기능 진술서	223
ST와 TT 비교	224
기능진술서	234
■ 참고 문헌	239
■ 찾아보기	255

그림과 표 목록

그림 목록
3.1 문어체(writing)의 종류
6.1 원문과 번역문의 분석 및 비교 체제
8.1 차원에 따른 문화 간 차이(독일어-영어)
10.1 번역과 비교 코퍼스(예: 영어-독일어)
11.1 언어적 의사소통의 구성요소를 나타낸 도해
12.1 원문과 번역문의 분석 및 비교 체제
12.2 원문과 번역문의 분석 및 비교 체제 수정

표 목록
10.1 선별된 언어적 항목의 사용 빈도로 알 수 있는 대중적인 과학 텍스트의 영어본과 독어본 간 화용론적 차이(1978~1982)
10.2 대중적인 과학 텍스트의 독일어 번역본 및 비번역본에서의 투명하기와 접촉 유도

1
번역 이론과 번역품질평가

우선 1장에서는 필자가 생각하는 번역이 무엇인지에 대해 간략하게 설명한 뒤 앞으로 상세하게 다루게 될 주제들을 언급할 것이다.

번역은 한 사람, 즉 번역사의 두뇌에서 일어나는 인지 과정인 동시에 다른 언어, 다른 문화에서 발생하는 사회적 관행이다. 유효한 번역 이론이라면 위 두 가지 측면을 모두 수용해야 한다. 이를 위해서는 두 측면을 통합하고 있는 번역 이론에 대한 다학제적(multidisciplinary) 접근 방식이 필요하다. 이뿐만 아니라 번역 이론의 핵심 개념 중 하나인 '번역 등가(equivalence in translation)'의 역할에 대해 고려하지 않고서는 번역 이론 자체가 성립하지 않는다. 또한 등가를 고려하면 바로 우리가 번역의 품질을 어떻게 평가하게 되는지에 대한 논의로 연결된다. 따라서 번역품질평가는 어떤 번역 이론에서도 핵심적인 위치를 차지한다고 볼 수 있다. 이 책에서는 필자가 제시했던 두 가지 버전의 번역품질평가 모델(House 1977, 1997)을 업데이트하기 위해 고안된 번역품질평가의 새로운 논의를 다루게 된다. 필자가 아는 한, 번역품질평가 모델들 중 연구 기반모델로서는 이론적으로 정통하고 학제적 접근 방식을 가지면서 품질평가를 제대로 할 수 있는 모델로는 필자의 것이 유일하다. 특히 번역직 및 번역 산업에서 번역품질평가에 대한 관심이 치솟고 있을 뿐만 아니라 최근 수십 년간 번역학의 엄청난 성장과 전파를 고려한다면 필자의 이전 모델들에 대한 개정판을 제시할 때가 되었다고 생각한다.

  이 책에는 필자가 지난 40년 동안 진행한 이문화(cross cultural)·문화 간(intercultural) 연구와 번역 검정(translation evaluation) 연구가 상세하게 기술되어 있으며, 여러 가지 흥미로운 접근법과 각각의 장점 및 한계점을 구체적으로 나열하였다. 또한 과거에 시행되었던 번역 검정을 시도할 뿐 아니라 현재 진행 중인 연구 갈래도 살펴볼 계획이다. 그중에서도 대조 화용론이나 문화 간 의사소통, 코퍼스 연구, 심리·신경 언어학, 인지 언어학 등의 관점에서 번역문에 대한 정당한 판단 근거를 마련할 수 있을지 확인하고자 한다. 필자는 또한 전통적으로 언어에 정통하고 텍스트를 기반으로 하는 번역관과 권력 관계, 갈등 상황, 윤리적 문제, 저자, 번역사, 독자 등(House 2014 최신판 참조) 번역 행위에 관여하는 사람들을 고려한 가장 일반적인 의미에서의 번역 맥락(context)을 강조하는 번역관을 결합할 수 있는 다학제적 번역관이 번역학에서 필요하다는 점을 강조할 것이다.

  최근 수십 년 동안 번역학 분야에서는 번역을 주로 사회·문화·정치·윤리·이데올로기 지배적인 사건(affair)으로 간주하는 관점에 치우쳐 있었다. 물론 이러한 관점도 필요하고 가치 있지만 근본적으로는 번역이 언어 행위(linguistic act)라는 사실을 잊어서는 안 된다. 그래서 책 전반에 걸쳐 어느 한 쪽으로 치우치지 않는 균형적인 입장을 견지하겠지만 자세한 텍스트 비교 분석에 초점을 둘 것이다. 왜냐하면 텍스트 비교 분석이 바로 필자의 번역품질평가 모델의 강점이기 때문이다. 그리고 필자의 관점에서 번역품질평가란 번역을 다시 떠올리면서 그 가치를 평가하는 것과 번역문을 생산하는 과정에서 번역 품질을 미리 보장하는 것 모두를 의미한다.

번역이란 무엇인가?

번역은 하나의 언어로 구성되어 있는 텍스트를 다른 언어로 된 텍스트로 재맥락화하는 언어·텍스트적 작업의 결과라고 정의내릴 수 있다. 다만 언어·텍스트적 작업으로서의 번역은 다양한 언어 외적인 요인 및 상황하에 놓여 있고 이들로부터 막대한 영향을 받는다. 이와 같이 번역을 복잡한 현상으로 만드는 요소가 바로 언어·텍스트 '내적' 요인, 언어·텍스트 '외적' 요인, 맥락적 요인 간 상호작용이다. 번역에 대해 논할 때 우리가 고려해야 할 상호적 요소들은 다음과 같다.

- 구조적 속성, 표현 잠재성(expressive potential), 번역에 관여하는 두 언어에 따른 제약
- 출발어와 도착어에 의해서 다른 방법으로 편집(cut up)되는 언어 외적 세계
- 출발어 문화권에서 수용되는 사용 규범에서 나타나는 원문의 언어적·문체적·미학적(linguistic-stylistic-aesthetic) 특징
- 도착어 문화권의 언어적·문체적·미학적 규범
- 번역사 내면에 자리 잡은 도착어 규범
- 도착어 문화에서 텍스트의 총체성(totality)을 좌우하는 상호텍스트성(intertextuality)
- 도착어 문화권에서 나타나는 번역의 전통, 원리, 역사, 이데올로기
- 번역을 의뢰하는 개인 혹은 기관이 번역사에게 제시한 번역 '브리프'
- 번역사의 근무 조건
- 번역사가 갖추고 있는 지식, 식견, 윤리관, 사고방식 프로필, 번역사의 주관적 번역 이론
- 번역문 수용자가 갖추고 있는 지식, 식견, 윤리관, 번역가에 대해 가지고 있는 사고방식 프로필, 수용자의 주관적 번역 이론

따라서 앞서 언급한 대로 번역의 핵심이 언어·텍스트적 활동일지라도 다양한 조건과 제약 요소들 역시 번역 과정이나 수행, 그리고 당연히 번역 품질에까지도 일정 부분 영향을 끼친다. 그러나 아무리 실용적인 번역품질평가 모델이라 하더라도 상기에 언급된 요소들을 모두 반영하는 것은 거의 불가능에 가깝다. 하물며 필자가 제안한 모델과 같이 필수적으로 텍스트 기반 분석을 하는 경우는 말할 것도 없다. 그래서 번역을 둘러싸고 있는 다양한 조건들로 인해 번역이 복잡성을 띠기는 하지만 사람들은 여전히 핵심적인 의미로서 번역에 대한 최소한의 정의를 '하나의 언어로 된 원문을 다른 언어로 된 텍스트로 대체(replacement)하는 것'이라고 고수하고 있다고 본다. 여기에서 '대체'라는 용어를 사용하게 되면 번역한 텍스트를 차선, 즉 실제의 것에 대한 대체물이라고 다소 부정적으로 간주될 수도 있다. 이런 관점에서 본다면 번역의 정의는 이차적 의사소통 행위(act of communication)다. 보통 의사소통은 일회성으로 발생한다. 번역에서는 원래의 의사소통 행위를 인식하지 못한 개인이나 집단을 위해 해당 의사소통 행위가 복제된다. 더 긍정적으로 접근하면 번역을 통해서 언어 장벽에 가로막혀 전혀 접하지 못한 다른 세계의 지식이나 서로 다른 전통 및 아이디어를 어쩌면 처음 접할 수도 있다. 이런 관점에서 번역은 '다리를 짓는 작업', '지평을 넓히는 작업', '수용자들에게 중요한 서비스를 제공하는 작업', '자국어의 경계를 넘는 작업' 등으로 종종 묘사되어 왔다. 언어·문화적(lingua-cultural) 장벽을 극복하는 방법으로 번역을 활용하는 것이다. 그래서 번역은 사회와 문화 간 가장 중요한 중재자 중 하나다. 하지만 이 모든 장점에도 불구하고 번역은 이미 존재하는 메시지에 독자들이 접근하도록 도와줄 뿐이다. 이러한 번역의 '파생적 특성(derived nature)'이 의미하는 바는 번역에는 원문에 존재하는 원래의 메시지를 고려하려는 후방적 지향성(orientation backwards)과 도착어에서 원문과 대응되는 장르 내에서 텍스트가 어떻게 구성되어 있는지 고려하려는 전방적 지향성

(orientation forwards) 둘 다가 존재한다는 것이다. 이렇게 '딜레마를 이루는' 관계는 명심해야 할 번역의 기본 특성이다.

문화 간 의사소통 및 사회적 행위로서의 번역

앞서 언급했듯이 번역은 언어활동일 뿐만 아니라 문화 간 의사소통 활동이기도 하다. 이러한 사실은 1960년대 번역 이론의 거장 중 하나인 Eugine Nida에 의해 알려졌다. Nida(1964)는 번역을 다른 문화를 재현하는 주요 수단 중 하나로 보았다. 또한 언어와 문화를 명확하게 구분할 수 없기 때문에 번역은 항상 서로 다른 언어와 문화를 수반하는 작업이라고 인식했다. 언어는 문화를 내포하고 있다. 즉, 언어는 문화적 현실을 표현하고 구체화하는 역할을 하며, 언어 단위의 의미는 해당 언어가 발현되고 활용되는 문화적 맥락을 함께 고려할 때만 이해될 수 있다. 따라서 번역을 할 때는 서로 다른 두 개의 언어와 두 개의 문화가 항상 만나게 된다. 이러한 관점에서 볼 때 번역은 문화 간 의사소통의 한 형태다. 하지만 번역사는 광범위한 차원의 거시문화적 틀을 인식하는 것 외에도 좀 더 직접적인 '상황적 맥락(context of situation)' 역시 고려해야 한다. 이렇게 좀 더 번역사와 관련이 있는 상황적 맥락은 누가, 언제, 왜, 누구를 위해 텍스트를 썼는지, 누가 지금 그 텍스트를 읽고 있는지, 목적은 무엇인지 등의 질문들과 연관된다. 이러한 질문들은 결국 텍스트가 작성되고 해석되고 읽히고 활용되는 방법에 영향을 준다. 텍스트 내와 실제 세계 모두에서 상황적 맥락은 좀 더 범위가 넓은 사회문화적 범주에 포함된다.

번역 행위가 가지는 고유한 반영적 특성(reflective nature)은 번역사가 텍스트의 상황성(situatedness)에 초점을 두는 행위나 번역사가 텍스트와 맥락이 가지는 깊은 상호연결성(interconnectedness)을 인지하는 행위에서 드러난다. 번역을 통해 시간이나 공간, 다른 체제의 지표성(indexicality)을 오고 가는 텍스트의 경우 재맥락화가 이루어져야 한다. 맥락 속에서 텍스트를 탐구하는 것은 재맥락화로서의 번역을 위해 텍스트를 탐구할 수 있는 유일한 방법이다(House 2006a 참조). 최근 들어 이러한 번역의 재맥락화는 개인이나 집단, 언어, 문학 작품 간에 근본적으로 동등하지 않은 권력 관계에 의해 형성된 맥락을 수반하고 있다. 이 경우, 기존에 존재하던 권력 구조를 분석하고 이의를 제기하며 저항하는 중요한 역할이 번역사에게 요구된다(Baker and Pérez-González 2011: 44 참조). 이러한 맥락에서 볼 때 번역은 갈등 중재 및 해결 행위로서의 기능을 한다기보다는 긴장 상태를 표현하거나 권력 투쟁이 벌어지는 장소로서의 기능을 한다. 긴장 상태의 극단적인 예는 전쟁 지역에 번역사를 배치하는 경우다. 이에 대해 번역학자들은 최근 번역사들의 번역 작업이 전쟁 지역에서 서로 다른 진영에 어떤 영향을 끼치는지를 연구했다. 번역사들이 고용주의 요구에 자신을 맞추는지 혹은 공개적으로 맞추기를 거부하는지 여부 및 그 방법, 분쟁과 폭력의 상황에서 번역사들이 어떻게 관여하는지 등이 연구 내용이다(Baker 2006; Maier 2007; Inghilleri 2009).

급속한 기술 진보와 더불어 실시간 매체를 통한 신속하고 효율적인 정보 전파의 필요성에 따라 세계화되고 탈영토화(de-territorialized)되어 가는 세계에서 번역의 중요성은 점점 더 커지고 있다. 이러한 추세가 번역 직업군에는 재정적으로 도움이 되지만 정보의 즉각적인 흐름과 현대 사회의 주요 분야에서 링구아 프랑카의 역할을 하는 영어에 대한 번역의 의존도 등에 대한 비판도 존재한다. 세계화된 세계에서 언어가 만나는 장소인 번역에 대한 코퍼스 기반 연구를 통해 링구아 프랑카로서의 영어가 가지는 영향력도 연구 주제가 되었다(Kranich *et al.* 2012; House 2013b 비교).

번역을 사회 문화적 현상으로 보는 관점에서 최근 번역의 윤리 문제에 대한 우려도 제기되고 있다(Goodwin 2010; Baker and Maier 2011 참조).

이 문제는 번역사들의 폭력적인 충돌 상황 개입으로 인한 가시성 증가, 시민운동을 하는 번역가 집단, 운동가들의 중심지, 인권 문제와 소수 집단에 대한 탄압 문제를 투명하게 밝히는 데 있어 번역사의 역할에 대한 인식 확대 등과 연관이 있다.

인지 과정으로서의 번역

번역을 사회 맥락적으로 접근하는 방법 외에 또 다른 중요한 새로운 경향이 존재한다. 바로 번역을 인지 과정으로 보는 것이다. 번역의 인지적 측면 특히 번역사의 머릿속에서 일어나는 번역 과정은 30년 넘게 연구되고 있으며, 최근 들어 인지적 과정으로서의 번역과 관련된 주제에 관심이 급증하고 있다(Shreve and Angelone 2011; O'Brien 2011; Ehrensberger-Dow et al. 2013 비교). 이렇게 '번역사 머릿속에서 어떤 일이 일어나는가'에 관심이 증가하게 된 주요 원인은 현대적인 기술을 활용할 수 있게 되었기 때문이다. 다시 말해 키로깅(keystroke logging), 시선추적(eye-tracking), 화면 기록(screen recording), 신경 심리학 기술 등 번역사가 수행하는 일들의 특정 양상에 대해 경험적 조사를 실시할 수 있는 기기나 방법이 계속 발전하고 있기 때문이다. O'Brien(O'Brien 2013: 6)이 정확하게 지적한 바와 같이, 번역 과정 연구는 언어학, 심리학, 인지과학, 신경과학, 읽기와 쓰기 연구, 언어 기술(language technology) 등 여러 학문 분야에서 많은 부분을 '차용'해 왔다. 현재까지는 이 학문들의 특정한 연구 방향이나 연구 방법이 번역학에 끼치는 영향력이 번역학으로 들어오는 한 방향만 있지만, 시간이 지나면 상호적인 학제 간 연구로서 번역학이 받기만 하는 위치가 아니라 줄 수도 있는 학문이 될 것이다.

번역의 인지 과정을 이용하는 기술적 방법 및 경험적 방법에 대한 관심

외에도 번역 인지 과정을 번역 이론 혹은 이중언어주의(bilingualism)에 대한 신경기능 이론과 새롭게 조합해 보려는 제안도 최근 등장했다(House 2013a). 번역학에서의 이러한 새로운 언어·인지적 성향이 등장하게 된 계기는 성찰적이고 후향적인 사고구술(think aloud) 연구(Jääskeläinen 2011 비교)의 유효성 및 신뢰성, 다양한 행동실험(behavioural experiment), 최근 이중언어 사용자에 대한 신경영상(neuro-imaging) 연구의 유용성과 관련성에 대해 비판적으로 평가하면서부터다.

이를 종합해 보면 번역은 두 가지 관점으로 바라보아야 한다. 그중 하나인 사회적 관점에서는 번역 및 번역사에게 지장을 초래하는 거시적 맥락과 미시적 맥락에서의 제약을 고려한다. 다른 하나인 인지적 관점에서는 번역사가 번역 작업을 할 때 취하는 '내면에서 일어나는(internal)' 방법에 초점을 맞춘다. 이 두 관점은 상호보완적이며, 둘 다 다양한 연구 영역 및 분야로 세분화될 수 있다.

번역과 등가

앞서 언급한 것처럼 등가는 번역 이론의 핵심 개념이자 번역품질평가의 개념적 기반이다. 그러나 이상하게 들릴지 모르겠지만 지난 수십 년간 가장 논란이 많았던 주제 중 하나이기도 하다. 그래서 등가를 다루었던 학자들을 살펴보면, 우선 등가를 중요한 개념으로 간주했던 학자로는 '언어 간 등가'의 중요성을 공표한 Jakobson(1966), '다양한 종류의 등가'를 제시한 Nida(1964), Catford(1965), House(1977, 1997), Neubert(1970, 1985), Pym(1995), Koller(1995, 2011)가 있다. 하지만 Hatim and Mason(1990), Reiss and Vermeer(1984) 등과 같이 등가가 다소 불필요한 개념이라고 주장하는 학자들도 있으며, 완전히 거부하는 학자들도 있다(Vermeer 1984;

Snell-Hornby 1988; Prunč 2007). 최근에는 등가가 번역 이론에 있어 어떠한 가치도 없다는 주장(Munday 2012: 77), 심지어 등가가 가지는 정당한 지위조차 부정하는 경우도 있다(Baker 2011: 5). Munday(2012: 68) 등의 분석가는 검정을 할 때 등가와 주관성(subjectivity)을 가끔 연관 짓기도 한다.

어떻게 등가에 대한 주장이 이렇게 다양할까? 다수의 저자가 의식적으로든 무의식적으로든 등가에 내포된 개념이 무엇인지 잘못 이해하고 있는 것이 주요 원인이라고 생각한다. 등가의 라틴어 어원을 생각해보면 등가가 '동등한 가치를 가지는(of equal value)'이라는 의미라는 것을 명확히 알 수 있다. 하지만 등가는 어원대로 가치를 동일하게 만든다거나(sameness) 그 정도는 아니더라도 동질성(identity)을 구현하는 것이 아니라, 언어 간 당연히 존재하는 차이로 인해 불가피하게 다른 부분이 있더라도 거의 동등한 가치에 접근하도록 하는 것을 의미한다.

이러한 사실을 명확하게 알고 있는 Jakobson(1966)은 위에서도 언급했듯이 '등가의 차이'에 대해 명확하게 이야기한다. 하지만 독일의 번역학자인 Wilss(1982: 137-38)는 등가가 실제로는 수학에서 유래한 것이라고 주장하면서 추후 등가에 대한 여러 가지 오해를 불러일으키게 되는 잘못되고 다소 위험한 길을 개척하게 된다. 또 다른 독일어 번역학자인 Snell-Hornby(1988: 22)는 등가라는 문제에 대해서 '언어 간 대칭이라는 환상(illusion of symmetry between languages)'이라고 말한다. 이러한 주장은 번역에 익숙한 사람이라면 아주 터무니없는 소리다.

1965년부터 Catford는 이미 번역 등가가 본질적으로 상황에 따라 다르다고 주장했다. 의사소통에 좀 더 초점을 두었던 Nida(1964)는 출발어 메시지에 가장 자연스럽게 근접한 등가라고 말할 수 있는, 번역에 의해 달성 가능한 '효과의 등가(equivalence of effect)'로 '역동적 등가(dynamic equivalence)' 개념을 제시했다.

그 후, 저명한 라이프치히 학파의 번역학자인 Neubert(1970)는 번역 등가는 통사론, 의미론, 화용론으로 구성되어 있는 '기호론적 범주(semiotic category)'에 있다고 주장했다. 그는 위와 같은 구성 요소들 간에는 위계적 연관성이 있으며, 의미적 등가가 통사적 등가에 우선하고 화용적 등가가 통사적 등가와 의미적 등가를 통제하고 조정한다고 생각했다. 번역 등가에서 화용론적 요소의 중요성은 등가 관계를 최적으로 밝혀낼 수 있는 차원으로서의 텍스트에 중요성을 부여한 Neubert(1985)의 주장에도 반영되어 있다.

등가의 운명을 논할 때 언급해야 되는 라이프치히 학파 출신 번역학자가 또 있다면 이는 Kade이다. Kade(1968)는 출발어와 도착어 텍스트 간에 존재하는 간단한 번역 등가 분류 체계를 만들었다. Kade는 다음과 같이 등가를 네 가지 유형으로 분류하였다. 완전(total) 등가(예: 고유명사), 통성적(facultative) 등가(표현 단계에서는 대응어가 많지만 맥락 차원에서는 일대일 대응이 있는 경우로 예로는 독일어의 'schreien(소리를 지르다, 외치다)'이 영어로는 'shout(외치다)'나 'scream(비명 지르다)'과 대응 가능함), 근사(approximative) 등가(표현 단계에서는 일대일 대응이 존재하고 맥락 차원에서는 부분적인 대응(partial correspondence)이 존재하는 경우로, 예로는 영어의 'turtle(거북)'과 'tortoise(남생이)'가 독일어로는 '*Schildkröte*(거북)'와 대응 가능함), 영(zero) 등가(표현 단계와 맥락 차원에서 모두 일대영 대응이 성립하는 경우로 예로는 '*Sashimi*(회)'가 있음)가 그 유형이다.

Kade에 따르면 (상황적, 문화적) 맥락에 따라 잠재적 등가들 중 하나를 선택할 수 있을 뿐 아니라 텍스트 유형(장르), 번역의 목적이나 기능, 예상 독자의 특성 등 다양한 요인들을 바탕으로 잠재적 등가들 중 하나를 선택할 수 있다고 한다. 현재 많은 번역학자들은 어떠한 번역 행위라도 굉장히 복잡하다는 필연적인 이유로 등가를 근사적 개념으로 이해해야 하는 것에

동의한다(Schreiber 1993 비교). 앞서 말한 것처럼 번역은 항상 문법적, 어휘·의미론적, 용어·어법적, 장르 및 사용역과 연관된 제약을 받을 뿐 아니라 텍스트 외적, 맥락적, 상황적 제약도 받고 있다.

　최근 들어 등가에 대해 논하고 있는 경우는 Pym(2010)의 연구에서 찾아볼 수 있다. Pym은 등가의 두 가지 기본적인 유형을 제시했다. 하나는 번역사의 행위와는 독립적으로 존재하는 자연적(natural) 등가이고, 다른 하나는 출발어에서 도착어로의 등가인 방향적(directional) 등가다. Pym은 방향적 등가의 경우 번역사의 텍스트에 대한 개인적인 결정에 따라 방향적 등가가 결정된다고 생각했다. 다만 이 두 유형의 등가가 존재하는지, 존재한다면 그 차이를 어떻게 경험적으로 확인할지에 대해선 아직 미결의 문제다. 앞서 언급한 것처럼 등가는 번역 행위를 구성하고 있고 복잡하게 만드는 언어학적 조건이나 맥락적 조건, 제약 등을 번역사가 어떻게든 어느 정도까지 해결하느냐와 관련이 있다.

　등가에 대해서 가장 중요하면서도 포괄적인 해석은 Koller(2011)의 연구에서 등장한다. 그는 번역 등가를 정의하기 위해 외연적(denotative) 등가, 내포적(connotative) 등가, 텍스트·규범적(text-normative) 등가, 화용적(pragmatic) 등가, 형식·미학적(formal-aesthetic) 등가라는 다섯 개의 틀을 구분하여 사용했다. Koller는 번역사들이 이 다섯 가지 유형의 등가에 대한 위계를 세우고 복잡하게 구성된 맥락을 적절히 고려하여 각 번역마다 알맞은 선택을 해야 한다고 제안한다. 어떤 등가를 취할 것인지 선택하는 일이 쉽지 않은 작업이지만 동시에 너무 중요한 과정이다. 왜냐하면 Krein-Kühle가 최근 주장하는 것처럼, 번역학 연구 결과를 좀 더 탄탄하고 비교가 용이하며 일반화 및 상호 주관적 검증이 가능하도록 만들기 위해 등가를 정의하는 특성이나 조건, 제약에 대해 이론적으로 맥락화하기 위한 시도 역시 번역학에서 매우 중요한 과업이기 때문이다(Krein-Kühle 2014).

다차원적으로 얽혀 있는 변수를 통해 알 수 있는 맥락에 따라 텍스트 자료에서 나타나는 어휘나 구조를 선택하는 접근법을 사용한다는 점에서 필자 또한 위와 같은 방향으로 연구하고 있다는 사실을 알 수 있을 것이다 (3장~7장 참조). 필자의 연구에 대한 서술을 시작하기 전에 우선 2장에서 번역 이론과 품질 평가에 대한 여러 가지 접근법에 대해 개괄적으로 알아보겠다.

2
다양한 관점의 번역 이론 및 번역품질평가

여러 가지 관점을 체계적으로 개괄하기 위해 세 가지 기본적인 기준을 활용할 것이다. 이 기준들은 각 접근법에 대한 메타분석의 기반이 될 것이며 앞으로 다루게 될 각 접근법이 아래에 나오는 주제들을 설명하고 자세하게 풀어낼지 여부와 그 방법을 조사해 보는 데도 도움이 될 것이다.

- 원문과 해당 번역문 간 관계
- 원문(또는 원문의 특징)과 저자, 번역사, 수용자가 원문을 어떻게 인지하느냐 간 관계
- 번역 텍스트와 다중 언어 텍스트를 구분하고자 하는 경우 상기 관계에 대해 어떤 관점을 가지느냐에 따른 결과

원문이 아예 존재하지 않는 경우에 대한 논의까지 포함해 필자는 위에 제시된 주제에 따른 기준들을 활용하여 주관적·해석학적 접근법, 기술 규범 기반 접근법, 탈구조주의적·탈근대적 접근법, 텍스트 기반·담화 기반 접근법에 따라 분류해 놓은 여러 가지 번역 이론들을 살펴볼 것이다.
이제 필자는 번역문들이 상기의 세 가지 기준들을 충족하는지 여부 및 그 방법을 고려하여 번역문을 평가하기 위한 다양한 접근 방식들을 검토

할 것이다.

심리·사회적 접근법

멘탈리스트적 관점

오래전부터 누군가의 번역이 얼마나 좋고 나쁜지에 대해 비전문가들이 주관적이고 직관적이며 입증되지 않은 방법을 통해 판단하는 경우에는 멘탈리스트적 관점이 잘 반영되어 있다. 대개의 경우, 단순한 느낌이나 감정을 바탕으로 번역문에 대한 판단이 내려지며, 이에 더해 '번역이 원문의 정신을 담아내지 못했다', '원문의 어투가 번역에서는 다소 사라졌다', 혹은 좀 더 긍정적인 평가를 내리는 경우 '번역이 원문만큼 좋거나 심지어 원문보다 낫다' 등의 포괄적이고 획일적인 평가가 내려지기 쉽다. 이렇게 모호하고 흔한 번역 평가는 종종 번역사라는 한 개인과도 연관된다. 이때, 번역사의 성격은 저자 및 잠재적 독자층의 성격과 유사해야 한다. 그래서 Savory는 '가장 만족감을 주는 번역이란 저자 및 독자의 성격과 조화를 이룰 수 있는 성격의 번역사에 의해 완성된다.'라고 주장했다(1963: 154). 번역문이 최상의 품질을 가지기 위해 주의를 기울여야 하는 모호한 '원칙'들에 대해 Savory는 몇 가지 예시를 제시하고 있다(1968: 50). 그중 몇몇 진술들은 모순되는 상황을 표현하기도 한다. 예를 들면, '번역은 원문에서 표현하는 글을 있는 그대로 표현해야 한다.'와 '번역은 원문이 가지고 있는 의미를 전달해야 한다.'라는 원리, '번역문은 원문처럼 읽혀야 한다.'와 '번역문은 번역문처럼 읽혀야 한다.'라는 원리, '번역문은 원문의 문체를 따라야 한다.'와 '번역문은 번역사의 문체를 반영해야 한다.'의 원리 등이 있다.

아주 오랜 기간에 걸쳐 나온 이러한 주장들을 현재에 적용하기에는 뒤처졌다고 주장할 수도 있다. 왜냐하면 번역학은 발전했고 진지한 과학적 접근법들이 현재 번역학의 특징이 되고 있기 때문이다. 하지만 최근 들어 이렇게 애매한 유형의 견해가 번역의 가치에 대한 주관적 해석(interpretations)이 타당하다고 믿는 소위 신해석학파(neo-hermeneutic school)의 학자들에 의해 다시 등장하고 있다(Stolze 2003, 2011; Prunč 2007 비교). 반실증주의적 접근법을 표방하는 학자들의 사고는 Friedrich Schleiermacher(1813/1977), Hans-Georg Gadamer(1960), George Steiner(1975)에 그 기반을 두고 있다. 그들은 텍스트를 '이해하는 것'과 그 이해하는 행위의 주체인 사람을 중요하다고 보았다. Gadamer(1960: 289)는 이해하는 주체인 각 개인 내에서 벌어지는 '시야의 융해(melting of horizons)'에 대해서 이야기했다. 이 표현은 한 텍스트 내에서 이해되어 새로 알게 된 지식과 이미 알고 있는 지식이 합쳐진다는 것을 의미한다. 해석학적 패러다임 속에서 번역이란 번역사와 그가 번역하는 텍스트 간의 관계를 들여다보는 것이자 어떤 것이 번역사 고유의 것이고 어떤 것이 새롭거나 낯선 것인지 알아보는 것이다. 이를 통해 번역사들의 사고방식이 좀 더 텍스트를 이해하는 데 반영되어야 하고 번역사 자신만의 번역 전략을 정당화할 수 있는 권한이 부여되어야 한다. 주관성이 매우 중요한 범주라서 번역사의 개인적인 인생 경험 및 습관이 중요한 역할을 하게 된다. 역사성(historicity)은 해석학 전통에서 또 다른 중요한 개념이다. 역사성이 의미하는 바는 텍스트의 의미는 절대로 객관적으로 기술될 수 없고, 오히려 텍스트는 역동적인 전개 과정을 거친다는 것이다. 번역 등가라는 개념이 완전히 거부되었으며, 이는 어떤 번역이라도 해석학적 초안(*hermeneutischer Entwurf*, hermeneutic draft) 그 이상 그 이하도 아닌 것임을 의미한다. George Steiner는 번역의 기본적인 비결정성(indeterminacy)을 이야기하며 '우리가 번역에서 다루는 것은 과학이 아니라 정밀한 예술'이라고 주장했다(1975: 295). 또한 Steiner는 '해석적 운동(hermeneutic motion)'을 설명하는 장(1975: 29-413)에서 이해하는 행위는 항상 불완전하기 때문에 어떠한 번역문도 완전하지 않다고 설명한다.

해석학적 번역학자들은 번역된 텍스트의 품질이 직접적으로 번역사와 연관된다고 생각하고 있다. 번역사들이 원문을 이해하고 '최적의 번역'을 향해 나아가는 행위는 그들의 직관, 공감, 해석 경험, 지식에 뿌리를 두고 있다고 간주된다. 따라서 번역하는 작업은 개인마다의 창조적인 행위로 간주되며, 번역을 하는 과정에서 텍스트의 '의미' 역시 새롭게 '창조'된다. 텍스트 자체에는 의미가 존재하지 않으며 텍스트의 의미는 '텍스트를 읽는 사람(beholder)'의 마음에 있는 것이다.

번역 검정에 대한 대부분의 멘탈리스트적 접근법에서는 번역의 품질이 번역사의 주관적 결정, 즉 번역사의 경험에 의해 많이 좌우된다는 믿음을 강조하고 있다. 2장의 첫 부분에서 언급한 세 가지 기준과 관련해서 번역 검정에 대한 주관적이고 신해석학적인 접근법은 번역사의 해석 과정에 초점을 맞춘 선별적 관점을 보이고 있기 때문에 번역사와 원문(의 특성) 사이에서 어떤 일이 발생하는지에 대해서만 다루고 있다. 고려 대상이 되어야 하는 원문이나 원문과 번역문 간 관계, 도착어 텍스트의 예상 독자 등의 주제와 번역과 다양한 유형의 버전이나 번안을 구분하는 문제 등은 간과되고 있다.

반응 기반 접근법

번역품질평가에 있어 주관적·해석학적 접근법을 따르는 사람들과 뚜렷하게 대조되는 반응 기반 접근법의 지지자들은 더 신뢰할만한 방법으로 번역문을 평가한다. 반응 기반 접근법 중에 번역품질평가와 특히 연관되어 있는 변형된 관점이 3개 이상 존재한다.

행동주의적 관점

행동주의적 관점은 미국 행동주의에서 영향을 받았고 번역학에서 중요한 역할을 하고 있는 Nida(1964; Nida and Taber 1969)의 번역 연구(1장 참조)와도 관련 있다. 그는 번역 평가자들이 번역 품질을 좀 더 '객관적으로' 평가할 수 있도록 몇 가지 행동주의 실험을 제안했다. 실험은 '명료성(intelligibility)'과 '정보성(informativeness)' 등 일반적인 기준을 사용했으며, '좋은' 번역이란 '반응의 등가(equivalence of response)'를 지향하는 번역이라는 확신을 기반으로 하고 있다. 이 생각은 Nida의 유명한 원칙인 '역동적 등가'와 관련 있다. 즉, 수용자가 번역문에 반응하는 방식과 원문에 반응하는 원문 수용자의 방식이 동일해야 한다. 행동주의의 전성기 때는 사고발화 기술 등의 창의적인 실험이나 빈칸 채우기 및 순위 매기기 등의 방법이 제안되었다. 이들 방법은 관측 가능한 수용자의 반응을 통해 품질을 측정한다. 하지만 '종합 번역 품질(overall quality of a translation)' 처럼 난해하고 복잡한 무엇인가를 파악해내지 못하기 때문에 나중에 가서는 이러한 실험들이 결과적으로 실패했다고 하는 편이 위험하지 않을 듯하다. 최상의 품질을 가진 번역문이라면 동등한 반응을 이끌어 내야 한다는 가정을 받아들인다고 하더라도 '명료성'이나 '정보성' 등의 원대한 개념을 사용할 수 있고 더 나아가 '동일한 반응'을 정량화시키는 것이 가능한지 여부에 대해 해결하기 힘든 문제는 여전히 남는다. 이 문제에 대한 해답을 찾을 가능성이 없다면 (가능하지 않다고 알려졌다.) 애초에 그런 행동주의적 기준을 내세우는 일은 헛된 일일 것이다. 게다가 행동주의 실험들을 대부분 원문을 신경 쓰지 않는다. 이는 원문과 텍스트 차원의 작업에 따른 텍스트 간의 관계에 대해서는 어떠한 언급도 있을 수 없다는 것을 의미한다.

기능주의적·'스코포스' 지향적 관점

　1980년대에는 언어학에서 발생한 '화용론적 전환(pragmatic turn)'이 진행된 후 기능주의자들의 패러다임이 번역학에 초점을 맞추던 것에서 번역을 둘러싼 언어외적 배경에 대해 고려하는 쪽으로 넘어갔다. 앞서 간략하게 언급했듯이 기능주의적, 즉 스코포스 지향적인 접근법에서는 '등가'를 '충분성(adequacy)'의 특수한 한 형태로 보고 중요하게 여기지 않거나(Reiss and Vermeer 1984: 13-40) '등가'라는 개념을 아예 버리기도 했다(Vermeer 1984). 스코포스, 즉 목적은 번역에 있어 가장 중요한 요소로 간주되면서 원문은 단순히 '정보를 제공하는 수단' 취급을 받으며 번역사는 종종 '공동 저자'의 한 유형으로 간주되기도 한다. 스코포스 지향적인 접근법에서는 외현적 버전(overt version)과 같이 특수한 유형의 번역을 예외로 보지 않고 지켜야 할 규칙으로 가정한다. 따라서 필자는 스코포스 이론은 번역품질평가를 하는 데 그다지 유용하지 않다고 본다. 기능이라는 개념이 이러한 기능적 접근법에서 매우 중요하지만 그 개념 자체를 활용하는 것은 말할 것도 없고 적절하고 명확하게 설명이 되어 있지도 않다. 그래서 기능주의에서는 '기능'을 텍스트가 가지는 실제 세계에서의 효과, 즉 언어 외적으로 도출된 개체라고 가정할 따름이다. 그리고 번역문이 그 스코포스를 충족했는지 여부를 어떻게 결정짓는지, 정확하게는 텍스트의 스코포스가 언어학적으로 전 세계에서 어떻게 실현되는지는 여전히 명확하지 않다. 번역의 '목적'에 부여된 중요한 역할과 그로 인해 원문이 단순히 '정보 제공의 수난'이 되어버림으로써 번역사가 적질하다고 간주하는 대로 원문을 조작할 수 있게 되는 점을 감안한다면 혹자는 기능주의적 접근법이 위에서 나온 멘탈리스트적 접근법과 유사하다고도 볼 수 있을 것이다. 멘탈리스트적 접근법에서도 번역사에게 번역 업무를 수행하는 방법에 대한 책임이 부여된다. 여기에서 간과하고 있는 사실은 번역문은 절대로 '독립적인' 개체가 아니라 항상 '의존적'이고 파생된 텍스트라는 점이다. 번역 본래의 특성상 번역문은 해당 원문과 도착어 문화권에서 번역문의 수용 여부를 좌우하는 여러 가지 전제들과 동시에 결속되어 있다. 원문과 전제 중 전제만 강조하게 되면 텍스트가 어떤 경우에 더 이상 번역문이 아닌 여러 개의 텍스트 작업을 통해 만들어진 텍스트가 되는지를 결정하지 못하게 되므로 적절하지 않다. 따라서 앞서 2장 초반부에서 언급한 세 가지 기준에서 본다면 번역문을 다른 유형의 텍스트와 구분하는 문제에 있어서는 기능주의적 접근법이 적절하지 않다.

텍스트 및 담화 기반 접근법

텍스트 및 담화 기반 접근법의 범주에 들어올 수 있는 접근법으로는 기술 번역학, 포스트모더니즘 및 해체주의 관점, 번역품질평가에 대한 언어학 지향적인 접근법 등이 있다. 아래에서 간략하게 논의하도록 하겠다.

기술(descriptive) 번역학

(대개) 문학 번역에 대한 기술론적 접근법은 번역의 개념을 더 넓은 범위로 확대하며, 심지어 그 범위에는 '번역으로 추정되는 것'까지도 포함된다(Toury 1995: 31). 기술론적 접근법에서 등가는 '그 자체로는 중요하지 않다'라고 간주되거나(Toury 1995: 86) 정의상으로만 존재한다고 가정한다. Toury(1995, 2012)가 번역학에서 경험적 연구의 중요성과 문화에 대한 거시적 맥락의 분석을 강조하고는 있지만 우리는 여전히 너무나 광

범위하게 퍼져 있는 번역의 정의에 사로잡혀 있다. 이로 인해 어떤 한 텍스트가 번역문인지 아닌지를 결정하거나 번역품질평가에 대한 기준을 명확하게 규정하는 일이 불가능하다. 기술적·역사적 접근법에서는 대개 수용 문화의 체계에 따른 형태와 기능에 따라 번역 평가가 이루어진다. 따라서 원문은 부차적인 존재가 된다. 기술 번역학에서는 '실제 번역문(actual translations)', 즉 수용 문화의 맥락에서 봤을 때 일단은 번역문으로 간주되는 것(prima facie)에 초점을 맞추고 있다. 번역문은 문화적 사실 다시 말해 '번역문을 받아들이는 문화에서의 사실'이라고 간주된다(Toury 2012: 24). 또한 번역 활동은 규범의 지배를 받고 있으며 문화적 중요성을 띠고 있다고 여겨진다. 이러한 패러다임하에서 연구 절차는 번역 텍스트에서 원문 텍스트로 향하는 후향적 과정(retrospective procedure)이다. 등가라는 개념이 명백하게 유지되고는 있지만 원문 텍스트와 번역 텍스트 사이에 존재하는 일대일 관계를 의미한다기보다 명시된 일련의 환경하에서 번역을 특징짓는 여러 관계들을 의미한다. 따라서 번역 등가는 출발어 텍스트와 도착어 텍스트 간 관계가 아니라 '기능적·관계적 규범'이다. 이 규범은 번역 작업이 진행되어야 하는 특정 문화에 적용되는, 번역 수행에 대한 적절한 특징적 방식으로써 설정된 수많은 관계들로 구성되어 있다. Toury는 번역학에서의 등가 논의가 '비역사적(ahistorical)이고 대개는 처방적인 개념에서 역사적인 개념으로' 변화하게 된 근본적인 변화를 일으켰다고 주장한다(2012: 61). 규범이 가지는 다양성에 덧붙여 규범에 따른 기본적인 변동성과 불안정성 역시 텍스트 및 담화 분석 접근법의 주요 특색이다. 이러한 특색들을 수용 문화 내에서 살고 있는 원어민들이 감지하는 방법에 따라 번역문의 특징을 '중립적으로 기술'한다. 원문과 대응되는 부분이나 차이가 나는 부분, 원문의 특징 내에서 번역문을 처방적으로 미리 판단하지는 않는다. 하지만 누군가가 새로운 문화에서만 독립적이고 새로운 텍스트지만 '예전에 그 문화에 존재했던' 무엇인가와 관련 있는 어떤 특정 번역을 평가하기 원하는 누군가가 있다면 번역 및 번역 검정에 대한 이러한 관점이 이상하게도 편향되어 있다는 느낌을 받을 수 있다. 위 세 가지 기준과 관련해서 이 기술학적 이론은 원문 텍스트와 번역 텍스트 사이의 관계를 규명하는 데는 확실히 충분치 않아 보인다.

스코포스 이론과 마찬가지로 기술 번역학에서는 도착어 문화에서의 번역문의 적절성(appropriateness)에 초점을 두고 상대적으로 원문은 중요하지 않다고 생각하며 다른 형태로 (재)생산된 번역문은 고려의 대상으로 두지 않는다. 그리고 초기의 코퍼스 기반 접근법에서 '출발어 텍스트와 등가라는 개념에서 벗어나려는 움직임은 코퍼스 연구의 기반을 다지는 데 있어 중요하다(Baker 1993: 237)'라고 강조하고 대체적으로 사회 문화적 맥락에 대한 관심이 늘어나면서 스코포스 접근법과 기술 번역학적 접근법은 번역학에서 생각하는 '등가'라는 관점에 상당한 손상을 가져왔을지도 모르겠다. 응용 분야의 관점에서 등가는 핵심적인 개념이고 특히나 번역문이 달성해야 하는 국내외 번역 품질 요건이 갈수록 더 까다로워진다는 측면에서 이러한 현상은 안타깝다(Krein-Kühle 2014: 21).

철학적, 사회·문화적, 사회·정치적 접근법

Venuti(1995) 등 철학적, 사회·문화적, 사회·정치적 접근법에 대한 지지자들은 텍스트 자료에서 불평등한 권력 관계, 불의, 다양한 종류의 조작을 폭로하기 위해 주로 철학적, 사회·정치적 입장에서 번역을 연구하고자 했다. 지지자들은 번역문과 번역사를 좀 더 '가시적으로' 만들어 달라는 요구 속에서 숨은 동기 특히 가끔은 권력과 연관된 동기들이 밝혀져야 하는 텍스트 내의 '숨겨진 설득자(hidden persuader)'에 초점을 맞춘다. 그 외에도 어떤 텍스트를 무슨 이유로 선정했는지, 더 엄밀히 말하면 어떤 원인과 방법을 통해 막강한 이데올로기에 유리한 방향으로 원문이 왜곡되어 특정 집단이나 개인의 이익을 반영하고 있는지에 주안점을 두고 있다. 하지만 번역이란 결국 **언어적** 과정이기 때문에 어떤 상태에 있더라도 번역을 통해 이데올로기적 변이나 왜곡을 가져올 수 있다고 주장하면서 원문과 번역문에 대한 '외부적 압력'에 많은 관심을 두는 것에 대해 비판받을 수도 있다. 하지만 우선 거시적 관점의 중요성을 강조하는 비판적인 입장을 수용하기 전에 진지하게 미시적 관점에서 번역을 바라봐야 한다. 즉, 우리에게 주어진 텍스트의 언어학적 형태와 기능을 이론을 바탕으로 상세하게 분석해 볼 필요가 있다.

　탈식민주의(Robinson 1997 비교) 분야의 번역학자들은 특히 텍스트를 번역하는 것이 어떻게 사회·정치학적 행위로 간주될 수 있는지, 번역이라는 행위 내에 개입함으로써 어떻게 더 윤리적으로 번역문을 생산하고 읽을 수 있는지에 관심을 두었다. 이 접근법에 취하는 중요한 입장과 번역이 발생하는 사회 문화적 맥락을 강조하는 측면은 번역이 언어적 전이이기도 하다는 사실을 가끔 기반으로 하거나 아니면 아예 이 사실을 무시한다.

　해체론적 접근법 및 후기 구조주의적 접근법은 '의미(meaning)'와 같이 번역에서의 기본 개념과 언어, 텍스트, 의사소통과 관련된 기본 관념 등 너무나 오랫동안 암묵적으로 당연시 여겨 왔던 것에 의문을 제기하는 것을 특징으로 삼을 수 있다. 게다가 해체론적 및 후기 구조주의적 접근법은 텍스트를 면밀하게 분석해서 옳다고 믿어왔던 가정들이 얼마나 흔들리며 내부 모순을 드러내는지를 살펴본다. 해체주의 운동의 선구자 중 한 명인 Jacques Derrida(1985 비교)가 제시한 '차연(*différance*)'이라는 용어는 의미라는 것이 항상 불안정하고 변하는 과정에 있기 때문에 정해지지 않고 보류되는 개념이며 안정된 언어학적 정체정이 부족하다는 것을 나타낸다. 예를 들어 Derrida의 주장에 따르면 해설(commentary)이 번역이 되기도 한다.

　2장 도입부에 제시되었던 세 가지 기준(원문과 번역문의 관계, 텍스트

(특성)와 행위자 간 관계, 번역의 한계 및 기타 텍스트적 작업)과 관련해서 비판적인 포스트모더니즘적 접근법은 첫 번째 기준과 두 번째 기준에 대한 답을 찾기 위한 시도와 관련이 있다. 하지만 어떤 경우에 한 텍스트가 번역문이 되는지, 한 텍스트가 다른 종류의 텍스트적 작업에 해당되는지에 대한 질문에 답을 구하지 못할 수도 있다. 그에 따라 각 기준에 대한 경계가 고의적으로 흐려질 수 있다.

언어학 지향적 접근법

지대한 영향을 끼친 초창기 연구로는 Nida(1964)와 Catford(1965)의 연구, 라이프치히 학파에서 나온 많은 연구들(예: Neubert 1985)과 Koller(2011)의 번역학 관련 프레젠테이션, 토론, 비평 등이 있다. 최근 들어 번역 검정에 대한 언어학 지향적인 연구들이 많이 등장하고 있다(Baker(1992/2011), Hatim and Mason(1997), Erich Steiner(1998), Munday and Hatim(2004), Teich(2004), Munday(2008) 등). 그들 모두 화행이론, 담화 분석, 화용언어학, 사회화용론 등까지 아우르면서 번역학의 범위를 넓혔다.

언어학적 접근법에서는 텍스트(또는 텍스트 특성)와 저자, 번역사, 독자들이 텍스트를 인지하는 방법 간 생성되는 관계를 설명하려고 하지만 분석 및 검정을 위한 세부적인 절차를 제공하는 능력이 각 접근법마다 차이가 난다. 가장 발전 가능성이 있는 접근법은 맥락과 텍스트의 상호연결성을 고려하는 접근법이다. 왜냐하면 언어와 실제 세계 간 불가분의 관계는 의미를 만들어 내고 번역을 하는 데 있어 절대적이기 때문이다.

번역을 재맥락화로 보는 관점으로는 House(1977, 1997, 2009)가 제시한 번역 검정에 대한 언어학적 모델에서 취하는 방식이 있다. 이와 관련된 내용은 뒤에서 버전별로 설명할 것이다.

번역품질평가를 위한 제언

이 장에서는 앞서 제시되어 있는 번역에 대한 일반적인 접근법들 외에 특히 번역품질평가와 연관된 최근 제언들을 제시하면서 이 제언들이 2장 도입부에서 제시되었던 세 가지 기준과 얼마나 부합하는지를 번역 검정의 여러 접근법과 연관 지어 알아보기로 한다.

번역을 검정하기 위한 가장 초창기 제언 중 하나는 Katharina Reiss의 연구(1968, 1971, 1973)에서였다. Reiss는 번역의 품질을 결정하기 위해서는 무엇보다도 번역문의 기능과 출발어 텍스트의 종류를 반드시 결정해야 한다고 제안했다. Juan Luis Vives(Reiss 1971: 140에서 인용)의 뒤를 이어 Reiss는 언어 철학자이자 심리학자인 Karl Bühler의 세 가지 기본적인 언어 기능에 따라 텍스트 유형을 내용중심(content-oriented) 텍스트(뉴스나 과학·기술적 텍스트), 형식중심(form-oriented) 텍스트(시, 여러 가지 형식의 문학 텍스트), 호소적(conative) 텍스트(광고 텍스트, 수사적이나 격론의 양상을 띠는 텍스트)로 구분할 수 있다고 주장했다. Reiss는 충분한 번역문이 되기 위해서는 위와 같은 텍스트 유형에 따라 등가를 구현해야 한다고 주장한다. Reiss는 인쇄물을 제외한 매체(media)를 번역하기 위해 네 번째 텍스트 유형을 추가하자고 제안했는데, 번역의 충분성(adequacy)을 달성하기 위해 다른 번역 규칙을 적용해야 하는 오페라나 노래 등을 '부수적(subsidiary) 텍스트' 혹은 '시청각미디어(audiomedial) 텍스트'로 분류했다. Reiss의 주장에 따르면, 번역에서 등가를 이루어야 하는 건 다름 아닌 '텍스트의 유형'이다. 따라서 내용중심 텍스트라면 맥락 국면(content plane)의 불변성(invariance)을 최우선적으로 고려해야 하며, 형식중심 텍스트라면 맥락 국면(content plane)과 표현 국면(expression plane) 모두 불변성을 갖도록 최대한 고민한다. 그리고 호소적 텍스트를 번역할 때는 원문의 '효과'를 제일 먼저 견지해야 한다. 마지막으로 부수적 텍스트라면 음악 리듬과 같은 요소를 살리려 각색한 부분이 변하지 않도록 하여 옮기는 것이 적합하다. 하지만 텍스트 유형을 결정하려면 먼저 원문을 유의깊게 분석해야 하는데, 여기에서 앞서 한 주장의 약점이 명백히 드러난다. Reiss가 내세운 번역 검정은 계획에 그치게 된다. 텍스트의 '효과'는 고사하고 텍스트의 기능이나 텍스트의 유형을 어떻게 만들어 낼지 설명해 주지 않기 때문이다. 그 밖에도 이론적으로 볼 때 언어의 기능과 텍스트의 기능 간에 관계가 성립하지 않는 점도 주된 비판 대상이다. 이 점은 필자의 모델을 기술한 다음 장에서 더 자세히 논하겠다.

번역 품질을 어떻게 평가할 것인가에 대한 초기 연구의 한 갈래로서 Koller(1974)와 Wilss(1974)가 제안한 방법도 있다. Koller는 번역품질평가를 위한 통합 언어학 모델(comprehensive linguistic model)을 개발해야 한다고 지적했다. 이 모델은 세 가지 주요 단계로 이뤄진다. 세 단계는 첫째, 원문을 논평하여 도착어로 전이가 되도록 준비하는 단계, 둘째, 번역문 비교를 통해 주어진 번역문의 번역 방법을 기술하는 단계, 셋째, 1단계에서 도출한 텍스트 고유의 특징을 원어민의 메타언어적 판단에 견주어 번역문이 '충분한지' 아니면 '충분하지 않은지' 평가하는 단계다. Koller의 연구는 비록 당시에는 고무적이고 독창적이었으나, 애석하게도 개론 수준을 넘어서지 못했으며 운용법도 제안하지 못했다.

Wilss(1974)는 번역품질평가를 객관화하기 위해 주어진 상황과 주어진 언어 사회에서 '*Gebrauchsnorm*', 즉 사용규범(norm of usage)을 척도로 삼아야 한다고 했으며, Koller와 마찬가지로 원어민이 가진 초언어적 판단력이 사용규범의 결정 주체(arbiter)가 되어야 한다고 주장했다. 다시 말해, 번역문이 주어진 문화적·상황적 맥락에서 원어민이 보편적으로 사용하는 표준 용법으로 적합한가를 기준으로 번역문을 평가할 수 있다. 다만, 당연히 언어 특성상 주어진 상황에서 관습화된 표현 변형이 항상 수반되며, 이 중에 어떤 것을 사용할지는 번역사에게 달렸다. 번역은 반영적이고 창의적인 과정으로, 번역사에게는 항상 여러 가지 근사 등가 중에서 그 상황에 가장 적합한 의미를 선택할 자유가 주어진다(Levy, 1967: 1171 비교). 게다가, 원문을 작성할 때의 상황이란 말 그대로 유일무이하다. 이는 유일무이한 원문 텍스트의 문화에 존재하는 '사용규범'이 다소 낙관적인 관념임을 의미한다. 고유 텍스트의 도착어 문화에도 '사용규범'이 있다고 간주하는 생각은 한층 더 낙관적이다. 위와 같은 주장에 이론적으로 근거가 부족하다는 사실뿐 아니라 변화무쌍한 실제 언어사용 측면에서 **조금이라도** 유효한 사용규범을 경험적으로 밝혀내는 일이 얼마나 어려운지도 간과해서는 안 된다.

Van den Broeck(1985, 1986)은 기술 번역학의 관점에서 번역품질평가에 대한 흥미로운 접근법을 제시했다. 그는 3단계로 이루어진 방법을 제안했으며, 그 특징은 원문과 번역문에 대한 대조 화용 분석이다. 이 절차는 이후에 비판적인 번역 검정을 위한 기반으로 간주되었다. 대조분석은 원문에서 나타나는 텍스트 내적 관계(text-internal relations)와 기능을 가설적으로 재구성하는 데서 시작한다. Toury가 주장한 것처럼, 이 방법은 '적합한 번역(adequate translation)'으로 간주되며 도착어 텍스트와의 비교를 위한 비교 기준(*tertium comparationis*)의 역할을 한다. 이 재구성 단계에서 텍스트 기능을 나타내는 소위 '텍스트소(textemes)'를 규명할 수 있다. 텍스트소 분석은 음성학, 어휘 및 통사적 요소, 언어 다양성, 수사적 요소, 서술적·시적 구조, 텍스트 관습적 요소(텍스트 배열, 구두법, 이탤릭체 등)로 구성된다. 그리고 도착어 텍스트의 요소를 상응하는 원문의 요소와 비교한다. 여기서 van den Broeck은 이른바 변이(shift)라는 것에 특별히 관심을 두었다(Blum-Kulka 1986 비교). 그는 변이를 도착어 언어와 문화 규칙이 적용되는 의무적 변이와 번역사의 결단에서 나오는 선택적 변이로 구분했다. Pym(2010)이 추후에 자연적 등가와 방향적 등가를 구분할 때 위의 분류법을 사용한다(1장 참조). 어떤 결과물이어야 원문과 번역문 간에 실질적 수준으로 등가를 이룬다고 할 수 있을까(van den Broeck 1985: 58)? Van den Broeck은 더 큰 맥락에서 도착어 문화와 출발어 문화의 폴리시스템에 이와 같은 텍스트 구조 대조 분석을 도입해야 한다고 강조했다. 이때 번역사의 규범, 번역 방법, 번역사가 선택한 번역 전략도 포함된다. 마지막으로 도착어 텍스트소를 출발어 텍스트소와 비교하여 평가한다. Van den Broeck의 연구는 특히 현대 문학 번역과 관련성이 깊다. 출발어와 도착어권 문화의 규범에 크게 의존한다는 점에서, 필자는 앞서 Wilss의 보편적 사용규범(norm of usage)과 관련해 논한 것과 같은 평을 내고자 하며, van den Broeck은 애석하게도 그의 번역품질평가를 뒷받침할 세부적인 근거를 제시하지 못했다.

스코포스 접근법의 맥락에서 Amman(1990)은 엄격하게 도착어 기반의 번역품질평가 관점을 견지했다. 그녀는 최우선 분석 대상이 번역문이라고 주장한 Reiss와 Vermeer(1984: 139)의 계보를 잇는다. 원문에 대한 번역물로서 번역문을 분석하는 것은 부차적이라는 얘기다. Amman이 기능주의 번역평가 방법에 활용한 틀은 다섯 단계로 나뉜다. 1) 번역문의 기능을 정한다. 2) 번역문의 텍스트 내적 결속성을 정한다. 3) 원문의 기능을 정한다. 4) 원문의 텍스트 내적 결속성을 정한다. 5) 번역문과 원문의 텍스트 간 결속성을 정한다. 여기서 '결속성(coherence)'이란, 맥락, 형식, 그리고 맥락과 형식 간의 관계 일체를 가리킨다. 번역문의 기능은 번역물의 목표 수신인(intended addressees)을 통해서만 결정될 수 있다. Amman은 여기서 '모범 독자(model reader)'라는 개념을 도입했는데, 모범 독자란 어떤 읽기 전략을 통해 텍스트를 특정 수준까지 이해하게 되는 독자를 말한다. 모범 독자의 텍스트 이해력은 이른바 '장면과 프레임(Scenes-and-Frames)' 접근법을 통해 발전시킬 수 있다. 장면은 다소 복잡한 생각 및 지각을 기반으로 독자들이 머릿속에 형성하는 관념(ideas)을 나타내며, 프레임은 정보를 담을 수 있는 지각 현상(perceptible phenomena) 일체를 의미한다. 필자는 Amman의 접근법이 두 가지 측면에서 앞서 언급한 기능주의 및 해석학적 접근법과 같은 맥락에서는 1) 원문과 도착어 텍스트의 '기능(function)'을 정하는 절차가 모호하고 2) 독자의 머릿속에 어떤 일이 일어나는지는 한층 더 불분명하다는 큰 약점이 있다고 본다.

또 다른 기능주의적 번역문 평가 접근법으로는, 출발어와 도착어 문화에서 같은 기능을 유지하는 전문적인 텍스트(specialist texts)에 한정되긴 하지만, Jacqueline D'Hulst(1997)가 제안한 연구를 들 수 있다. 그녀는 필자가 발화 내 행위(illocution)와 비슷하다고 여기는 '텍스트 행위(text act)'와 '기능'을 동일시하며, 이를 주제 중심(topic-centered) 텍스트 구조와 계층적(hierarchical) 텍스트 구조로 구분한다. 텍스트 구조는 거시적 단위와 미시적 단위로 구성되는 텍스트 연결성과 관련된다. D'Hulst는 텍스트 구조가 텍스트 행위와 상관관계를 가질 수 있다고 간주한다. 예를 들면 지시적 텍스트(directive text)가 계층적 텍스트(hierarchical text) 구조와 상관관계를 가진다는 것이다. 필자는 어떻게 텍스트 행위를 텍스트 구조와 동일시하는지 이해할 수 없다. 이는 수십 년 동안 진행된 화행이론, 담화 분석, 대조 화용론, 텍스트 언어학 연구에 반하는 내용이다. 이 정도면 더 이상 설명할 필요가 없을 것 같다.

캐나다 학자인 Robert Larose(1998)의 번역품질평가 연구도 언급할 필요가 있다. Larose는 스코포스 이론가들처럼 품질을 평가할 때 가장 중요한 요소는 번역의 목적이라고 생각했다. 그리고 필자와 마찬가지로(3장 참조) 텍스트적 특징(textual features)과 텍스트 외적 특징(extra-textual features)을 구분했다. 그는 세 가지 다른 차원에서 텍스트적 특징을 연구했다. 첫째는 문장과 구 차원에서 도식적(graphic), 어휘적(lexical), 통사적(syntactic) 표현 양식과 연관되는 미시구조적(microstructural) 차원이고, 둘째는 문장을 넘어선 차원에서 담화 내용의 의미구조와 연관되는 거시구조적(macrostructural) 차원이며, 셋째는 서술(narrative) 및 논쟁(argumentative)

구조 등 종합적인 구조(overall structure)와 연관되는 초구조적(superstructural) 차원이다. Larose는 번역사의 목적이 원문 저자의 의도와 얼마나 잘 맞는지에 관심을 두었다. 하지만 그 시도를 말리고 싶을 만큼 해내기 어려운 일이라고 생각한다. Larose는 번역 검정에 번역 과정도 포함시켰으며, 번역 과정이 세 가지 주요 단계, 해석(interpretation, 번역사가 원문의 의미를 이해하려는 과정), 생산(production, 번역사가 번역문에 쓸 하나의 의미를 정하는 과정), 그리고 최종 산물(final product, 번역문) 단계로 구성되어 있다고 가정했다. Larose의 관념을 실제로 적용해 보면 출발어 텍스트와 도착어 텍스트는 각각 미시구조적, 거시구조적, 초구조적 차원에서 별도로 분석하게 되며, 후자가 원문 저자와 번역사의 종합적인 목표 및 목적이 되는 것이다. 위에서 언급한 서로 다른 차원은 번역 오류가 얼마나 심각한지를 판단하는 데도 사용된다. Larose는 번역과 번역평가에서 맥락을 강조한다. 한 예로 그의 접근법은 필자의 모델과는 달리 번역사들이 몸담는 작업환경 등 직업적 제약을 다루려고 시도했으며, '결함이 있는(defective)' 원문을 어떻게 처리하고 번역사들이 이를 어떻게 개선할 수 있을지 반영했다는 점에서 흥미롭다. 그는 필자가 '내재적 번역(covert translation)'이라고 칭하는 분야를 둘러싼 문제들도 논한다. 그의 주장은 모두 설득력 있어 보인다. 하지만 지속적으로 연구가 이루어지지 않았기에 납득할 만큼 구체적이고 상세하다고 볼 수 없다. 인정컨대, 어떤 연구 분석이든 현실 세계가 가진 복잡한 특징을 반영하는 것은 대단히 어려운 문제고, 번역사가 처한 실제 작업 조건에 대해서라면 더할 것이다. 어쩌면 결과물 검정과 과정 검정을 접목하는 작업은 힘들거나 애초에 불가능한 일이 아닐까 싶다. 따라서 말하기 꺼려지지만 이 모델 또한 연구를 꼼꼼하게 거쳤다고는 볼 수 없으며, 특히나 직업으로서의 번역과의 연관성을 보여주려던 목적도 확실히 달성하지 못했다.

번역품질평가의 최근 접근법으로 Jamal Al-Qinai(2000)의 연구도 있다.

그는 원문과 도착어 텍스트를 산물(product)로 보고 포괄적인 텍스트 분석을 수행하는 '절충적' 번역품질평가 접근법을 세웠다. Al-Qinai는 절충적 모델을 만들 때 Newmark, Hatim and Mason, Erich Steiner의 연구, 그리고 필자의 번역품질평가 모델 연구 결과를 참고했으나, 번역문을 평가하는 데 등가의 개념이 쓸모 있다고 보지는 않았다. Al-Qinai의 7개 변수(parameter)에는 화용적 등가와 통사적 등가가 반영되어 있지만 이 변수들이 어디서 나왔는지는 상세히 다루고 있지 않다. 7개의 변수는 1) 원문과 번역문의 언어-서술 구조(linguistic-narrative structure)를 포함하는 텍스트 유형 분류 체계(담화 영역)와 담화장, 그리고 텍스트적 기능(정보적, 설득적, 교훈적 기능 등), 2) 형태적 대응(두 텍스트의 길이, 단락 나눔, 구두법 등을 제시), 3) 주제 구조: 결속성, 4) 번역문과 번역문의 수사학적 전략 및 관념의 적합한 배치에 집중한 결속구조, 5) 독자 기대를 만족시킴으로써 유사한 의도 효과를 나타내는 텍스트적·화용적 등가, 6) 어휘적 특성 예를 들면 관용어, 연어. 문체 변이 등 포함, 7) 어순, 태, (인칭, 수 등에 대한) 일치와 관련된 문법적/통사적 등가로 구성되어 있다. 영어와 아랍어 텍스트를 비교 분석한 모델을 보고서 독자들은 저자가 의도한 절충주의에 상응하는 느낌을 받겠지만 반드시 긍정적인 쪽이라고 볼 수는 없다! 체계 기능주의 언어학과 같이 화용론 및 언어학 이론을 기반으로 번역 품질을 평가할 때 얻을 수 있는 체계성이 여기서는 부재하므로 상기에서 언급된 변수 항목들은 일부 겹치거나 중복된다. 또한 인용한 아랍어 번역문의 역번역문(back translation)을 싣지 않았기 때문에 실질적으로 Al-Qinai의 검정 절차를 분석할 수 없다. 그가 최종적으로 제시한 '전체론적(holistic)' 견해도 사실상 그가 연구한 번역 품질에 대한 분석이라고 보기 어렵다. 가장 심각한 문제는 텍스트와 맥락 간의 연결점(link)을 명시적으로 설명하지 않아 원문의 세부 내용에 대해 배울 기회가 없다는 점이다. 저자는 번역 품질을 최종 판단할 때는 항상 번역문의 표본 수용자(sample receptor), 현실 세계에서의 번역문 성공 여부, 관련 시장 조사 결과와의 일관성, '심사자(judge)들'의 평가를 바탕으로 해야 한다고 강조한다(후자는 Nida(1964)의 초창기 번역 검사(test) 관점을 반영한 것이다). 번역 품질 '최종 판단(final judgement)'이라는 거창한 관념이 현실 세계라는 시험대를 거칠 수 있을지는 여전히 미지수다.

또 다른 근래 번역품질평가 접근법으로 Malcolm Williams(2004)의 연구도 있다. 논증 이론(argumentation theory)을 기반으로 하는 이 접근법은 새로운 관념이라기보다는 Tirkkonen-Condit의 저명한 초창기 텍스트 구조와 논증 이론 연구(1985, 1986)에서 찾아볼 수 있다. William은 '논증(argumentation)'을 청중을 설득하기 위한 수사학 기법을 품은 조리 정연한 담화(reasoned discourse)라고 정의한다. 그는 번역품질평가 절차에 1) 논증의 거시적 구조, 2) 다섯 개의 하위범주를 지닌 수사적 위상관계(rhetorical topology), 즉 조직적 짜임새, 접속사, 논증 유형(types of argument), 단어 수(figures), 서술 전략이라는 담화 범주를 제시하고 있다. 그는 Toulmin(1958)의 거시구조 모델과 용어를 사용한다. 예를 들어 'claims/discoveries', 'grounds', 'warrants/rules', 'backings' 뿐만 아니라 'qualifiers/modalizers'와 'rebuttals/exceptions' 등의 용어도 추가로 필요할 것으로 보인다. 이 접근법을 운용하는 방법은 우선 논증적 스키마(argument schema), 배열, 조직 관계를 참고하여 원문을 분석하는 것으로 시작한다. 두 번째로 종합적인 배열이 유지됐는지 아니면 적절히 수정되었는지의 여부와 번역문의 가독성이나 수용성에 문제가 없는지 여부를 확인하기 위해 '전반적인 결속성'을 분석해야 하며, 이를 위해 번역문도 유사한 분석을 거친다. 세 번째로 앞서 언급한 범주를 참고하여 비교 분석을 수행한다. 마지막으로 종합적이고 논증 중심적인 평가를 내린다. Williams는 출판 표준, 정보 표준, 최소 표준, 하위 표준과 같이 등급을 매기는 데 쓰는 실용적 표준도 다수 나열했다. 필자는 논항구조(argument structure)

가 모든 유형의 텍스트에 있어 중요한 요소는 아니라는 점에서 본 접근법을 비판하고자 한다. 게다가 논증 구조를 번역문 판단 기준으로 삼으면 텍스트의 한 가지 양상만 보고 그 외 언어학적으로나 미시적 텍스트 차원에서 고려할 부정적인 영향을 별도로 다루기 어렵다.

  2장에서는 여러 가지 번역 이론 및 번역품질평가 방법을 비판적인 관점으로 검토했다. 3장에서는 필자의 오리지널 번역품질평가 모델을 다루도록 하겠다.

3
House의 오리지널 번역품질평가 모델(1977)

핵심 개념

　House의 오리지널 번역품질평가 모델(1977, 2nd ed. 1981)은 언어 사용 이론을 기반으로 한다. 본 모델의 고안 목적은 첫째, 원문과 번역문의 언어적·담화적 특이점뿐 아니라 상황적·문화적 특이점들을 분석하고 둘째, 원문과 번역문을 원칙에 따라 비교하며 셋째, 원문과 번역문이 상대적으로 얼마나 비슷한지 검정하기 위함이다. 절충적인 성격을 띠고 있는 이 오리지널 모델은 화용론, Halliday의 체계 기능주의 언어학, 프라하학파의 언어 및 언어학에 대한 기본 틀에서 발전한 개념들, 사용역 이론, 문체론, 담화 분석 등에 기반을 둔다. 또한 1장에서 논의한 등가라는 개념에 확고하게 바탕을 두고 있다. 필자가 앞서도 강조했듯이 등가는 번역품질평가에서 핵심적인 개념이다. 또한 이 오리지널 모델은 번역을 원래 다른 언어로 생산된 어떤 텍스트에 대한 (비교 가능한) '재생산물'이라고 일반적으로 이해하고 있다는 사실에도 기반을 둔다. 어떤 의미에서는 번역이 딜레마를 이루는 관계에 있다는 관념을 정당화하는 것이 바로 번역을 정의내리는 일반적인 관점이다. 번역문은 두 가지 면에서 제약을 받는 텍스트다. 한 손에는 원문 텍스트가 다른 한 손에는 (잠재적인) 수용자의 의사소통 환경이 들려 있는 셈이다. 이러한 이중결합은 번역의 '등가 관계', 즉 2장에서 논의했던 원문과 번역문 간 관계의 기반이다.

또한 등가라는 관념은 두 언어 문화권 내에 존재하는 '의미'의 보존과도 관련이 있다. 의미가 가지고 있는 측면 중 번역과 연관된 측면은 바로 의미론적(semantic) 측면, 화용적(pragmatic) 측면, 텍스트적(textual) 측면이다. 이제 이 세 가지 측면에 대해 설명할까 한다.

의미론적 측면은 지시(reference) 혹은 외연(denotation)과의 관계, 즉 가능 세계(possible world)에서 언어 단위나 언어 기호와 그에 해당하는 지시 대상과의 관계를 의미하며, 가능 세계란 사람의 마음으로 구상할 수 있는 모든 세계를 말한다. 여기에서 경험 세계(즉, '가능 세계'에 대한 주관적인 해석)의 특성은 대부분의 언어 문화권에서 공통적으로 나타나며, 의미에서 지시적 측면 역시 번역 등가를 이루고 있는지 여부를 가장 손쉽게 파악할 수 있고 가장 활용하기 쉬운 수단이다.

기호와 지시대상물(designate) 간 관계와 '단어'와 '사물' 간 관계를 조사하고 이론적 구성체로서의 문장이 가지고 있는 요소들을 다루어야 할 문제로 인식하는 의미론적 측면과는 달리 화용적 측면에서는 문장이 사용되는 목적 및 효과를 살펴보고 발화로서의 문장이 적절하게 사용될 수 있는 실제 상황이나 맥락을 알아본다. 그러므로 화용론은 주어진 의사소통 상황하에서의 언어 단위와 그것을 사용하는 사람들과의 상관관계와 관련이 있다. 문장 '바깥'에서 일어나는 사회적 행위 내에서만 그 의미가 분명해지므로 화용론에서는 발화 상황에서의 의미를 다루며 화자와 청자 사이의 의미, 발화의 맥락, 발화의 잠재적 의미를 조율해가는 역동적인 절차로 구현되는 의미를 다룬다. 또한 화용적 의미란 담화, 즉 사회적 행위를 수반하면서 발생하는 발화에 속한다고도 볼 수 있다.

Austin(1962)과 Searle(1969)이 처음 도입한 화행이론도 의미론적 의미와 화용적 의미를 구분하는 것을 기반으로 하고 있다. 여기에서 화용적 의미란 발화가 가지고 있는 발화수반력(illocutionary force)을 의미한다. 다시 말해, 구체적인 경우에 사용되는 특정한 표현임을 뜻한다. 발화가 가지고 있는 발화수반력은 명제 내용(propositional content), 즉 발화에 내포되어 있는 의미론적 정보와는 구별된다. 이러한 발화수반력은 어순, 동사의 법, 강세, 억양, 수행동사(performative verbs)의 유무 등과 같은 문법적 특징을 통해 유추할 수도 있다. 하지만 실제 발화 상황에서 발화수반력을 명확하게 해 주는 것은 바로 맥락이다.

번역은 실제 사용되고 있는 언어를 다루고 있기 때문에 발화수반력이나 화용적 의미를 고려해서 번역하는 것이 매우 중요하다. 사실상 번역은 문장을 통해 이루어지는 것이 아니라 발화, 즉 의사소통을 할 때 문장들이 가지고 있는 사용가치에 의해 만들어진 담화 단위를 통해 이루어지는 것이다. 그래서 특정 번역의 경우 의미론적 의미를 배제하고 화용적 의미 측면에서 등가를 이루도록 하는 것이 가능하기도 하고 필요하기도 하다. 그렇게 되면 화용적 의미가 의미론적 의미에 앞서게 되고, 이 경우 번역문이 원문을 화용적 의미 위주로 재구성한 것이라고 보면 된다.

번역에서 등가를 유지해야 하는 의미를 이야기할 때 텍스트적 측면은 이미 Catford(1965)가 강조한 바 있다. 그는 번역이 텍스트적 현상이 될 수도 있다고 예전부터 생각해 왔다. 그렇다면 텍스트는 무엇인가? 텍스트란 그것을 구성하고 있는 요소들이 상호 연관되어 일관성 있는 완전체를 이루는 언어의 연장선상에 있는 존재다. 따라서 텍스트란 문장들이 좀 더 큰 단위로 연결되어 있는 것을 의미한다. 텍스트가 구성되는 과정에서 테마-레마 구조, 대용형(pro-form)의 존재, 대치(substitution), 동일지시어(co-reference), 생략, 대용(anaphora) 등 맥락적 지시의 다양한 관계들이 발생한다. 번역 시 등가가 유지되어야 하는 텍스트적 의미는 이와 같이 다양한 텍스트 구성 방법에 의해 결정된다.

번역과 관련된 세 가지 측면의 의미를 통해 번역에 대한 잠정적 정의를 다음과 같이 내릴 수 있다. 번역이란 출발어로 쓰여 있는 텍스트를 의미론적·화용적으로 등가를 이루는 텍스트로 대체하는 것이다. 위에서도 언급했듯이 등가는 번역 품질을 정하는 기본적인 기준이기 때문에 충분한 번역이라면 화용적으로도 의미론적으로도 등가를 이루고 있어야 한다. 이를 위한 우선 요건은 번역문의 기능이 원문의 기능과 동일해야 한다는 것이다. 5장에서 언급될 부분이긴 하지만 이러한 요건은 외현적 번역과 내현적 번역 사이에서 어느 위치에 있느냐에 따라 더 세부적으로 구분되어야 한다. 기능이라는 개념을 사용한다는 것은 적절한 분석 도구만 주어진다면 텍스트 기능을 밝힐 수 있는 요소가 텍스트 내에 존재한다는 사실을 전제한다.

이 책에서 '개별적 텍스트 기능' 내에도 여러 가지 언어적 기능이 공존할 수 있는데다 언어 기능이 종종 텍스트 유형과도 관련이 있기 때문에 '기능(function)'이라는 용어를 사용하기 전에 정확한 정의를 내려야 한다. 이제부터 필자의 모델에 필수적인 텍스트 기능이라는 관념을 언어 기능과 구분하기 위해 다양한 '언어 기능'들을 살펴볼 것이다.

언어의 기능과 텍스트의 기능은 같지 않다!

많은 사람들이 '언어의 기능'을 분류하는 체계를 제안했다. 이 중 가장 영향력 있는 것들을 간략하게 소개하고자 한다.

Malinowski(1923)는 의미와 상황적·문화적 맥락에 대한 그의 연구를 바탕으로 언어의 기능을 두 가지 기본 기능으로 분류했다. 하나는 화용적 기능이고 다른 하나는 마술적 기능이다. 의식적(ritual) 기능으로도 불리는 마술적 기능은 해당 언어의 문화 내에서 행해지는 종교적이고 의식적인 행사와 관련이 있다. 화용적 혹은 실용적 기능은 활동적(active) 기능과 서술적(narrative)기능으로 세분화되며, 다른 분류 체계에서 상징적(symbolic) 기능 혹은 표상적(representational) 기능으로 불리는 개념까지 아우를 정도로 그 범위가 넓다.

  Ogden과 Richards는 그들의 대표적인 연구인 『The Meaning of Meaning』에서 언어의 기능을 지시의 기호화, 청자에 대한 태도의 표현, 지시 대상에 대한 태도의 표현, 의도된 효과의 촉진, 지시를 위한 지원의 다섯 가지로 분류하였다(1946: 227). 이 모든 기능들을 하나로 모으면 지시의 기호화라는 기능으로 귀결되면서 소위 저자들이 '정서적 기능(emotive functions)'이라고 부르는 하나의 복합체를 형성하기 때문에 (1946: 229) 저자들은 언어의 기능을 두 가지 기본적인 기능으로 구분한다. 하나는 언어의 상징적 사용이고 다른 하나는 언어의 정서 환기적 사용이다. 전자의 경우 기호화의 정확성과 지시의 진실성이 가장 중요하며, 후자의 경우 수신인 마음속에서 만들어진 태도의 특징이 가장 중요하다.

  Karl Büler(1934/1965)는 플라톤이 자신의 수사학적 문법(사람, 화자, 수신인 및 그 외 모든 것을 둘러싼 구두 체계의 조직)에서 구분지은 일인칭, 이인칭, 삼인칭에서 유래된 개념적 틀을 사용했다. Büler가 제시한 '언어의 오르가논(organon) 모델'에서는 언어의 기능을 세 가지로 분류했다. 첫째, 표상적(representational) 기능 혹은 대표적(representative) 기능으로 실제 세계에서 사물 및 관계들과 연관되며 언어외적 현실을 묘사하기 위해 사용된다. 둘째, 정서·표현적(emotive-expressive) 기능으로 메시지의 화자/작가와 관련이 있다. 셋째는 호소적(conative) 기능으로 메시지의 수신인에 초점을 둔다. Büler는 감탄사에서 나타나는 경우를 제외하고 모든 메시지 내에 존재하는 표상적 기능이 가장 중요한 (무표적) 기능이며, 나머지 두 기능인 정서·표현적 기능과 호소적 기능은 유표적인 기능이라고 말한다. Ogden과 Richard의 모델과 마찬가지로 Bühler의 분류에서도 언어의 기능이 (절대적으로 필요한) 상징적이고 지시적인 기능과 기타 부가적인 기능으로 구분되는 것을 볼 수 있다.

언어의 기능 분류 중 가장 잘 알려진 모델은 아마 Roman Jakobson (1960)의 모델일 것이다. Jakobson은 Büler가 제시한 모델의 세 가지 기본 기능에 세 가지 기능을 더 추가하였다. 그가 도출해 낸 언어적 의사소통의 개요는 다음과 같다. 우선 발신인이 수신인에게 메시지를 보낸다. 그 메시지에는 발신인이 언급한 맥락(언어 외적 세계), 발신인과 수신인 모두에게 부분적이라도 일치하는 약호체계(code), 발신인과 수신인 사이에 존재하는 접점(contact), 즉 물리적 경로나 심리적 연결점이 포함되어 있어야 한다. 우선 Jakobson은 발신인이나 수신인, 맥락을 중심으로 Büler식의 세 가지 기능을 제시한다. 그리고 접점을 중심으로는 메시지가 의사소통을 시작 혹은 유지, 완결하려는 두드러진 목적이 있는 경우 더욱 뚜렷해지는 기능인 친교적(phatic) 기능을 이끌어냈다. 발화가 약호체계에 초점을 두는 경우에는 메타언어적(metalingual) 기능을 가지게 된다. Jakobson 모델의 시적(poetic) 기능은 메시지 그 자체에 초점을 둔다. 하지만 Jakobson의 정교한 6가지 기능의 모델에서조차도 지시적 기능과 그 외 모든 '비지시적' 기능의 양분법은 여전히 존재한다고 볼 수 있다.

Dell Hymes(1968)는 Jakobson의 모델과 매우 유사한 언어 기능 분류 체계를 만들었다. 하지만 그는 일곱 번째 기능인 맥락적(상황적) 기능을 추가했다.

> 어떤 발화 사건의 특성을 정의하는 것은 하나 이상의 기능들 사이에서, 조화롭게 또는 대립되게, 균형을 이루는 것일 수 있다. 이 경우, 해당 발화 사건을 해석하는 것과 발화 사건을 일곱 가지 언어 기능 중 하나에 대응시키는 것은 별개의 문제다.
>
> (1968: 120)

세 가지 세계의 존재, 그중에서도 특히 '사고의 객관적인 내용'의 세계 및 '인식 주체가 없는 지식'의 세계인 '제3세계'의 존재를 정당화하기 위한 노력하에 Karl Popper(1972)는 인간 언어가 진화하는 과정 속에서 하위 기능에서 상위 기능으로 진행한다고 상정했다. 그는 (각 개인의 내면을 표현하기 위한 언어를 사용하는) 표현적(expressive) 기능, (타인의 내면에 대한 정보를 주고받기 위한 언어를 사용하는) 신호적(signalling) 기능, 외부 세계에 존재하는 사물을 기술하기 위한 언어를 사용하는) 기술적(descriptive) 기능, (논쟁 및 설명을 제시하고 평가하기 위한 언어를 사용하는) 논쟁적(argumentative) 기능의 네 가지 언어 기능을 제시했다. Popper의 견해에 따르면 표현적 기능과 신호적 기능은 좀 더 원시 단계의 의사소통 체계에서는 가장 중요한 기능이며, 기술적 기능과 논쟁적 기능은 인간 지식의 진화를 가속화하는 데 필요한 기능이라고 보았다.

Halliday(1973; Halliday and Hasan 1989)는 Popper의 모델과 유사하게 언어 기능을 세 가지로 분류하고 이를 '체계 이론의 메타기능(metafunctions of systemic theory)'이라고 불렀다[관념적(ideational), 대인관계적(interpersonal), 텍스트적(textual)기능]. 관념적 기능은 두 개의 하위 기능으로 나뉜다. 하나는 경험적(experiential) 기능으로 경험한 대로 이해하는 실제 세계와 연관이 있다. 다른 하나는 논리적(logical) 기능으로 이 기능을 통해 언어의 의미론적 체계가 가지는 근본적인 논리적 관계를 표현한다. 이러한 관념적 기능을 통해 언어는 실제 세계의 경험을 전달하고 해석해낸다. 즉, 언어는 내용을 표현한다. Halliday의 관념적 기능은 Popper의 기술적 기능 및 논쟁적 기능과 대응된다고 할 수 있다. 대인관계적 기능에서는 언어를 통해 화자의 태도와 수신인의 태도 및 행동에 화자가 끼치는 영향력 등이 표현된다. 또한 대인관계적 기능을 통해 언어는 화자와 수신인과의 관계를 전달하고 질문자와 응답자가 가지는 의사소통 역할과 같은 사회적 역할을 표현하기도 한다. Halliday는 Popper의 모델에서는 신호적 기능과 표현적 기능을, Bühler의 모델에서는 표현적 기능과 호소적 기능을 그의 대인관계적 기능에 포함시킴으로써 화자와 청자를 의사소통 주기의 양 끝점에 두게 된다.

세 가지 기능 중 텍스트적 기능을 통해서 언어는 언어 자체 및 상황과 연결 고리를 형성하며, 이 고리 덕분에 텍스트가 구성될 수 있다. 이는 실제로 '능력 부여(enabling) 기능'의 일종으로, 발화가 그 맥락에 맞고 관련이 있는지를 확인하는 방법이 된다(Halliday 1989: 45). 하지만 텍스트적 기능은 '사용(use)'이라는 관점에서 본다면 대응되는 기능이 없고 Leech(1983: 57)가 주장했던 것처럼 이러한 이유로 기능이라고 불러서는 안 된다는 주장도 있다는 점에서 관념적 기능 및 대인관계적 기능과는 그 위상이 다르다. 따라서 관념적 기능과 대인관계적 기능만이 사용 중인 언어의 기본 방식으로서 다른 접근법에서 사용되는 기능의 개념과 비교 가능하다는 점을 감안한다면 Halliday의 기능 이론은 앞서 제시된 여러 접근법들과는 다르다. Halliday의 텍스트적 기능은 실제로 언어 내부적 차원과 관련이 있으며, 이는 언어적 항목의 내부 조직과 연관된다. 이러한 관점에서 봤을 때 Halliday의 모델은 언어의 사용이 기본적으로 지시적 기능 혹은 내용 지향적 기능과 비지시적이고 대인관계적인 기능으로 나뉜다고 사실을 보여준다.

물론 기본적으로 외연적이고 지시적인 기능과 표현적/정서·호소적 기능으로 분류하는 것은 의미를 관례적으로 언어적 의사소통과 관련하여 사람들이 가지는 개념을 포함하는 인지적(혹은 외연적) 의미와 다양한 언어적 형식과 관련해서 사람들이 가지는 정서적 반응까지 포함하는 정서적(내포적) 의미로 구분하는 것과 그 맥을 같이 한다.

이제 언어 기능이 어떻게 번역 문학에서의 텍스트적 기능과 관련이 되는지 알아보자. 여기에서 텍스트적 기능은 위에서 언급한 언어 기능들 중 하나(종종 '지배적인(dominant)' 기능이라고 불림)와 동등하게 간주되고,

텍스트적 기능은 텍스트 유형에 따른 기준으로 사용된다. 이러한 관점을 제시한 저명한 학자로는 Reiss(1971)와 Vermeer(1984)가 있다. 이들은 Bühler의 세 가지 언어 기능을 바탕으로 지시적 텍스트, 정서적·표현적 텍스트, 호소적 텍스트의 세 가지 텍스트 유형을 결정했다. 이와 같이 언어의 기능과 텍스트적 기능/유형을 같은 맥락에서 바라보는 것은 지나치게 단순화한 것이다. 언어가 a에서 n까지의 기능을 가지고 있고 모든 텍스트는 언어의 독립된 개체라는 점을 감안한다면 기능적인 텍스트 유형을 만든 학자들이 주장하는 것처럼 텍스트가 a에서 n까지의 기능 중 하나(예를 들면 정보적 텍스트 타입)를 표출한다는 결론을 내리는 것이 아니라 텍스트도 a에서 n까지의 기능을 표출한다는 주장을 따라야 한다. 필자는 기능에 기반을 둔 텍스트 유형이라는 관념에 경험적 타당도가 조금이라도 있다면 그것은 확률적 유형에 지나지 않는다고 생각한다. 왜냐하면 어떤 텍스트를 a라는 종류의 텍스트 범주 안에 두기 위해 제시할 수 있는 근거로는 해당 텍스트가 a라는 기능을 다른 언어 기능에 비해 좀 더 많이 드러내고 있다는 사실밖에는 없기 때문이다. 즉, 극단적인 기능들이 쉽게 특징화되기는 하지만 몇몇 극단적인 기능들 사이에서는 연속 변이가 존재한다. 이와 같이 텍스트에서 지배적으로 드러나는 언어적 기능을 기반으로 단순하고 확률적인 텍스트 분류 체계를 만든 경우, 기능적 등가를 이루는 것은 고사하고 각 텍스트 기능의 결정에도 도움이 되지 않는다.

오리지널 번역품질평가 모델 설계

앞서 살펴보았듯이 각 텍스트의 기능을 특징짓기 위해서는 우선 '언어의 기능'과 '텍스트의 기능'을 구분해야 한다. 따라서 필자는 텍스트의 기능을 단순히 특정 상황적 맥락에 따른 텍스트의 적용 혹은 사용으로 정의

하겠다(Lyons 1969: 434). 개별 텍스트에 대한 기능을 설정하기 위해서는 '텍스트 프로필(textual profile)'을 작성할 필요가 있다. 텍스트 프로필은 텍스트의 상황적 맥락 내에서 상세하고 체계적으로 언어적·화용적 분석을 실시한 결과물이 될 것이다. 여기에서 '상황적 맥락(context of situation)'이라는 표현은 매우 중요하기 때문에 좀 더 상세하게 설명하겠다. 맥락은 원래 원문 그대로 표현하면 'con-text', 즉 '텍스트에 딸려 있다'라는 의미다. '텍스트에 딸려 있다'라는 개념은 발화되고 기록되는 내용만을 이야기하는 것이 아니라 텍스트에 포함되어 있어서 해석을 위해 고려해야 하는 맥락으로서의 상황도 포함된다. '상황적 맥락'이라는 관념은 인류학자인 Bronislav Malinowski(1923)가 도입했다. 우선 그는 서구 문화권과는 매우 다른 문화(트로브리안드 제도의 문화)를 기반으로 하는 텍스트를 번역하는 어려움을 해결하려고 노력하던 중 '살고 있는 환경(in its living environment)', 즉 텍스트를 둘러싸고 있는 환경에서의 텍스트라는 개념이 필요하다고 주장했다. 이 개념은 텍스트를 좀 더 깊이 이해하고 해석하는 데 필수적이다.

'상황적 맥락'은 텍스트의 직접적인 환경이긴 하지만 의미를 해석하기 위해 고려해야 하는 더 넓은 범위의 문화적 배경을 가리키는 개념인 '문화적 맥락(context of culture)'도 필요하다. 이러한 아이디어는 John Rupert Firth(1959)가 도입한 것으로 그의 언어학 이론, 특히 의미를 맥락의 기능으로 보는 관점에 상기 아이디어를 접목시켰다. Firth는 상황 속에 존재하는 참여자, 참여자들의 행위, 행위로 인한 효과, 상황의 기타 관련 특징으로 이루어진 상황적 맥락을 설명하기 위해 기본 틀을 만들었다. 이런 선구적인 연구를 통해 상황적 맥락을 설명하고자 하는 여러 다른 개념들에 영감을 주었다. 그중 가장 잘 알려지고 영향력 있는 개념은 Dell Hymes(1968)의 '의사소통의 민족지학(ethnography of communication)'이라는 개념이다. Hymes는 텍스트에서 상황적 맥락 내의 배태성(embeddedness)

을 기술하기 위해 메시지의 형태와 내용, 설정, 참여자, 의사소통의 의도와 효과, 실마리, 매체, 장르, 상호작용의 규범 등의 요소들을 고려했다. 여기에서 가장 중요한 점은 '상황적 맥락'과 텍스트를 별개의 주체로 간주해서는 안 된다는 것이다.

Hymes와 Firth의 연구는 Halliday에게 지대한 영향을 끼쳤다. 그는 텍스트를 통해 드러나는 상황적 맥락을 다음과 같이 설명한다.

상황적 맥락은 단편적인 방식이나 극단적으로는 어떤 기계적인 방법이 아닌, 한편에는 사회적 환경 다른 한편에는 언어의 기능적 구성 간 체계적인 관계를 통해 텍스트 내에 압축되어 있다.

(Halliday 1989: 11)

하지만 상황적 맥락으로부터 텍스트에 도달하거나 혹은 그 반대로 텍스트로부터 상황적 맥락을 알아내는 방법은 무엇일까? 상황적 맥락과 관련해서 텍스트를 어떻게 특징지을 수 있을까? 혹은 특정 텍스트를 상황적 맥락 속에서 사용하는 것이라는 텍스트적 기능의 정의를 감안해 볼 때, 사람들이 어떻게 정확하게 텍스트적 기능을 결정할 수 있을까? 어떤 텍스트라도 특유의 상황에 놓인다는 점을 강조하는 경우, 그 텍스트의 기능을 특징지으려면 텍스트 내적 현상과 상황적 현상을 함께 다루면서 정교하게 텍스트를 분석해야 한다. 원문과 번역문 사이에 기능적 등가를 성립시킨다는 구체적인 목적이 있다면 우선 번역에서 어떤 등가를 달성할 것인지 상세히 설명할 수 있는 방법으로 원문을 분석해야 한다. 텍스트적 기능의 정의가 특정 상황 속에서 텍스트를 사용하는 것이기 때문에 각 텍스트를 둘러싸고 있는 상황을 파악해야 하며, '상황'이라는 광범위한 개념을 우리가 다룰 수 있는 크기, 예를 들면 상황적 맥락의 특징이나 '상황적 차원(situational dimension)' 등으로 쪼개는 방법을 찾아야 한다.

상황적·기능적 텍스트 분석 및 평가를 수행할 수 있는 모델을 구축하기 위해 필자는 Crystal and Davy(1969)의 모델을 수정하여 다음과 같은 모델을 구상하였다.

  A 언어 사용자 차원
    1. 지리적 기원
    2. 사회 계층
    3. 시간

  B 언어 사용 차원
    1. 매체: 단순/복잡
    2. 참여: 단순/복잡
    3. 사회적 역할 관계
    4. 사회적 태도
    5. 담화범위

이 모델의 A섹션은 따로 설명할 필요가 없지만 B섹션인 '언어 사용 차원'은 설명이 필요하다.

1. 매체: 단순/복잡

Gregory(1967)가 제안한 구분법에 따라 **복잡한 매체**의 범주는 다음과 같이 세분화된다.

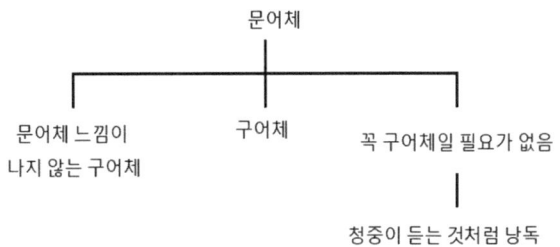

그림 3.1 문어체(writing)의 종류 (출처: Gregory(1967:189)에서 각색)

 구어 방식과 문어 방식의 여러 가지 조합을 구분하는 것은 매우 중요하다. 왜냐하면 텍스트가 발화를 의도하고 있었다고 할지라도 그리고 실제로 어떤 발화 단계에 있다 할지라도 순수하게 (대화 속에서) 발화되는 언어와 그림 3.1에 나와 있는 '문어체' 방식의 하위 범주에 있는 구어체와는 차이가 있기 때문이다. 하지만 필자의 분석에 따르면 Gregory의 구분법조차도 원문과 번역문의 정교한 문체를 분석하기에 절대적으로 정교한 분석 도구는 아니다. 따라서 필자의 오리지널 모델 연구에서 상세하게 텍스트를 분석하는 과정 중에 적절한 방법을 도입했다.

 복잡한 매체를 구성하고 있는 다양한 현상 속에서 구어 방식의 특징을 결정하기 위해 구조적 단순성(structural simplicity), 문장의 불완전성(incompleteness of sentences), 텍스트 구성의 특정 방식, 테마-레마 구조, 주관성(예를 들면, 양태첨사와 모두(冒頭)의 수(gambit)를 통한 유표화), 높은 중복 빈도 등의 현상을 감안했다.

2. 참여: 단순/복잡

 텍스트는 '단순한' 독백 혹은 대화이거나, 명백한 '독백'이라도 언어를 이용해서 간접적으로 참여를 유발한다거나 수신인을 개입시키는 등 다양한 방법을 수반하는 좀 더 '복잡한' 독백과 대화의 혼합체일 수 있다. 예를 들면, 대명사의 사용, 평서문/명령문/의문문 간 문장 형태 전환, 괄호 사용, 느낌표 등이다.

3. 사회적 역할 관계

필자는 이 항목에서 발신인과 수신인의 역할 관계를 분석했다. 이 관계는 대칭적(연대감 혹은 동등함에 의해 실현)일 수도 있고 비대칭적(권한에 의해 실현)일 수도 있다. 수신인에 대한 발신인의 사회적 역할을 고려하는 경우, 비교적 정규적인 위치의 역할(교사, 성직자)과 좀 더 임시적이면서 상황에 따른 역할(교도소 면회자, 주어진 상황에서의 발화자)에 대해 구체적으로 고려해야 한다.

4. 사회적 태도

필자는 언어 사용 차원에서 상대적으로 공식성 혹은 비공식성을 띠게 만드는 사회적 거리 혹은 사회적 근접성의 정도에 대해 설명했다. 또한 Joos(1961)가 제시한 공식성에 따른 다섯 가지 다른 문체 분류법도 적용하였다. 다섯 가지 문체는 동결체(frozen), 격식체(formal), 협의체(consultative), 평어체(casual), 친밀체(intimate)다. 필자는 협의체면서 평어체인(consultative-casual) 식의 번역 문체가 나올 수도 있다는 가능성에 대비했다. Joos의 분류법에서 가장 중립적인 문체는 협의체다. 협의체는 타인 간 이루어지는 대화나 서신 교환의 규범이며, 대개 음의 표지(marked negatively)를 띤다. 공식 및 비공식 문체 표지(style marker)가 부재하다는 의미다. 발화자가 협의체를 사용할 경우에는 메시지 일부를 생략하겠다고 마음먹을 수 없을 것이다. 사회적으로 더 친밀하여 메시지 내용을 제법 이해하고 있는 상대에게나 생각해 볼 법한 일이기 때문이다. 따라서 협의체를 사용하는 저자는 배경 정보를 꽤나 상세히 제공해야 한다. 그 밖에도 협의체의 특징이라면 '협의체'라는 용어에서 드러나듯이 수신인이 직접적으로 혹은 묵시적으로 참여한다는 점이다.

평어체에서는 발화자와 수신인의 관계가 친밀하여 발화자가 자의적(indulge)이 되므로 다양한 수준의 묵시성(implicitness)을 표지로 갖는 특징이 두드러진다. 배경 정보는 불필요하다. 왜냐하면 평어체는 발화자가 공유할 내용이 있거나, 있다고 믿거나, 혹은 공유하기를 원하는 친구 및 '내부자(insiders)'끼리 사용하는 문체이기 때문이다. 생략, 축약, [- 격식]으로 표지된 어휘 항목 및 언어를 사용하는 것이 평어체의 특징적인 언어 표지다.

일상 회화체(colloquial style)인 협의체와 평어체는 공공 정보를 전할 때 사용한다. 이와 달리 친밀체는 공공 정보를 배제하는데, 개인적으로 친밀하여 이미 배경 정보를 꽤나 공유하고 있는 사람들끼리 사용하는 언어이기 때문이다. 친밀체의 주요 특징은 Joos의 표현을 빌리자면 '추출(extraction)', 즉 극단적인 생략(ellipsis)의 한 유형이다. 격식체는 수신인의 참여가 큰 폭으로 제한된다는 점에서 협의체와 구분된다. 격식체는 짜임새가 좋고 정교하며 논리적 순서를 갖춘 데다 결속성도 강하다. 이는 사전 구상을 거쳤음을 여실히 보여준다. 친밀체만큼 극단적인 동결체는 최고로 격식 있고 계획적(premeditated)이며 때로는 '문학적인(literary)' 문체다. 동결체는 독자 교육 및 교화 목적으로 쓰이는 완벽한 예술적 산물로 구현될 수도 있으나, 다른 한편으로는 저자와 독자의 사회적 거리가 표현에 반영되어 있는 비즈니스 서신으로 사용할 수도 있다.

5. 담화범위

담화범위(province)는 정의의 폭이 굉장히 넓다. 텍스트 생산자의 직업적이고 전문적인 활동을 지칭할 뿐만 아니라, 텍스트 작성 세부사항에서부터 텍스트의 담화장이나 주제가 가질 수 있는 가장 넓은 수준의 언어활동의 '작용 범위(area of operation)'까지 지칭할 수 있으며, 이 모두를 텍스트 자체에서 추론해 낼 수 있다.

번역물의 텍스트적 기능도 등가를 유지해야 된다고 했던 논의로 돌아가 보면, 텍스트의 기능을 결정하려면 앞서 언급한 상황적 제약을 모두 고려하여 언어 자료(텍스트)를 들여다봐야 한다. 물론 하나의 특정 차원(dimension)으로만 특징지어지는 텍스트 내의 근거는 그 자체로 근거가 된다. 그 다음 상황적 차원과 차원에 따른 언어적 상관관계는 텍스트의 기능을 구현하는 수단이 된다. 다시 말해, 앞서 개괄한 여덟 개의 상황적 차원을 기반으로 텍스트를 분석한 결과로서의 텍스트 기능이 되는 것이다. 이제 번역 등가 여부를 판단하기 위한 기능적 일치(functional match)를 찾는 기본 기준을 개선할 수 있다. 즉, 번역물은 원문과 기능이 일치해야 하는 것은 물론, 그 기능을 얻기 위한 상황 차원의 수단(situational-dimensional means)도 동등하게 적용해야 한다. 다시 말해, 최적 품질의 번역물이라면 분석 단계에서 관념적(ideational) 기능과 대인관계적(interpersonal) 기능이라는 두 가지 기능적 요소에 기여를 한다는 것이 밝혀진 차원들이 원문과 번역 텍스트에서 일치함을 증명할 수 있어야 한다.

원문을 분석하는 데 상황적 차원을 사용하게 되면 원문은 특정한 텍스트 프로필을 얻게 된다. 이와 같은 경우 텍스트의 기능을 특징짓는 이 프로필은 번역 텍스트의 품질을 측정하는 규범이 된다. 다시 말해, 주어진 번역 텍스트를 같은 차원적 계획(dimensional scheme)을 사용하여 동일한 수준으로 섬세하게 분석하면 텍스트 프로필과 기능이 원문과 일치하거나 불일치하는 정도가 드러나며, 이는 곧 번역 텍스트의 품질이 얼마나 적합한지를 보여주는 것이다.

여기까지가 오리지널 모델에서 텍스트 코퍼스로 가설 검증을 남겨둔 상태였던 잠정적 이론 모델의 개요다.

오리지널 모델의 운용

다음 절에서는 모델의 운용에 대해 기술한다. 즉, 모델의 다양한 상황적 차원이 어떻게 통사적, 어휘적, 텍스트적으로 실현되는지 나타냄으로써 텍스트를 비교 분석하는 방법이다. 필자는 상황적 차원의 언어적 상관관계를 만드는 데 유용하다고 간주되는 여러 개념들을 다방면에서 얻어냈다. 모델 운용에는 원문과 번역물 간에 일치와 불일치를 가늠하는 검정 계획도 포함된다.

텍스트를 비교 분석하는 오리지널 방법

도착어 텍스트(TT)의 텍스트 프로필을 출발어 텍스트(ST) 프로필과 비교하여 TT의 적절성을 판단할 규범을 정해야만 TT의 품질을 정성적으로 기술할 수 있다고 먼저 가정해 보면, 필자의 모델에서 첫 과업은 상세하게 원문을 분석하는 일일 것이다. 앞서 개괄한 상황적 차원들을 활용하려면 해당 상황적 차원에서 텍스트에 한정된 언어적 상관관계를 수립해야 한다.

필자가 분석에 사용한 건 신퍼스학파(Neo-Firthian) 모델이다. 본 모델의 기술적(descriptive) 능력을 확장하기 위해 필자는 [+/− human]이나 [+/− abstract]과 같은 특징 기호를 수단으로 하여 의미 요소를 표현하는 관습적 방법도 활용했다. 필자는 두운(alliteration) 및 파격구문(anacoluthon)과 같은 수사학·문체론적(rhetorical-stylistic) 개념, 화행이론, 화용론, 담화 분석의 개념, 전경화(foregrounding) 개념, 프라하학파(Prague school) 언어학자들(용어를 정립한 Havranek 1964 참조)이 발전시킨 '자동화(automatization)' 개념을 사용했다. 전경화는 형식 자체가 주목을 받기 위해 독자들이 특정 언어 형식을 의식하도록 만들어주는 언어적 장치다. 전경화는 흔치 않은 느낌을 주거나 비자동화(de-automatized)되는데, 예를 들면 두운(alliteration), 유운(assonance), 의성어 사용(onomatopoeia), 말장난(puns and wordplays) 등이 있다. 자동화는 전경화에 반대되는 개념이며, 관습적으로 언어적 형식 자체가 특별히 주목을 끌지 않을 때 일반적으로 사용하는 언어 장치를 나타낸다.

필자는 각 상황적 차원에서 통사적, 어휘적, 텍스트적 수단을 구분했으나, 세 가지 범주가 반드시 한 가지 특정 차원에서 발견되는 것은 아니다. 분석 대상 텍스트가 모두 서면 텍스트여서 음운론은 역할이 없었다. 이 모델의 중요한 관점은 텍스트적 의미를 추가한 것인데, Crystal과 Davy의 접근법에는 없는 개념이며, 필자가 오리지널 모델을 연구할 당시 그다지 주목을 받지 못한 개념이었다. 사실 필자는 Crystal과 Davy의 접근법이 지나치게 원자론적으로(atomistically) 진행되었다는 점에서 이의를 제기하는데, 그들은 넓은 언어 영역을 조각내 자신들이 내세운 언어 구성요소에 맞추는 데 몰두하는 한편, 문장 연결이나 테마 이동 등 다양한 방법으로 해석이 되는 의미들을 정립하려 하지 않았다. 필자는 텍스트적 장치를 고려했기 때문에 방금 제기한 이의는 필자의 연구에는 해당되지 않는다.

필자는 특정한 상황적 특징을 구현하는 텍스트적 수단 연구에 있어 Enkvist의 언어 문체론(1973), 프라하학파의 테마-레마 분포(theme-rheme distribution) 연구, Söll(1974)의 구어 및 문어 텍스트 연구, Edmondson의 담화 분석(1981) 등을 여러 모로 참고했다. 필자는 전술한 연구 가닥을 다방면으로 적용시켜 보면서 세 가지 주요 텍스트적 양상(textual aspect)을 구분했다.

1. 테마의 역동성

테마 역동성(theme dynamics)이란 텍스트에 어떤 '테마'(예: 반복, 전방대용 및 후방대용, 지시, 대용형, 생략, 동의관계, 근사-동의관계)가 되풀이 되는가를 기준으로 다양한 패턴의 의미 관계를 나타내는 한편, Mathesius(1971)가 처음 사용한 개념인 '기능적 문장 관점'을 반영하는 것이다. 필자는 기능적 문장 관점(functional sentence perspective)이라는 관념을 아래와 같이 다소 간단하게 해석했다. 즉, 모든 발화는 정보를 전달할 때 서로 다른 기능을 갖는 두 가지 부분인 (a) 테마(당연하게 아는 사실, 보편적으로 알려진 사실, 맥락을 통해 주어진 사실로서, 발화 전체를 통해 전해지는 신규 정보에는 일절 또는 제한적으로만 기여하는 것)와 (b) 레마(발화를 통해 전해지는 '신규' 정보의 뼈대가 되는 것)로 구분된다. 테마-레마 분포를 구현하는 일차적인 형식 수단은 어순이다. '일반적인(normal)' 무표적(unmarked) 담화에서는 테마가 레마를 선행하는 반면(Mathesius의 '객관적 위치'), 정서적(emotive) 담화에서는 레마가 테마를 선행한다('주관적 위치').

2. 절의 연결장치

절의 연결장치(clausal linkage)는 텍스트의 절이나 문장 사이의 기본적인 논리 관계 체계로 설명된다. 부가(additive), 역접(adversative), 대체(alternative), 인과(causal), 설명(explanatory), 추론(illative) 관계 등이 있다.

3. 상징적 관련성

텍스트에서 두 개 이상의 문장이 결속성을 가지면 표층 층위(surface level)에서 구조동형성(isomorphism)을 띠므로 상징적 관련성(iconic linkage)이나 병렬구조(structural parallelism)가 발현된다.

Söll(1974: 51)을 이어 필자는 Pike(1967)가 소개한 유추 및 구분법인 '이미크(emic)'와 '에틱(etic)'으로 텍스트 구성을 구분했다. 이미크(emic) 텍스트는 오직 텍스트-내재적 기준(text-immanent criteria)에 의해 결정되는 것이고, 에틱(etic) 텍스트는 시간적, 개인적, 지역 직시가 텍스트-발화자-수신자를 둘러싼 갖가지 상황적 특징을 가리키는 것을 뜻하는 텍스트-초월적 수단으로 결정되는 것이다. 또한 종합적인 논리 구조, 서술이나 그 외 일상적 문구 유무, 중복성 유무 등의 텍스트 특징도 고려했다.

ST 분석에 이어 TT도 같은 방법으로 분석했으며, 그 결과 얻은 두 가지 텍스트 프로필을 비교해 상대적 일치도를 분석했다. TT 분석 결과를 발표할 때, 필자는 여러 가지 차원에서의 불일치를 나열하는 것으로 제한을 두었다.

오리지널 평가 검정

번역 텍스트가 차원 일치 요건과 기능적 일치 요건을 만족하려면 어떤 차원에서든지 불일치가 발생하는 경우 오류로 간주되어야 한다. 이와 같은 차원적 오류를 내재적으로 잘못된 오류(covertly erroneous error)라고 한다. 이는 원문과 번역문의 외연적 의미(denotative meaning) 불일치나 도착어 체계 위반으로부터 발생하는 외현적으로 잘못된 오류(overtly erroneous error)와는 구분된다. 번역사가 원문의 항목이나 구조가 가진 외연적 의미를 바꾸게 되는 경우에 대해 누락, 추가, 대치로 세부 구분했다. 대치의 경우 잘못된 선택(selection)과 잘못된 조합(combination)으로 구분할 수 있다. 도착어 체계를 위반하는 경우에 대해서는 우선 명백한 언어 체계 위반을 나타내는 '비문법성'과 실제 언어 사용 측면에서 언어 규칙인 사용규범을 위반한 경우인 '불확실한 수용성'으로 구분했는데, 이는 언어 잠재력과 관련되어 있다.

외현적으로 잘못된 오류는 예전부터 주목을 받은 반면 내재적으로 잘못된 오류의 경우 더 정성적이고 기술적인 심층 분석이 요구되어 종종 논의 대상이 되지 못했다. 두 가지 오류 범주 간 그리고 각 오류 범주 내에서 무게를 두는 정도는 텍스트마다 다양하다는 문제가 있다.

번역물의 최종적인 품질 판단은 내재적으로 잘못된 오류와 외현적으로 잘못된 오류에 대한 목록, 그리고 텍스트 기능의 관념적 기능 요소와 대인 관계적 기능 요소 사이의 상대적인 일치 정도에 대한 진술로 구성되어 있다. 상황적 차원에서의 불일치가 내재적으로 잘못된 오류를 만들어 낸다면 아래의 내용을 전제해야 한다.

1. 사회·문화적 규범, 더 구체적으로는 텍스트가 형성한 규범 조건적 기대치(norm-conditioned expectation)를 반드시 비교할 수 있다고 전제한다. 독특한 문화적 유산에서 오는 명백한 차이는 당연히 각 텍스트에서 명시적으로 기술하고 논의해야 한다.
2. 두 가지 언어 간 차이는 번역으로 대개 극복할 수 있다고 전제한다. 즉, 언어 간 상호 번역성(inter-translatability)을 가정한다. 물론, 영어에서 독일어 'Du/Sie' 구분을 하지 못하는 것과 같은 일부 사항은 정확히 명시하고 예외로 취급한다.
3. 특별한 이차적 기능(secondary function)이 번역물에 추가되지 않는다고 전제한다. 즉, 아동을 위해 번역하는 고전 작품 등 특수한 청중을 위한 번역이나 언어 간 구조적 차이를 밝히기 위해 고안된 행간 번역과 같이 특수한 목적이 있는 번역은 명시적으로 제외시킨다. 이와 같은 경우에는 더 이상 번역물이라기보다는 원문의 외현적 버전이라 칭한다.

상기 세 가지 전제를 바탕으로 필자는 번역문 수신자들이 원문 수신자가 출발어 사회에서 형성하는 하위 그룹과 견줄 수 있는 하위 그룹을 도착어 사회에서 형성할 수 있다고 가정했으며, 양쪽 모두 현대 표준어 화자(speakers of the contemporary standard language), 즉 교육을 받은 중산층이 흔히 사용하는 언어이자 언어공동체 다수가 수용하는 광범위한 경계(supra-regional variety)의 언어 화자라고 정의했다.

객관적으로 수립한 상황적 차원 집합을 비교 기준으로 사용하는 것과는 별개로, 도착어 텍스트의 적절성을 결정하는 방법으로는 당연히 분석가들의 직관과 더불어 특정 문제를 입증해달라는 요청을 받은 다른 심사자의 직관적 판단도 기반으로 하고 있다. 분석가의 판단에 의존하는 접근법만이 위와 같은 유형의 모델을 실행에 옮길 수 있는 유일한 방법처럼 보인다. 번역물 검정을 분석가에 의존한다고 해서 앞서 비판한 신해석학파의 접근법과 가까워지는 것은 아니다. 왜냐하면 필자의 방법에 포함되는 직관적 판단은 모두 **논증**, 즉 최대한 객관적으로 근거를 들어 검증을 하는 작업을 거치는 가설로 간주되기 때문이다. 본 모델은 확정된 상황적 차원의 집합과 (사전 가공을 거친 예시가 아닌) 실제 텍스트를 사용해 검증을 했다는 점에서 한층 더 객관적이라고 할 수 있다.

하지만 도착어 텍스트의 언어적 요소의 적절성을 판단할 때는 반드시 주관적이고 해석적인(hermeneutic) 요소가 포함된다는 건 부정할 수 없는 사실이다. 게다가, 다시금 강조하지만 서로 다른 언어가 가진 항목들의 등가 관계는 절대적이지 않기 때문에 등가에 더 가깝거나 벗어나는 정도가 다른 여러 가지 등가 표현이 하나의 큰 범주를 이루며, 이 범주의 양 끝단은 연속적 변이처럼 서로 개연성의 격차가 크다.

마지막 분석에서 번역물 검증이라는 것도 필자가 일련의 범주를 내세워 모델 과정을 객관화하려는 시도를 했으나 인간이 중요한 변수이기 때문에 결과적으로 주관적인 요소로 특징지을 수밖에 없었으며, 자연과학 연구에서나 도출할 법한 수준으로 번역품질평가를 객관화시키기는 어렵다고 생각한다. 사회과학의 범주에서라면 필자가 개발한 방법을 과학적 탐구의 주요 연구 분야의 하나인 사례 연구 접근법에 포함시킬 수 있다고 생각한다. 사례 연구는 하나의 단위가 가진 다양한 특징들을 집중적이고 심도 있게 조사하는 분야로, 대량의 표본을 대규모로 관측하는 전통적인 실험을 보충하기 위해 수행되어 왔다. 연구 중인 현상이 가지고 있는 복잡한 맥락적 배태성의 구체화가 중요하다는 인식을 기반으로 하는 사례 연구의 방법은 두 가지 기본적인 목적을 가지고 있다. 바로 1) 현상을 종합적으로 이해하려는 목적과 2) 보편적인 이론적 진술을 더 많이 개발하려는 목적이다. 필자의 연구에서는 원문과 번역문을 분석하고 검정하기 위한 목적으로 검토한 다양한 방법을 통해 절충적으로 얻어낸 개념들에 대한 계획을 확인한다는 부가적인 목적도 존재한다.

4
오리지널 모델의 실행

House(1977/1981)의 연구에서는 영어와 독일어로 되어 있는 텍스트 여덟 쌍을 이용하여 번역품질평가에 대한 실증적 테스트를 마쳤다. 관념적 기능이 부각된다고 분류된 과학 텍스트, 경제 텍스트, 신문/잡지 기사, 관광 브로슈어 등과 대인관계적 기능이 부각된다고 분류된 설교 인용문, 정치적 연설문, 도덕적 일화, 희극에서 발췌한 대화문 등을 사용해서 다양한 '담화범위'의 텍스트를 다루었다.

기존 연구를 수행하면서 대부분 시적·심미적 텍스트거나 대부분 '형식 지향적인' 텍스트, 즉 시와 같이 텍스트 언어 단위의 형식이 그 자체의 특별한 가치를 가지는 텍스트는 대인관계적 기능 범주에서 제외해야 된다고 생각했다. 통상적으로 시적·심미적 예술 작품에서 형식과 내용(의미)을 구분하는 것은 유효하지 않다. 시의 경우 언어 단위의 형식이 변화하려면 먼저 (의미론적, 화용적, 텍스트적) 의미 내에서 그에 해당하는 변화가 있어야 한다. 형식과 의미를 따로 떼어 생각할 수 없기 때문에 패러프레이즈, 설명, 해설, 새로운 단어에 대한 차용 등 어떤 방법으로도 그 의미를 표현할 수 없다. 시의 경우 기표 그 자체에 의미가 있기 때문에 다른 언어에서 동일한 기의를 가지는 개념 혹은 지시어로 표현된다 하더라도 해당 언어로 된 기표로 전환할 수는 없다. 한 언어 내에서 기표의 물리적 본질이 다른 언어에서 복제될 수 없기 때문에 시적·심미적 작품 내에서 더 이상 임의로 만들어낼 수 없는 기의와 기표 간 관계는 다른 언어에서 표현될 수 없는 것이다. Jakobson(1966)도 동일한 관점을 제시한다. 그의 주장은 시는 당연히 번역할 수 없다는 설명에서 잘 드러난다. 이와 유사하게 Nida and Taber(1969: 4)도 '메시지의 핵심 요소가 형식이 아닌 경우라면 어떤 텍스트라도 한 언어에서 다른 언어로 표현될 수 있다'라고 주장했다.

시적·심미적 텍스트의 특징은 전경화(foregrounding)가 최대로 이루어진다는 것이다. 사실 전경화 기법은 의사소통을 위해서라기보다는 표현 행위 자체를 전경화하는 데 활용된다. 종교적 설교문이나 정치 연설문처럼 필자가 기존 연구에 사용했던 코퍼스를 비롯해 여러 텍스트에서 전경화가 일어난다. 번역하기 어렵거나 불가능한 두운이나 언어유희 등이 전경화가 일어난 예다. 하지만 이러한 경우에도 전경화는 항상 의사소통에 종속되어 있다. 전경화 전략을 가끔 사용하는 비시적인(non-poetic) 텍스트의 기본적인 목적은 표현 자체보다는 전경화된 언어 항목을 통해 표현되는 주제에 수신인들이 좀 더 관심을 가지도록 하는 데 있다. 이것이 바로 비시적 텍스트가 번역 가능한 이유다. 하지만 시적·심미적 특징이 지배적인 텍스트의 경우 번역가능성에는 한계가 있다. 왜냐하면 도착어 텍스트는 더 이상 번역이 아닌 창조적인 전환물이 되어 버리기 때문이다.

필자의 오리지널 모델 실행의 예시를 제시하기 위해 영어로 된 상업적 텍스트와 번역문, 분석 예시를 제시할 것이다.

상업적 텍스트(출발어는 영어, 도착어는 독어)

출발어 텍스트

Investors Overseas Services의 M. F. Meissner 회장이 주주들에게 보내는 서신(1971년 12월 27일)

Ⅰ   1   Dear shareholder, (친애하는 주주님들께)

Ⅱ   1   The Board of Directors of IOS, Ltd. has declared a pro-rata dividend payable on and after December 20, 1971, to all shareholders of record as of the close of business on December 17, 1971.
(IOS의 이사회는 IOS의 업무가 종료되는 1971년 12월 17일부로 주주로 등재되어 있는 모든 주주님들께 1971년 12월 20일 이후 비례 배당금을 지급할 것을 공고합니다.)

   2   The dividend consists of shares of Value Capital Limited, a newly established Bahamian holding company, and will be paid on the basis of one share of Value Capital Limited for each whole ten shares held of IOS, Ltd.
(배당금은 바하마 제도에 새로 설립된 지주회사인 Value Capital Limited의 주식으로 구성되어 있으며, IOS 주식 10주당 Value Capital Limited 1주로 계산되어 지급될 예정입니다.)

   3   Of course, each shareholder continues ownership of any share that he now holds of IOS.
(물론 주주 각각은 현재 보유하고 있는 IOS 주식분에 대한 소유권을 계속 유지하게 됩니다.)

Ⅲ   1   In organizing Value Capital Limited, IOS contributed to it certain companies including IVM (the Dutch insurance company), IVM Invest Management Company Limited, ILI Luxembourg, ILI Bermuda, IOS Real Estate Holdings, IPI Management Co., and Resources Services Limited, together with certain other contractual rights and assets.

(Value Capital Limited를 조직하는 과정에서 IOS는 IVM (네덜란드 보험회사), IVM Invest Management Company Limited, ILI Luxembourg, ILI Bermuda, IOS Real Estate Holdings, IPI Management Co., Resources Services Limited의 계약상 권리 및 자산 등을 Value Capital Limited에 출자하였습니다.)

2   In return for its contribution, IOS received 6.2 million shares of Value Capital Limited (the total of the issued and outstanding shares of that Company), and, in turn, is distributing to its shareholders all of these shares.
(이 출자에 대한 대가로 IOS는 620만 주의 Value Capital Limited 주식(이 회사의 총 발행 주식)을 받았고 다시 이 주식 전부를 주주들에게 배분했습니다.)

Ⅳ   1   The total stockholders' equity of Value Capital Limited is $1.3 million.
(Value Capital Limited 주주들의 총 지분은 130만 달러입니다.)

2   Since future earnings of Value Capital Limited will not be controlled by IOS, historical earnings performance would not be indicative of expected future performance.
(Value Capital Limited가 향후 벌어들일 소득에 대해서 IOS가 관여하지 않기 때문에 이전의 소득 실적이 향후 성과 기대치를 보여 주지는 않습니다.)

Ⅴ   1   The dividend will be represented by bearer certificates which, as you know, are negotiable instruments.
(배당금은 무기명 증권의 형태로 제공될 것이며, 아시는 바와 같이 양도 가능한 문서입니다.)

2   That is, they may be traded by anyone in possession of the certificate.
(즉, 이 증서를 가지고 있는 누구나 거래가 가능합니다.)

3   In order to avoid the possibility of accidental misdirection of your certificates, and to expedite the distribution, your assistance is required.
(귀하가 보유한 증권이 뜻하지 않게 다른 곳으로 발송되는 사태가 발생하는 것을 방지하고 주식 배분을 신속하게 처리하기 위해서 귀하의 도움이 필요합니다.)

4   We have enclosed a 'Dividend Instruction Form' for your

completion; this should be returned in the pre-addressed envelope.
('배당금 정보 양식'을 동봉해 드리오니 작성해 주시기 바랍니다. 그리고 이 문서는 수신 주소가 미리 기재된 봉투에 넣어 회신해 주셔야 합니다.)

Ⅵ 1 As you will note, we have asked that you designate a bank (or broker) to which your dividend certificates will be sent.
(아시게 되겠지만 귀하의 배당금 증서를 받을 은행 (혹은 중개인)을 지정하는 것에 대해 요청 드리는 바입니다.)

2 Your bank (or broker) should indicate its confirmation of your signature by executing the bottom half of the 'Dividend Instruction Form' including its official signature and stamp (or seal).
(귀하가 지정한 은행(혹은 중개인)은 '배당금 정보 양식'에 들어가는 공식적인 서명 및 인지(혹은 인감)를 포함하여 형식의 하단부를 작성함으로써 귀하의 서명에 대한 증명을 명시해야 합니다.)

Ⅶ 1 It is anticipated that your new Company will issue its first report, covering its financial position at May 31, 1972, as soon as possible following that date.
(여러분이 주주로 있게 될 이 신생 기업은 1972년 5월 31일 기준 재정 상황을 담고 있는 제1차 보고서를 5월 31일 이후 가능한 한 가장 빠른 날짜에 발간할 예정입니다.)

2 This report will include full details on the Company's organization, management and plans for future development.
(이 재정 보고서에는 회사의 조직, 관리, 미래 발전 계획 등에 대한 모든 세부 사항이 포함될 예정입니다.)

3 In the interim period, the 15,000 to 20,000 shareholders of Value Capital Limited can expect that public trading of their shares will develop.
(그 사이 Value Capital Limited의 15,000~20,000명의 주주들은 주식의 상장 거래가 발생할 것이라고 예측하실 수 있습니다.)

4 It is the present intention of Value Capital Limited to secure the listing of its shares on a recognized exchange at the earliest possible time.
(Value Capital Limited의 현재 목표는 가장 빠른 시간 내에 공인된 거래에 대한 자사 주식 목록을 확보하는 일입니다.)

Ⅷ	1	As a result of the dividend by IOS of its complete holdings of Value Capital shares, there remains no equity ownership or control of Value Capital in the hands of IOS. (Value Capital 주식에 대한 총 주식 보유량을 IOS가 배당금으로 배분하면서 IOS는 Value Capital에 대한 어떠한 소유주 지분이나 지배권이 남아 있지 않게 됩니다.)
	2	Therefore the future market value of Value Capital shares should in no way be related to, or depend upon, the future development of IOS. (따라서 Value Capital 주식에 대한 향후 시장 가치는 IOS의 발전과는 아무 연관도 없거나 영향을 받지 않습니다.)
Ⅸ	1	The principal reason for the establishment of Value Capital Limited, and the distribution of its ownership to the IOS shareholders, was to permit the continuation and expansion of essential communication with the hundreds of thousands of fund clients. (Value Capital Limited의 설립과 IOS 주주들에게 Value Capital Limited의 소유권을 분배한 주된 원인은 수십만 명의 자금 고객들과의 중요한 커뮤니케이션이 유지 및 확대될 수 있도록 하기 위함입니다.)
	2	Recent Swiss legislation precluded the maintenance of these operations from Switzerland as in the past. (최근 스위스 법률에서는 스위스를 출발점으로 하는 이러한 운용 방식을 예전처럼 유지하지 못하게 하고 있습니다.)
Ⅹ	1	Value Capital's client service functions will be conducted from new facilities being established outside of Switzerland. (Value Capital의 고객 서비스 기능은 스위스가 아닌 지역에 설립되고 있는 새로운 기관에서 시행될 것입니다.)
	2	The implementation of these client services should result in a residual benefit to the business of the principal operating subsidiaries, IOS Insurance Holdings and Transglobal Financial Services, which are retained by IOS. (고객 서비스 실시를 통해 IOS가 소유하고 있는 주요 운용 자회사인 IOS Insurance Holdings와 Transglobal Financial Services의 사업에 들어갈 여분의 배당금이 만들어져야 합니다.)

XI 1 Value Capital Limited additionally intends to establish an international insurance operation based upon the three insurance company.
(Value Capital Limited는 위 세 곳의 보험 회사를 기반으로 하는 국제 보험 기업을 추가적으로 설립하려고 합니다.)

2 Certain of the other Value Capital operations were contributed by IOS in order to provide an immediate income flow to the new Company and thus insure stability throughout its formative phase.
(즉각적인 소득 흐름을 제공해서 초창기 내내 안정성을 확보하기 위해 Value Capital의 사업들 중 일부에 IOS의 기여가 있었습니다.)

XII 1 It is expected that the IOS shareholders will realize a greater growth potential through their direct interest in the new Value Capital Limited operations than would have been possible had those operations remained within the IOS group.
(IOS의 주주들은 새로 설립된 Value Capital Limited의 회사들에 직접적으로 관심을 가짐으로써 그 회사들이 IOS 그룹 내에 남아있었을 경우 가지게 될 성장잠재력보다 더 큰 성장잠재력을 가질 수 있을 것이라고 깨닫게 되실 겁니다.)

XIII 1   Very truly yours,
Milton M. Meissner
President

도착어 텍스트

Investors Overseas Services의 M. F. Meissner 회장이 주주들에게 보내는 서신 (1971년 12월 27일)

I 1 Sehr geehrter Aktionär, (존경하는 주주님들께,)

II 1 Der Verwaltungsrat der IOS, Ltd. hat eine anteilige Dividende beschlossen, die ab 20. Dezember 1971 an alle Aktionäre zur Ausschüttung gelangt, die zum Geschäftsschluβ am 17. Dezember 1971 registriert sind.
(IOS의 이사회는 1971년 12월 17일 사업종료 시점에 등록된 모든

주주들에게 1971년 12월 20일부터 분배할 비례분 배당금을 결정하였습니다.)

    2   Die Dividende besteht aus Aktien der Value Capital Limited, einer nach dem Recht der Bahamas neugegründeten Gesellschaft.
(배당금은 바하마 법에 따라 새로 설립된 회사인 Value Capital Limited의 주식으로 구성됩니다.)

    3   Jeder Aktionär erhält auf je volle zehn Aktien der IOS, Ltd. eine Aktie der Value Capital Limited.
(주주 각각은 IOS의 주식 10주에 대해 Value Capital Limited의 주식 1주를 받습니다.)

    4   Er bleibt natürlich weiterhin Eigentümer aller seiner bisherigen Aktien der IOS, Ltd.
(물론 주주 각각은 IOS의 이전 주식 전부를 계속 소유합니다.)

Ⅲ   1   Bei der Gründung der Value Capital Limited übertrug die IOS auf diese Gesellschaft bestimmte Gesellschaften, einschließlich der IVM (die niederländische Versicherungsgesellschaft), IVM Invest Management Company Limited, ILI Luxembourg, ILI Bermuda, IOS Real Estate Holdings, IPI Management Co. und Resources Services Limited, sowie bestimmte vertragliche Rechte und Aktiva.
(Value Capital Limited를 설립함에 있어서 IOS는 IVM(네덜란드 보험회사), IVM Invest Management Company Limited, ILI Luxembourg, ILI Bermuda, ISO Real Estate Holdings, IPI Management Co., Resources Services Limited를 포함한 특정 회사들과 특정 계약상의 권리와 재산을 이 회사(Value Capital Limited)에 양도했습니다.)

    2   Als Gegenleistung erhielt die IOS 6.2 Millionen Aktien der Value Capital Limited (die gesamte Zahl der von dieser Gesellschaft ausgegebenen und in Umlauf gesetzten Aktien), die alle von der IOS an ihre Aktionäre verteilt werden.
(보상으로 Value Capital Limited의 주식 620만 주 (이 회사에서 발행하고 유통한 주식의 총 수)를 인수했습니다. 이 주식들은 IOS에 의해 주주들에게 모두 배분된 것입니다.)

Ⅳ   1   Das gesamte Eigenkapital der Value Capital Limited beträgt 1.3 Millionen Dollar.
(Value Capital Limited의 자기자본 총액은 130만 달러입니다.)

2 Da die IOS keinen Einfluß auf die zukünftige Gewinnentwicklung der Value Capital Limited haben wird, würde die bisherige Ertragsleistung keinen Aufschluß über die Gewinnentwicklung geben.
     (IOS는 Value Cpital Limited의 향후 이익에 영향을 미치지 않을 것이기 때문에 지금까지의 소득 실적이 이익에 대한 어떠한 정보도 주지 못할 것입니다.)

V 1 Die Dividende wird durch Inhaberzertifikate verbrieft.
      (배당금은 무기명 증권으로 작성됩니다.)
   2 Diese sind bekanntlich frei begebbare Urkunden, d.h., sie können von jedem veräußert werden, der in ihren Besitz gelangt.
      (이것은 잘 알려진 바와 같이 자유로이 양도할 수 있는 문서입니다. 즉, 소유하고 계신 모든 것은 판매 가능합니다.)
   3 Um zu vermeiden, daß Ihre Zertifikate versehentlich fehlgeleitet werden und um die Zustellung zu beschleunigen, bitten wir Sie, das beigefügte Dividenden-Zustellungsformular (Dividend Instruction Form) auszufüllen und in dem ebenfalls beigefügten adressierten Umschlag zurückzuschicken.
      (귀하의 증권을 실수로 잘못 되지 않게 하기 위해서 그리고 빠른 배송을 위해서 첨부된 배당금 정보 양식을 작성하셔서 첨부한 주소 적힌 봉투에 넣어 반송해 주시기 바랍니다.)

VI 1 Wie Sie feststellen werden, haben wir Sie gebeten, eine Bank (oder einen Makler) zu benennen, an den die Aktienzertifikate geschickt werden sollen.
      (아시다시피 당사가 귀하께 요청했던 지정 은행(또는 중개인)에게 주식증서를 보내 드리겠습니다.)
   2 Sie müssen die Bank (oder einen Makler) bitten, Ihre Unterschrift auf dem Dividenden-Zustellungsformular zu bestätigen.
      (귀하는 배당금 지시 양식에 서명한 귀하의 서명을 확인하도록 은행(혹은 중개인)에 요청하시기 바랍니다.)
   3 Hierfür ist auf dem unteren Teil des Formulars eine Stelle vorgesehen, wo die Betreffenden unterzeichnen und ihren Stempel anbringen.
      (이를 위해 양식의 아래쪽에 당사자가 사인하고 스탬프가 찍힌 곳을 마련해 두었습니다.)

Ⅶ 1 Den ersten Bericht über ihre Finanzlage zum 31. Mai l972 wird die Value Capital Limited so bald wie möglich nach dem besagten Datum veröffentlichen.
(Value Capital Limted는 1972년 5월 31일 현재 자신의 재무 상태에 대한 첫 번째 보고서를 이미 언급한 날짜 이후에 가능한 한 빨리 공고할 것입니다.)

2 Der Bericht wird u.a. über den Aufbau der Gesellschaft, ihre Verwaltung und Entwicklungspläne volle Auskunft geben.
(그 보고서는 특히 회사의 창립과 운영, 발전 계획에 대한 모든 정보를 제공할 것입니다.)

3 In der Zwischenzeit können die 15.000 bis 20.000 Aktionäre der Value Capital Limited erwarten, daβ sich der öffentliche Handel ihrer Aktien entwickeln wird.
(그 사이에 Value Capital Limited의 15,000~20,000명의 주주들은 자신들 주식의 공개 거래가 이루어지기를 기대할 수 있습니다.)

4 Die Value Capital Limited beabsichtigt z.Z., die Zulassung ihrer Aktien zum Börsenhandel an einer anerkannten Börse möglichst bald zu erlangen.
(Value Capital Limited는 현재로서는 공인된 증권거래소에 주식매매를 위해 가능한 한 빨리 자사의 주식을 상장시킬 계획입니다.)

Ⅷ 1 Durch die Dividendenausschüttung begibt sich die IOS aller von ihr gehaltenen Aktien der Value Capital Limited.
(IOS는 배당금 지급을 통해 자신이 보유한 Value Capital Limited의 모든 주식을 양도합니다.)

2 Infolgedessen verfügt sie in Zukunft weder über Anteile am Kapital der Value Capital Limited noch über einen beherrschenden Einfluβ auf diese Gesellschaft.
(결과적으로 IOS는 향후 Value Capital Limited의 자산에 대한 지분이나 지배적인 영향력을 갖지 못합니다.)

3 Irgendein Zusammenhang zwischen der weiteren Entwicklung der IOS und dem künftigen Kurs der Value Capital-Aktien sollte deshalb ausgeschlossen sein.
(따라서 IOS의 발전과 Value Capital 주식의 향후 방향 사이에는 어떠한 관계도 없습니다.)

Ⅸ 1 Die Aufrechterhaltung und weitere Entwicklung wesentlicher

Kommunikationen mit den Hunderttausenden von Kunden waren die Hauptgründe für die Errichtung der Value Capital Limited und für die direkte Beteiligung der IOS-Aktionäre an dieser Gesellschaft.
(수십만 명의 고객들과 중요한 커뮤니케이션을 유지하고 발전시킨 것이 Value Capital Limited를 설립하고 이 회사에 IOS의 주주들을 직접 참여하게끔 한 주된 이유입니다.)

2 Infolge neuer schweizerischer Gesetzesbestimmung war die Fortführung des bisherigen Betriebes von der Schweiz aus unmöglich geworden.
(스위스의 새로운 법 규정에 따라 지금까지의 경영을 지속하는 것은 스위스에서는 불가능해졌습니다.)

X 1 Die Dienstleistungen der Value Capital Limited für die Kunden werden von neuen Einrichtungen außerhalb der Schweiz erbracht.
(고객을 위한 Value Capital Limited의 서비스는 스위스 밖에 위치한 새로운 기관에 의해 제공됩니다.)

2 Aus diesen Dienstleistungen dürften sich für das Geschäft der wichtigsten im Besitz der IOS verbleibenden Tochterbetriebsgesellschaften, IOS Insurance Holdings und Transglobal Financial Services, restliche Gewinne ergeben.
(IOS의 소유로 남아 있는 중요한 자회사들, 즉 IOS Insurance Holdings와 Transglobal Financial Services의 업무를 위해서 이들 서비스로부터 이익이 발생하는 것은 허용됩니다.)

XI 1 Ausgehend von den drei Versicherungsgesellschaften, welche die IOS auf die Value Capital Limited übertragen hat, beabsichtigt diese außerdem, ein internationales Versicherungsunternehmen aufzubauen.
(이것은 또한 IOS에서 Value Capital Limited로 양도된 3개의 보험 회사를 기반으로 하여 국제 보험 기업을 설립할 생각입니다.)

2 Gewisse andere Betriebe sind von der IOS auf die Value Capital Limited übertragen worden, um zu gewährleisten, daß die neue Gesellschaft über sofortige Einnahmen verfügt und somit die Stabilität in der Errichtungsperiode gesichert ist.
(일부 다른 기업들은 새 회사가 당장의 수입을 얻고 그로써 설립 기간 동안의 안정성 보장을 보증하기 위하여 IOS에서 Value

XII 1 Durch ihre direkte Beteiligung an der neugegründeten Value Capital Limited wird sich für die IOS-Aktionäre voraussichtlich ein größeres Wachstumspotential ergeben, als ihnen die auf die neue Gesellschaft übertragenen Unternehmen hätten bieten können, wenn sie in der IOS-Gruppe verblieben wären.
(새로 설립된 Value Capital Limited에 직접 참여함으로써 IOS 주주들에게 새로운 회사에 양도된 기업들이 IOS 그룹에 남아 있는 경우보다 더 큰 성장 가능성을 가지게 될 것이라고 예견합니다.)

XIII 1 Mit freundlichem Gruβ
Milton F. Meissner
Präsident
(친절한 안부 인사를 전하며
Milton F. Meissner 회장)

독일어 번역을 다시 영어로 역번역

I 1 Esteemed shareholder (존경받는 주주님들께)

II 1 The Board of Directors of IOS Ltd. has decided on a pro-rata dividend which will be paid from December 1971 to all shareholders who are registered by close of business on December 17, 1971.
(IOS의 이사회는 업무가 종료되는 1971년 12월 17일부로 등재되어 있는 모든 주주님들께 1971년 12월부터 비례배당금을 지급할 것을 결정했습니다.)

2 The dividend consists of shares of Value Capital Limited, an according to the law of the Bahamas newly founded company.
(배당금은 바하마 제도의 법률에 따라 새로 설립된 회사인 Value Capital Limited의 주식으로 구성되어 있습니다.)

3 Each shareholder receives for each whole ten shares of IOS Ltd. one share of Value Capital Limited.
(각 주주들은 IOS 주식 10주에 대해 Value Capital Limited 1주를 받게 됩니다.)

4 He will of course continue to be owner of all his previous shares

of IOS Ltd.
(물론 이전에 보유했던 IOS 주식분에 대한 소유권도 계속 유지하게 됩니다.)

Ⅲ   1   During the foundation of Value Capital Limited IOS transferred to this company certain companies including IVM (the Dutch insurance company), IVM Investment Management Company Limited, ILI Luxembourg, ILI Bermuda, IOS Real Estate Holdings, IPI Management Co. and Resources Services Limited, as well as certain other contractual rights and assets.
(Value Capital Limited를 설립하는 과정에서, IOS는 IVM (네덜란드 보험회사), IVM Investment Management Company Limited, ILI Luxembourg, ILI Bermuda, IOS Real Estate Holdings, IPI Management Co., Resources Services Limited의 계약상 권리 및 자산 등을 Value Capital Limited에 양도했습니다.)

     2   As compensation, IOS received 6.2 million shares of Value Capital Limited (the total of the shares issued and circulated by this company), all of which will be distributed by IOS to its shareholders all of these shares.
(그에 대한 보상으로 IOS는 620만 주의 Value Capital Limited 주식 (이 회사가 발행해 유통하는 총 주식)을 받았고, IOS는 이 주식 전부를 주주들에게 배분할 예정입니다.)

Ⅳ   1   The total equity of Value Capital Limited is $1.3 million.
(Value Capital Limited의 총 지분은 130만 달러입니다.)

     2   Since IOS will not have any influence on the future developments of earnings of Value Capital Limited, previous earnings performance will not predict the development of earnings.
(Value Capital Limited가 벌어들일 향후 소득에 IOS가 어떠한 영향도 끼치지 않을 것이기 때문에 이전의 소득 실적이 향후 성과 기대치를 예측하지는 않습니다.)

Ⅴ   1   The dividend will be certificated by bearer certificates.
(배당금은 무기명 증권의 형태로 제공될 예정입니다.)

     2   These are, as is common knowledge, freely negotiable certificates, i.e. they can be traded by anyone who acquires ownership of them.
(누구나 알고 있는 사실이지만 이 문서는 자유롭게 양도 가능한 문

		서입니다. 즉, 이 증서를 가지고 있는 누구나 거래가 가능합니다.)
	3	In order to avoid that your certificates are accidentally misdirected, and in order to accelerate the distribution, we ask you to fill out the attached Dividend Instruction Form and to return the also attached pre-addressed envelope. (귀하가 보유한 증권이 뜻하지 않게 다른 곳으로 보내지거나 주식 배분을 신속하게 처리하기 위해 첨부된 배당금 정보 양식을 작성하시어 동봉된 수신처 기재 봉투에 넣어 회신해 주시기를 부탁드립니다.)
Ⅵ	1	As you will find out, we have asked you to name a bank (or a broker), to which the dividend certificates should be sent. (아시게 되겠지만 귀하의 배당금 증서를 수신 받아야 하는 은행 (혹은 중개인)을 지정해 주시기를 요청 드리는 바입니다.)
	2	You must ask the bank (or the broker) to confirm your signature on the Dividend Instruction Form. (귀하가 지정한 은행(혹은 중개인)에 배당금 정보 양식에 들어가는 귀하의 서명에 대한 증명을 요청하셔야 합니다.)
	3	For this there is on the bottom half of the form a place where the respective persons sign and affix their stamp. (이를 위해 형식의 하단부에 각 개인의 서명과 인지를 붙이는 공간이 있습니다.)
Ⅶ	1	Value Capital Limited will publish the first report on your financial situation as per 31 May 1972 as soon as possible after the said date. (Value Capital Limited는 1972년 5월 31일 기준 재정 상황을 담고 있는 제1차 보고서를 5월 31일 이후 가능한 한 가장 빠른 날짜에 발간할 예정입니다.)
	2	The report will among other things give full details about the company's organization, its management, and plan for development. (이 재정 보고서에는 여러 내용 중에서 회사의 조직, 관리, 미래 발전 계획 등에 대한 모든 세부 사항이 포함될 예정입니다.)
	3	In the meantime, the 15,000 to 20,000 shareholders of Value Capital Limited can expect that public trading of their shares will develop. (그 사이 Value Capital Limited의 15,000~20,000명의 주주들은 주

		식의 상장 거래가 발생할 것이라고 예측하실 수 있습니다.)
	4	Value Capital Limited intends at present to gain as soon as possible the listing of their shares on a recognized exchange. (Value Capital Limited는 공인된 거래에 대한 주식 목록을 가능한 빠른 시일 내에 확보하려는 의도를 가지고 있습니다.)
Ⅷ	1	Through the payment of dividends IOS dispenses with all shares it formerly held of Value Capital Limited. (배당금 지급을 통해 IOS는 Value Capital Limited의 이전 보유분 전부를 배분했습니다.)
	2	As a result of this in future it will neither have a share in the capital of Capital Value Limited nor will it have a controlling influence on this company. (그 결과 IOS는 Value Capital Limited 자본에 대한 주식을 보유하지도 제어력을 가지지도 않을 것입니다.)
	3	Any connection between the further development of IOS and the future market value of Value Capital Shares should therefore be ruled out. (그러므로 IOS의 더 나은 발전과 Value Capital 주식의 미래 시장 가치 간 연관성은 배제되어야 합니다.)
Ⅸ	1	The maintenance and future development of essential communication with the hundreds of thousands of customers were the main reasons for the establishment of Value Capital Limited and for the direct involvement of IOS shareholders in the company. (Value Capital Limited의 설립과 IOS 주주들이 직접 이 설립에 개입한 주요 원인은 수십만 명의 고객들과 중요한 커뮤니케이션이 유지 및 확대될 수 있도록 하기 위함입니다.)
	2	Due to new Swiss legislation the continuation of the previous operation from Switzerland was impossible. (새로운 스위스 법률 때문에 스위스를 출발점으로 하는 이전 방식의 사업 유지는 불가능해졌습니다.)
Ⅹ	1	The services of Value Capital Limited for clients will be rendered from new facilities outside Switzerland. (Value Capital Limited의 고객을 위한 서비스는 스위스가 아닌 지역에 설립되고 있는 새로운 시설을 통해 제공될 것입니다.)
	2	From these services remaining profits might result for the most important subsidiary companies that remain in the possession of

		IOS: IOS Insurance Holdings and Transglobal Financial Services. (IOS의 소유로 남아 있는 가장 중요한 자회사인 IOS Insurance Holdings와 Transglobal Financial Services를 위해 이러한 서비스로부터 수익이 남아야 할지도 모릅니다.)
XI	1	Based on the three insurance companies which IOS has transferred to Value Capital Limited, the latter additionally intends to set up an international insurance company. (IOS가 Value Capital Limited로 양도하는 세 곳의 보험 회사를 기반으로 Value Capital Limited는 국제 보험 기업을 추가적으로 설립하려고 합니다.)
	2	Certain other operations were transferred from IOS to Value Capital Limited to guarantee that the new company has immediate income and that therefore the stability of the formative period is secured. 즉각적으로 소득을 창출하고 그에 따라 초창기 안정성을 확보하기 위해 Value Capital의 사업들 중 일부가 IOS에서 이관되었습니다.)
XII	1	Through its direct involvement in the newly founded Value Capital Limited there will presumably occur a bigger growth potential for the IOS shareholders than the companies transferred to the new company could have offered if they had remained in the IOS group. (IOS의 주주들은 새로 설립된 Value Capital Limited의 회사들에 직접 관여함으로써 이 신생 기업으로 이관된 회사들이 IOS 그룹 내에 남아있었을 경우 제공할 수 있었던 것보다 더 큰 성장잠재력을 만들 수 있을 것입니다.)
XIII	1	With best regards Milton Meissner President

ST 분석 및 기능 진술서

언어 사용자 차원

1. 지리적 기원: 비유표화, 표준 미국 영어

2. 사회 계층: 비유표화, 교육 받은 중산층
3. 시간: 비유표화, 현대 미국 영어

언어 사용 차원

1. 매체: 단순

읽기 위한 문어체로, 아래에 제시된 언어적 수단을 통해 실현된다.

구문적 수단

(a) 생략절, 축약형, 접촉 삽입구(contact parentheses), 코멘트 삽입구(comment parenthese)를 비롯해 'well', 'you see', 'you know' 등의 구어체 표지가 없다.

(b) 확장된 형태의 종속 목적절이 주절의 앞에 위치: 이러한 수단은 문어체에서 전형적으로 등장해 어디에 초점을 두는지 알려주는 장치다. 왜냐하면 구어체에서는 발화 시 제약으로 인해 이러한 수단의 사용이 제한되기 때문이다. 예: V_3

(c) 주부 명사구의 핵심어(head)와 상응하는 정형 동사(finite verb)를 분리시키는 결과를 가져온 확장된 형태의 후명사 수식 구문이 존재: 이러한 문장 구조는 구어체에서는 발화 시 제약으로 인해 문어체에서 전형적으로 나타난다. 예: IX_1

어휘적 수단

한정 서법 부사, 감탄사 등 구어체에서 전형적으로 사용되는 주관성 표지(subjectivity marker)가 나타나지 않는다.

텍스트적 수단

(a) 이 텍스트는 대부분 이미크(emic) 텍스트다. 발신인과 수신인을 언급하는 대명사적 지시는 조금 존재할 뿐이다. 하지만 텍스트가 생산되고 수용되는 환경과 메시지의 구성은 전혀 관련이 없다. 따라서 대개는 텍스트 내재적 기준을 통해 텍스트가 결정되고 문어체에서 전형적으로 나타나는 명료성 및 부연성에 의해 유표화된다.

(b) 표현이 되풀이되지 않아서 불필요한 반복이 없다.

(c) 텍스트 구성을 목적으로 복잡한 구문을 연결하기 위해 전형적으로 '글로 표현할 수 있는' 수단으로써 수동형이 자주 사용되는데, 특히 테마-레마 순서를 보존하기 위해서다. 예: II_2, IV_2, $V_{2,4}$, X_1, XI_2.

2. 참여: 복잡

수신인들에게 직접 말을 하면서 지시 사항을 전달하는 독백 형식이다. 하지만 수신인들이 어떤 반응을 보일지에 대해 발신인이 고려하지 않고 있다. 따라서 위 텍스트가 가지고 있는 수신인 지향적인 특성은 직접적인 연설과 행동을 취할 것에 대한 요청으로 제한된다. 이러한 특징은 다음의 언어적 수단을 통해 분명히 드러난다.

구문적 수단

(a) 직접적인 연설이기 때문에 2인칭의 인칭 대명사 및 소유 대명사가 등장한다. 예: I_1, $V_{1,3,4}$, $VI_{1,2}$, VII_1

(b) That 절에서 'require' 동사를 수동태, 의무 법 조동사, 명령 가정법의 형태로 사용함으로써 수신인에게 요청하는 구문이다. 예: $V_{3,4}$, $VI_{1,2}$

(c) 질문 형태의 문장이 없다. 이는 수신인이 직접적으로 개입(심지어

상상 속의 개입도 없음)하는 것을 고려하지 않은 독백 형태의 텍스트임을 보여 준다(단, (a)와 (b)에 등장한 수신인의 등장은 제외).

3. 사회적 역할 관계

(a) 비대칭적 역할 관계: 발신인이 사실상 수신인에 대해 경제적 권위를 가지고 있다.
(b) 발신인의 지위/역할: 세계적인 금융 회사의 회장으로, 수신인들은 주주의 위치다.
(c) 발신인의 상황적 역할: 기업의 최근 발전 상황을 주주들에게 알려주는 기업 이익 단체의 대표다.

텍스트에서 분명하게 드러나는 역할 관계는 다음과 같이 설명된다. 회장은 회사(IOS)를 위해 본인의 의견을 밝히지 않는 간접적이고 어정쩡한 입장을 수완 좋게 취함으로써 IOS의 입장에서 새로 설립된 VCL이라는 회사에 대한 직접적인 책임을 언급하는 것을 피하고 있다. 위 텍스트에서 나타나는 사회적 역할 관계는 사람과 사람 간의 관계가 아닌 거리감이 느껴지는 관계다. 다시 말해 주주를 한 개인이 아닌 유형, 즉 주주들로 구성된 하나의 계층으로 인식하고 있다. 이뿐만 아니라 회장 본인과 회사의 권력을 별 것 아닌 것처럼 느껴지도록 의도적으로 노력해서 수신인들로 하여금 실제로 가지고 있는 영향력보다 더 큰 힘을 가진 듯한 환상을 심어 주고 있다. 수신인들에게 듣기 좋은 말을 함으로써 회사의 안녕에 대해 안전성과 충성심, 신뢰감을 느끼게끔 노력하고 있다. 이와 같은 텍스트의 역할 관계가 가지는 특성은 다음과 같은 언어적 수단의 예시를 통해 확인할 수 있다.

구문적 수단

(a) 2인칭 단수 인칭대명사인 'you'와 소유대명사인 'your'이 독특하게 사용되고 있다. 즉, 일반적인 '사람들'이 아닌 회사 일원들에게 이야기를 하는 형식이다(II$_3$에서는 당신(you)이라는 표현 대신 '주주 각각(each shareholder)'이 사용됨). 예: V$_{1,3,4}$, VI$_{1,2}$, VII$_1$. 여기에서 주목할 점은 2인칭 단수 인칭대명사와 소유대명사가 '아첨하는(flattering) 맥락'에서만 사용되고 있다는 것이다. 다시 말해 수신인의 입장에서 가능한 권리나 행동 등과 연관된 내용에서만 등장한다.

(b) 발신인이나 IOS, IOS의 '이사회'를 언급하기 위해 1인칭 복수 인칭대명사인 'we'를 사용한다. 즉, 발신인이 (편지에 직접 서명을 하기는 했지만) 본인이 한 명의 개인으로써 언급되는 것을 피하고 있다. 예: V$_4$, VI$_1$.

(c) 비인칭 주어 'it'과 'there' 구문, 수동 구문을 이용한 비인칭 구문이 자주 등장한다. 이러한 전략이 사용된다는 것은 발신인의 입장에서 매우 조심스럽고 문제가 생길 것에 대비해 방패막을 치고 있으며 어떤 현상에 대한 원인 제공자나 행위자를 언급하는 것을 피하고 있음을 의미한다. 이 전략을 사용하는 발신인의 의도는 수신인에게 어떠한 행위를 요구하는 것이 회사가 아니라 단지 수신인들의 내면에 존재하는 추상적인 필요성에 따른 본인들의 자유 의지라고 느끼게끔 하는 것이다. 예: V$_{3,4}$ VI$_1$, VII$_{1,4}$, VIII$_1$, X$_1$, XII$_1$

(d) 비인칭 주어로 시작하는 명사구가 자주 사용됨으로써 비인칭 구문의 특성이 나타난다. 예: II$_{1,2}$, III$_{1,2}$, IV$_{1,2}$, V$_{1,2,3}$, VI$_2$, VII$_2$ 등

(e) 'that'절에서 가정법을 사용한다. VI$_1$에서 'asked you to designate'라고 하지 않고 'asked you designate'를 사용했다. 이는 영어에서는 유표화된 선택이다. 'that'절에서 가정법 구문을 쓰게 되면 수신인은 발신인의 요청 혹은 명령을 직접적으로 받는 느낌을 받는 것이 아니

라 본인들의 자유 동인에 의해 행위를 하는 사람으로 여겨진다. 즉, 해당 구문이 제안이라는 발화수반력을 가지고 있다면 'asked you to designate'라는 구문은 요청이라는 발화수반력을 가지게 되는 것이다.

텍스트적 수단

(a) IOS라는 단어를 전치사 구의 주요 위치에 두지 않음으로써 의도적으로 IOS의 역할을 덜 중요하게 보이게 하고 있다. 예: IV_2, $VIII_{1,2}$, XI_2.

(b) 우선 수신인들이 회사의 변화를 기정사실로 받아들이게 하고 나서 긍정적인 측면을 제시한 후에 이러한 변화가 생기게 된 (부정적) 이유를 제시(단락 IX)하는 식으로 텍스트를 구성했다.

4. 사회적 태도

위에서 언급한 비인칭적이고 멀게 느껴지는 관계와 일관되게 수신인에 대한 발신인의 사회적 태도는 문체에서도 드러나듯이 **공식적인 태도**를 보여주고 있다.

구문적 수단

(a) 전치 수식, 후치 수식, 불연속적 수식 등 복잡한 형태의 명사구가 다양하게 자주 등장한다. 이를 통해 해당 텍스트는 추상성과 비인칭성을 더욱 더 많이 가지게 된다. 거의 대부분의 문장에서 나타나는 유형이기 때문에 구체적인 예시는 제시하지 않겠다.

(b) 접속사 'if'의 생략과 주어-주동사의 도치. 예: XII_1- 'than would have been possible had those operations...'

(c) 절의 완결성(생략된 절이 없음), 축약형 없음(1. 매체와 비교)

(d) 'it', 'there'을 사용한 비인칭 구문과 수동형 문장이 자주 등장하며, 사람을 주어로 한 명사구도 많이 나온다. 'that'절 내에서 가정법도 사용된다(3. 사회적 역할 관계 참조).

어휘적 수단

(a) 비인칭적 상황(위 텍스트의 경우 비즈니스)에서의 제한적인 사용 때문에 [+공식적]으로 표지되어 있는 단어 및 구가 사용되었다. 예: II_1-'declared', 'payable on and after', 'shareholders of record as of the close of'; V_3-'expedite the distribution'; IX_2-'precluded the maintenance of'; XIII_1-'Very truly yours', [+공식적]인 편지 끝맺음 형식 등

(b) 감탄사, 한정 서법 부사를 비롯한 주관성 표지가 없다(1. 매체와 비교).

텍스트적 수단

테마-레마 구조를 유지하기 위해 복잡한 구문적 연결을 위한 수단으로 수동형이 자주 사용된다(1. 매체와 비교).

5. 담화범위

세계적인 금융 회사의 회장이 회사의 주주들에게 보내는 상업적·금융적 성격의 회보다. 이 서한에서 주주들은 회사 체제의 변화에 대해 알게 된다. 혹자가 보통 다양한 종류의 데이터를 제공할 때 정확성, 텍스트의 결속구조, 명료성, 특히 혹시나 생기게 될 (대가가 큰) 오해를 방지하기 위해 다른 뜻으로 해석될 만한 상황에 대해 명백히 설명하는 것 등과 연

관이 있는 '상업 언어(language of commerce)'라는 잠정적 꼬리표에 대해서는 다음에 나오는 언어적 특징을 살펴봄으로써 추가로 설명 및 정당화된다.

어휘적 수단

(a) 정확한 기술 용어 특히 상업·금융 분야의 어휘나 연어(collocation) 등을 사용한다. 예: II_1-'pro-rata', 'dividend'; II_2-'holding company'; IV_1-'stockholders', 'equity'; IV_2-'historical earnings', 'performance' 등

(b) 주어진 정보를 정확하게 규명하거나 가능한 대안에 대해 명료하게 설명하는 문구가 존재한다. 예: II_1-'on and after December 20, 1971', 'to all shareholders of records as of the close of business on December 17, 1971'; VI_1-'a bank (or broker)'; VI_2-'stamp (or seal)'

(c) 전경화된 단어 및 표현과 어떠한 종류의 비유 언어도 사용되지 않았다.

텍스트적 수단

테마의 역동성 및 절의 결합 등과 같은 여러 가지 메커니즘을 도입함으로써 텍스트 내의 결속구조를 강하게 만든다.

<u>테마의 역동성</u>

(a) 어휘 항목의 반복. 예: $II_{1,2}$-'dividend'; $II_{1,2,3}$-'share'; $III_{1,2}$-'contribute', 'contribution'; $V_{1,2,3}$과 VI_1-'certificate(s)' 등

(b) 명사구나 부사구, 술어, 절, 문장 등에 대한 대용형을 사용하는 대용어 참조가 자주 등장한다. 예: III_2-'in return for its contribution',

'in turn', 'that Company', 'all of these shares'; V_2-'That is'; V_4-'this' 등
- (c) 기존의 배치와 주어진 배치를 유지하기 위해 테마-레마 배열에서 테마가 이동했다. 예: $II_{1,2}$, $V_{1,2,3}$, V_4, $VI_{1,2}$, $VII_{1,2}$

<u>절의 결합</u>
- (a) 논리적인 연결어를 사용하여 절과 절을 연결한다. 예: II_3-'of course'; IV_2-'since'; V_2-'That is'; VIII_1-'as a result of'; VIII_2-'therefore' 등

기능 진술서

관념적 기능과 대인관계적 기능 두 가지로 구성되어 있는 텍스트의 기능은 다음과 같이 두 가지로 요약될 수 있다. 발신인의 의도는 (a) 여러 가지 사실 관계를 발신인들에게 되도록 가장 정확하고 효율적으로 전달한 후 행동을 요청하는 것과 (b) 수신인들과 긍정적인 관계를 만들고, 수신인들로 하여금 회사의 특정한 움직임에 대한 타당성 및 장점을 이야기해서 안심시키고, 수신인 본인들이 중요하고 힘을 가지고 있는 존재임을 느끼게 하며, 동시에 회사에 일어난 변화와 그로 인한 예상 결과에 대해 간접적이고 불분명한 입장을 밝히려고 노력하는 것이다.

해당 텍스트에서 차원이 유표화되는 방법과 해당 차원이 관념적 기능과 대인관계적 기능을 발현하기 위해 어떻게 기여하고 있는지를 알아보면 텍스트의 기능 진술서를 작성할 수 있다.

우선 '매체' 차원에서는 커뮤니케이션 행위 내에서 직접적으로 수신인들에 대한 어떠한 존재감에도 영향을 받지 않는, 간결하고 연속적이며 사전에 계획된 정보 흐름을 가능하게 하는 방법으로 읽기 위한 문어체 방식

은 텍스트 기능 중 관념적 요소를 지원한다.

이와 유사하게 '참여' 차원에서는 수신인의 참여 부족, 즉 드물게 등장하는 수신인 관여 구문이 해당 메시지의 직선적이고 변하지 않는 구성을 사전에 계획했던 대로 배치함으로써 관념적 요소를 지원하는 역할을 하고 있다. 하지만 수신인들에게 직접적으로 말을 하거나 그들에게 요청함으로써 수신인들을 참여하게 해서 텍스트 기능의 대인관계적 요소를 지원하는 시도는 거의 없다.

'사회적 역할 관계' 차원에서는 관계의 비인칭성으로 인해 발신인과 수신인의 사회적 배경을 무시한 사실을 경제적으로 전달함으로써 관념적 요소가 강화되었다. 하지만 대인관계적 요소 역시 거의 동등한 수준으로 강화되고 있다. 비인칭성을 만들어내는 동일한 언어적 수단이 수신인들을 '다루기 위해' 사용되었다. 예를 들어, 책임을 지고 있는 원인 제공자나 행위자에 대한 실질적인 언급을 피함으로써 수신인들로 하여금 IOS의 이익을 위해서가 아니라 추상적인 필요성을 따르는 것이라는 착각을 불러일으키도록 하고 있다. 더욱이 '사회적 역할 관계' 차원에서 발견되는 수신인들에게 듣기 좋은 말을 하기 위한 시도는 텍스트 기능 중 대인관계적 요소와 관련이 있다.

공식적이라고 규정하고 있는 '사회적 태도' 차원은 복잡하고 추상적인 명사구, 비인칭 구문, 완전하고 잘 계획되어 있는 구조의 문장이 자주 등장함으로써 효율적으로 압축되고 객관적인 정보의 흐름을 제공한다는 점에서 텍스트 기능 중 관념적 요소를 지원한다.

명확하게 규정되고 자동화된 기술적 용어의 사용, 특정 용어의 여러 가지 해석에 대한 명료한 생각, 텍스트의 강력한 결속구조 등으로 특징지어지는 '담화범위' 차원에서는 텍스트 기능 중 관념적 요소를 지원하고 있다.

ST와 TT의 비교 및 기능 진술서

ST와 TT 비교

ST와 TT 간 비교와 TT 분석 결과 다음과 같은 차원에서 불일치가 발생한다.

참여

TT에서는 수신인들을 명확하게 개입시키는 부분이 적다.

Ⅴ₂-'as **you** know' ≠ *bekanntlich* [as is common knowledge]
Ⅵ₁-'**your** dividend certificates' ≠ *die Aktienzertifikate* [the dividend certificates]
Ⅵ₂-'**Your** bank' ≠ *die Bank* [the bank]
Ⅶ₁-'**your** new Company' ≠ *die Value Capital Limited* [Value Capital Limited]

사회적 역할 관계

TT의 특정 문장에서는 IOS의 역할과 책임에 관하여 수신인들을 안심시키거나 그들에게 잘 보이려고 하지 않으며 덜 애매하고 전략적으로 간접적인 문구를 사용한다.

Ⅳ₂-TT에서는 활발한 톤을 사용한다. 이로 인해 IOS을 테마로 강조하는 효과를 불러오지만 이러한 톤이 맥락상으로는 적당하지 않다. 왜냐하면 VCL의 향후 수입과 관련해 IOS의 역할이 중요하다고 좀 더 강하게 주장하는

느낌이기 때문이다. IOS의 운명에 따라 결과가 달라진다는 뉘앙스 때문에 수신인들을 확실하게 안심시키지는 못하고 있다.

Ⅴ$_{1(2)}$-'as you know' ≠ *bekanntlich*: TT가 수신인들에게 잘 보이려고 하는 경향이 명확하게 낮다.

Ⅴ$_{3,4(3)}$-'your assistance is required...for your completion' ≠ *bitten wir Sie...auszufüllen* [we ask you to fill out]: TT가 더 직접적이고 단호하다. ST에서는 수신인들이 해야 하는 행위에 대해 좀 더 추상적이고 간접적으로 표현하고 있지만 TT에서는 요청의 한 형태로 나와 있다. ST에서는 어떤 일이 이루어지기를 바라는 주체가 회사가 아니라 외부의 필요 때문에 일련의 행위가 필요한 것임을 수신인들에게 제안하려고 시도하고 있다.

Ⅵ$_1$-'your dividend certificates' ≠ *die Aktienzertifikate* [the dividend certificates]: TT에서는 수신인들이 그들의 소유물이라는 생각이 들게끔 하지 않기 때문에 명확하게 잘 보이고자 하는 어투가 아니다.

Ⅵ$_1$-'asked that you designate' ≠ *haben wir Sie gebeten* [we have asked you]: ST에서는 수신인들이 요청을 직접적으로 받지 않고 자발적인 행위자로 남아 있다. 따라서 내용 속에서는 미미한 제안을 하는 정도의 발화수반력이 포함되어 있다. 하지만 TT에서는 이러한 뉘앙스가 없기 때문에 덜 세심하고 간접적인 글이 된다. 따라서 TT에서의 발화수반력은 일종의 요청인 셈이다.

Ⅵ$_1$-'will be sent' ≠ '*geschickt werden sollen* [should be sent]: ST에서는 관계사절이 비제한적인 성격을 띠고 있다. 즉, 은행의 이름을 언급한 다음 자동적으로 증서를 발송하는 내용이 따라 나온다. TT에서는 증서가 지정된 은행으로 발송되어야 한다는 설명이 주주들에게 책임을 돌리고 있다는 점에서 관계사절이 제한적인 성격을 띠고 있다. 따라서 ST에서 좀 더 수신인들을 안심시키고 있는 반면 TT에서는 주주들에게 책임을 전가하고 있다.

Ⅵ$_2$-'Your bank (or broker) should indicate' ≠ *Sie müssen die Bank (oder einen Makler) bitten* [You must ask the bank (or a broker)]: 소유대명사를

많이 사용하지 않게 되면서 TT에서의 표현들이 수신인들에게 잘 보이려는 뉘앙스가 없어졌다. 또한 명령의 한 형태인 법조동사 *müssen* [must]을 사용함으로써 TT 내용에 대한 발화수반력이 발생한다. 이에 따라 수신인들은 발신인에게 의존하는 것처럼 보인다. 이러한 발화수반력은 ST의 신중하고 전략적인 담화관계와 완전히 반대된다.

Ⅶ₁-'your new Company' ≠ *die Value Capital Limited* [Value Capital Limited]: TT는 ST에 비해 수신인에게 잘 보이려는 성향이 덜하다. 즉, TT에서는 수신인들이 '이 회사의 주인'이라는 의미를 전달하는 데 실패했다.

Ⅶ₁-ST의 비인칭 'it' 구문은 거리를 두고 공정한 성격을 가지는 텍스트의 담화관계를 강화해 주지만 Value Capital Limited를 행위자로 간주하는 TT와는 맞지 않는다. TT는 아주 확실하다는 느낌을 주고는 있지만 ST에 나와 있는 애매한 비인칭 구문인 'it is anticipated'를 본다면 부적절하다.

Ⅶ₄-'present intention' ≠ *z.Z. (zur Zeit)* [at present]: TT에 나오는 z.Z.라는 표현은 일시성과 변덕에 대한 부정적인 함축이기 때문에 수신인들을 안심시키고 그들의 호감도를 높이려는 발신인의 의도를 감안해 본다면 사용하기에 적절하지 못하다.

Ⅷ₁-ST에 나오는 비인칭 'there' 구문이 TT에서는 IOS가 주체 행위자로 나오는 '개별' 구문으로 번역된다.

Ⅹ₁-'new facilities being established' ≠ *von neuen Einrichtungen* [from new facilities]: ST에서는 발화할 당시 해당 기관들이 이미 설립되어 있음을 암시하고 있다. 하지만 TT에서는 미묘한 차이가 나긴 하지만 'being set up right now'에서의 'be'+V-ing가 가지는 함축적인 의미를 담아내지 못하고 있다. TT에서는 수신인이 다시 한 번 입장을 분명히 밝히지 않으려는 경향이 덜하고 신중하면서도 애매한 태도를 취한다.

Ⅺ₁-ST는 Value Capital Limited에 초점을 맞춘다. 즉, Value Capital Liited가 테마 위치에 있다. IOS의 역할에 대해 수신인들의 주의가 딴 곳으로 향하면서 덜 중요해 보이게 되었다. TT에서는 IOS가 언급된 후 덜 중요한

위치에 Value Capital Limited가 등장한다.

사회적 태도

TT에서 공식적이지 않은 예문은 거의 없다. 이는 '사회적 역할 관계' 차원에서 보이는 특성과 마찬가지로 TT는 거리를 두지 않고 좀 더 개인적이고 직접적이다.

II$_4$-*er bleibt natürlich* [He will of course continue]: *natürlich*가 이 위치에 있게 되면 구어체 어조가 된다. *natürlich*를 앞 쪽에 두거나 [+공식적]인 *selbstverständlich*를 사용하면 더 적당한 문장이 될 것이다.

V$_3$-'your assistance is required' ≠ *bitten wir Sie* [we ask you]: TT는 좀 더 개인적이다. 즉, 사회적으로 거리를 두지 않고 공식적이다.

VI$_2$-*Sie müssen die Bank...bitten* [You must ask the bank]: 개별적이고 격식에 얽매이지 않는 표현

VII$_1$-ST의 비인칭 'it' 구문: 'it is anticipated that'은 TT의 좀 더 직접적이고 비인칭이 아닌 구문과 격식상 맞지 않는다.

담화범위

몇몇 예시에서 TT는 ST에 비해 덜 명확하고 정확하며 텍스트 차원에서 결속력이 떨어진다.

VI$_2$-*Ihre Unterschrift auf dem Dividenden-Zustellungsformular zu bestätigen* [to confirm your signature on the Dividend Instruction Form]: 전치사구인 auf dem [on the]이 애매하다. 왜냐하면 현재 위치가 형용사구나 부사구가 놓일 위치이기 때문이다. 즉, auf dem은 *bestätigen* [confirm]을

수식할 수도 있고 *Unterschrift* [signature]를 수식할 수도 있다. 따라서 TT는 좀 덜 명확해 보인다.

Ⅸ₁-TT에서는 레마로 문장이 시작하기 때문에 테마-레마 구조를 유지하지 않고 있다. 이로 인해 앞서 나온 문단과의 텍스트적 연결성이 떨어진다. Ⅸ₂-TT에는 ST에 나오는 대용명사구문인 'these operations'가 없다(TT의 Ⅸ₁와 서로 다른 주제 구조의 결과).

Ⅺ₁-*beabsichtigt diese* [the latter...intends]: 대용 대명사인 *diese's* [the latter's]가 가리키는 지시대상이 적절하지 못하게 애매하다.

외현적으로 잘못된 오류

ST와 TT 항목 중에서 지시적 의미(referential meaning) 간 불일치가 나타나는 부분이 두 곳 있다.

Ⅱ₂-잘못된 선택: 'newly established...holding company' ≠ *eine nach dem Recht der Bahamas neu-gegründete Gesellschaft* [an according to the law of the Bahamas newly founded company(바하마 법에 따라 새로 설립된 회사)] (*Bahamische Holding Gesellschaft* (바하마 지주 회사)가 더 적절한 번역이 되었을 것이다.)

Ⅶ₁- 잘못된 선택: 'It is anticipated' ≠ wird die Value Capital Limited [Value Capital Limited will]. TT에서 미래 시제를 선택함으로써 예상에 따른 불확실성을 표현하지 못했다(부사인 *voraussichtlich*(예측할 수 있게)가 포함되어야 한다).

또한 도착어 시스템을 위배한 사례도 발견되며, 이는 '불확실한 수용성'으로 분류된다.

Ⅲ₂-*erhielt die IOS 6.2 Millionen Aktien...die alle von der IOS...* [IOS received 6.2 million shares...all of which...by IOS]: 이 번역은 복잡하고 비논리적인 구문이다. 왜냐하면 IOS는 주절의 주어로도 등장하고 수동형 관계사 절 내의 전치사구에서도 나타나기 때문이다. 즉, 수동형에서 행위자가 생략되지 않았기 때문에 수동형을 쓰는 목적을 달성하지 못하고 있다. 따라서 이 구문은 직관에 반하며(counter-intuitive) 불확실한 수용성을 지닌다. 위 번역문과 유사한 예시인 'each of us received $20 which was spent by each of us on the spot'이라는 문장을 보면 좀 더 잘 이해가 될 듯하다. 두 예문은 주절과 수동형 관계절의 행위자가 동일하지 않은 경우에만 수용 가능하다.

기능 진술서

ST와 TT를 8개의 변수에 따라 비교해 보면 '매체'를 제외하고는 모든 차원에서 언어 사용에 대한 불일치가 존재한다. 그중에서도 가장 많은 불일치는 '사회적 역할 관계' 차원에서 발생했다. 이로 인해 특정 예시에서 TT는 수신인들에게 잘 보이려는 의도가 덜하고 관계적인 차원에서 덜 공손하며 의도적으로 애매모호하다. 즉, 좀 더 직설적이고 직접적이다. 이러한 불일치 때문에 대인관계적 요소가 명확하게 달라졌다. '참여' 차원에서는 TT가 (수신인들에게 긍정적인) 몇몇 예시들에서 덜 직접적이고 명시적으로 수신인들을 참여시킴으로써 대인관계적 기능 요소가 약해졌다. '사회적 태도' 차원에서는 TT가 덜 공식적이기 때문에 불일치가 발생하여 텍스트 기능 중 대인관계적 요소가 변경되었다. 이 때 TT는 관계상 거리가 느껴지고 공손하다. '담화범위' 차원에서의 불일치로 인해 TT는 덜 명확하고 텍스트 차원에서 결속력이 떨어진다. 그뿐만 아니라 외현적으로 잘못된 오류가 세 군데 등장하면서 정보를 명확하고 효율적으로 전달하는 ST의 기능이 훼손되었다.

위와 같은 분석을 기반으로 보면 ST의 기능 중 관념적 기능은 경미한 정도로만 훼손되었지만 '사회적 역할 관계' 차원에서 나타나는 불일치 **패턴**에서도 알 수 있듯이 ST의 대인관계적 기능 요소는 상당히 훼손되었다. 따라서 발신인 회사의 변화로 인한 결과에 대해 애매모호하고 간접적이며 전략적인 태도를 취하는 동시에 수신인들이 중요성을 느끼게 하려는 내포적인 시도라는 관점에서 보았을 때 TT에는 위에서 상세하게 언급한 대로 심각한 결점이 있다고 말할 수 있을 것 같다.

5
테스트 사례를 바탕으로 오리지널 모델 개선하기

번역의 유형

오리지널 모델을 실제로 적용해 보고 난 후, 번역의 유형을 크게 두 가지로 제시해 보았다. 바로 외현적(overt) 번역과 내재적(covert) 번역이다.

외현적 번역

외현적 번역이란 도착어 텍스트의 수용자가 직접적이 아닌 '외현적'으로 번역문을 수용하는 번역을 말한다. 즉, 외현적 번역은 '제2의 원문(second original)'이 아니다. 외현적 번역에서는 원문이 출발어 사회 및 문화에 특정한 방식으로 종속되어 있거나 가끔 출발어 문화권 수용자에게 초점이 맞추어지기도 하지만 이와 동시에 출발어 사회를 벗어나기도 한다. 왜냐하면 원문 자체가 출발어 기원뿐 아니라 일반적으로 사람들의 관심을 끄는 주제와도 관계가 없기 때문이다. 외현적 번역을 해야 하는 원문은 출발어 사회에서 확실하게 자리 잡은 지위를 가지고 있고, 다른 사회에서도 그럴 가능성이 존재한다. 외현적 번역이 필요한 텍스트들은 다음의 두 그룹으로 나누어 볼 수 있다.

1. 역사적으로 연관되어 있는 **외현적 원문**. 즉, 특정한 사건과 관련 있는 원문으로 특정한 출발어 독자가 현재 혹은 과거에 수용한 원문이다. 원문의 코퍼스에서 분석한 예시는 설교(칼 바르트(Karl Barth)가 바젤 교도소에서 한 설교)와 정치 연설문(윈스턴 처칠이 브래드퍼드에서 한 연설)이었다.
2. 시대를 초월한 **외현적 원문**. 즉, 예술적이고 심미적인 창작물로서 특별한 역사적 의미를 초월하긴 하지만, 이 원문은 해당 시대 및 문화에 대한 작품을 생산해 내는 발신인의 지위 때문에 항상 필연적으로 시대 특수성 및 문화 특수성을 보이고 있기도 하다. 테스트용 코퍼스 중 예시를 살펴보면 도덕적인 일화(유명한 독일 작가인 Johann Peter Hebel이 19세기에 쓴 *Kalendergeschichte*(달력에 실린 교훈적인 이야기))와 만담(숀 오케이시(Sean O'Casey)의 1인극인 '시작의 끝(The End of the Beginning)'에서 발췌) 등이 있다. 이 두 가지 텍스트 모두 시간을 초월하고 인류를 위한 일반적인 메시지를 전달하지만 출발어 문화에 매우 한정되어 있다. 왜냐하면 두 텍스트 모두 언어 사용자 차원에서 표기되어 있고 해당 사회의 문화적 산물로 속하게 되면서 언어 영역에서는 독립적인 지위를 누리고 있기 때문이다. 또한 이 텍스트들은 독자 개개인이 각자 수용을 하는 과정에서 본인 스스로 발견하게 되는 구체적인 상황 내 특정한 역사적 현실과 새롭게 연결되는 '가공의 현실'을 설정한 문학 텍스트이기도 하다.

이러한 텍스트를 번역하기 위해 필요한 요건들 때문에 이미 언급했다시피 필자는 번역품질평가에 대한 오리지널 모델에 중대한 수정을 가했다. 출발어 텍스트의 원래 기능에 대해 **직접적으로** 일치시키는 것은 **외현적 번역**에서는 불가능하다. 왜냐하면 원문이 출발어 문화권 내에서 반복적으로 일어나지 않는 특정한 역사적 사건(예를 들면, 칼 바르트의 설교나 윈스턴 처칠의 연설문으로, 두 텍스트 모두 특정 시기에 특정 장소에서 특정한 청중으로 대상으로 하고 있다)에 종속되어 있을 수도 있고 원문 자체가 출발어 문화권 내에서 (문학 텍스트로서의) 독특한 지위를 가질 수도 있기 때문이다. 특정한 역사적 사건에 묶여 있는 텍스트의 경우 번역사가 원문 수용자들을 위해 ST가 가지고 있는 원문의 기능을 일치시킬 수 없다는 사실은 명백하다. 다만 번역사는 필자의 표현대로라면 '2차적 기능(second level function)'을 일치시키기 위해 시도해야만 한다. 2차적 기능이란 원문과 번역문의 '대체된 상황성'을 인지해서 도착어 문화권에서 동시대를 살아가고 있는 교육을 받은 중산층 원어민뿐 아니라 출발어 문화권에서도 원래의 수용자는 아니지만 동일한 계층의 사람들을 위해 2차적 기능을 유지한다.

외현적 번역에서는 이와 유사한 2차적 기능, 즉 원문 기능의 '화제화(topicalization)'가 적절한 번역에 대한 기준으로 설정되어야 할지도 모른다. 그러고 난 후, 이러한 2차적 기능은 도착어 문화권에서 동시대를 살아가고 있는 표준 언어 사용자뿐 아니라 빈번하게 출발어 문화권에서도 원래의 수용자는 아닐 수 있지만 동일한 계층의 사람들을 위해 2차적 기능을 유지하게 된다.

외현적 번역을 할 때 출발어 사회에서 특정한 지위를 가지고 있는 하나의 작품으로서의 원문 텍스트는 다른 언어로 전이되고 재부호화되어야 하는 경우 가능한 한 온전한 상태로 남아있게 된다. 한편 출발어 사회에서의 사회 문화적 맥락 내에서의 원문의 지위로 인해 주요한 변화가 필요하기 때문에 **외현적** 번역의 여러 사례들에서 명확하게 어려움이 나타난다. 원문의 보존(preservation)과 변경(alteration) 사이의 이러한 변증법적 관계 때문에 **외현적** 번역을 할 때 번역 등가를 찾는 일이 어려워진다.

출발어 사회에서 발생한 특정한 역사적 사건과 연관되어 있는 텍스트 (테스트용 코퍼스에 있는 칼 바르트의 설교나 윈스턴 처칠의 연설문)의 경우에도 상기에서 언급한 화제화 문제가 나타날 수 있다(물론 필자가 점검한 원문의 코퍼스 내에서는 이 문제가 나타나지 않았다). 예를 들어, 처칠과 칼 바르트가 그들의 모국어를 사용했지만 지역 방언으로 설교나 연설을 했을 수 있다. 하지만 역사적으로 연관되어 있는 **외현적** 원문은 시대를 초월한 가공의 텍스트보다 문화적 특수성 및 독특함이 강하게 유표되어 있기 때문에 출발어 문화권 내에서 역사적 사건에 대한 문서로서의 지위를 가지고 있다는 점을 고려해 본다면 이 경우에서는 문화 특수적인 지리학적, 시간적, 사회적 계층의 유표성에 맞는 적절한 등가를 찾는 것은 삼가고 번역 텍스트에 노출되어 있는 해당 도착어 문화권에서 살고 있는 독자들에게 주석을 제공하는 것이 좀 더 적절해 보인다.

내재적 번역

　내재적 번역은 도착어 문화권 내에서 원문의 지위를 누리는 번역을 말한다. 이 번역의 경우 출발어 텍스트의 번역문으로서 실용적으로 유표되어 있지 않지만 아마도 번역문 자체로서의 권한이 생길 수 있기 때문에 **내재적**이다. 따라서 내재적 번역은 출발어 텍스트가 특정한 출발어 문화권 독자에게 수용되지 않는다. 즉, 출발어 텍스트가 출발어 및 출발어 문화권에 종속되지 않는다는 것을 의미한다. 출발어 텍스트 및 그에 대한 내재적 번역문은 출발어 수용자 및 도착어 수용자 모두에게 실질적으로는 동등하다. 이를테면 원문과 **내재적** 번역문 모두 동등하게 직접적으로 수용된다. 출발어 텍스트와 그에 대한 **내재적** 번역물은 목적을 가지고 있으며, 그 목적은 출발어 사회와 도착어 사회에서 살고 있는 비슷한 독자층이 현재 동등하게 해당 텍스트를 필요로 하고 있다는 사실을 기반으로 한다. 따라서 **내재적** 번역물의 경우, 번역 텍스트 내에서 출발어 텍스트와 동등한 기능을 유지하는 일이 가능할 뿐 아니라 바람직한 일이기도 하다.

필자가 1977년 제안한 번역품질평가 오리지널 모델에서 분석한 샘플 텍스트에서는 과학적 텍스트(수학 교과서에서 발췌), 여행자를 위한 안내 책자(뉘른베르크에 대한 광고 브로슈어), 경제 텍스트(한 국제적인 투자 회사 회장이 주주들에게 보낸 서신), 신문 기사(유명 잡지인 UNESCO Courier(영어 버전)과 UNESCO Kurier(독일어 버전)에 실려 있는 인류학에 대한 기사)는 **내재적** 번역이 되어야 하는 전형적인 출발어 텍스트들이다. 내재적 번역물은 모두 직접적인 도착어 수신인들이 있으며, 이들은 출발어 텍스트가 출발어 수신인들과 가깝고 '처음부터' 연관되어 있는 것과 마찬가지로 도착어 텍스트와의 관계를 유지하고 있다. 4장에서 언급된 경제 텍스트를 예로 들어보면 출발어 수신인들과 도착어 수신인들 모두 (세계적으로 운영되는) 동일한 투자 회사의 주주들이었다. 즉, 양측 모두 우연히도 각자의 모국어만 다를 뿐이었다.

따라서 상기에서 언급한 텍스트들이 출발어 문화에만 국한된 것이 아니라는 점이 분명하지만, 이 텍스트들에 대한 **내재적** 번역은 **외현적** 번역에서보다 더 많은 어려움과 더 미묘하고 문화적인 번역 문제들을 제시한다. 왜냐하면 내재적 번역에서도 특정한 출발어 문화권 내의 특수성을 보존해서 문화적으로, 역사적으로 연관성이 있는 기념비적인 사건으로 제시해야 하거나 도착어 문화 내에서 외현적으로 일치시켜야 하기 때문이다. 하지만 내재적 번역에서 필요한 과정인 출발어 텍스트와 그에 대한 번역물이 동일한 기능을 가지게 번역해야 한다면 번역사는 도착어 문화권 내의 도착어 수용자들이 원하는 바를 충족시키기 위해 그리고 출발어 문화와 도착어 문화 내에서 텍스트 기능을 일치시키기 위해 두 언어 사회 내에서의 다른 문화적 전제(presupposition)를 고려해야만 한다. **내재적** 번역에서는 소위 출발어 텍스트와 번역물 간의 '문화적 필터(cultural filter)'를 통해 번역사는 근원적인 문화 차이를 감안해야 한다. 번역사는 도착어 문화권 내의 구성원들의 눈으로 출발어 텍스트를 보아야 한다.

여러 유형의 번역과 버전 구분하기

필자는 독일어 문화권과 영국식 영어 문화권 등 유럽의 다양한 문화권을 예로 들어본다면 두 문화 간 사회문화적 규범의 차이는 그다지 크지 않고 기본적으로 인식할 수 있는 정도라는 가설을 세웠었다. **내재적** 번역에서 사회문화적 규범과 문화적 지식에 대한 전제에 대해 이미 존재한다고 확인된 차이점들에 대해 문화적 필터가 적용되었다. 그 후 필자는 동시대를 살아가고 있는 서부 유럽과 북미 지역의 중산층 계급에서 각자의 표준어를 사용하는 화자들이 사회 정치적이고 경제적인 유대감을 통해 밀접하게 관련되어 있으며 과학적 텍스트, 신문 기사, 상업적인 회보를 수용하는 방법에 있어 다르지 않다는 가정에 일리가 있다고 판단했다. 문화적 차이에 대한 전제가 민족지학적, 사회문화적, 담화 연구에 의해 입증되지 않는다면, 번역을 할 때 현존하는 문화적 차이에 대한 가정하에 출발어 텍스트를 번역사의 판단하에 바꾸는 것 보다는 서부 유럽과 북미의 문화처럼 밀접하게 연관되어 있는 문화에 대한 기본적인 동등성(comparability)에 대한 가정을 따르는 것이 합리적인 것 같다. 이러한 가정이 해당되는 두 문화가 아무리 밀접하게 관련되어 있어도 가치와 습관, 특정한 감정 혹은 태도를 이해하거나 강조하거나 무시하는 데 대한 차이가 존재하지 않는다는 주장까지 이어지지는 않았다. 하지만 **내재적** 번역에서 기능적 등가를 달성해야 한다는 목표를 감안했을 때 출발어 텍스트를 바꾸기 전 문화적 차이에 대한 가정은 신중하게 검토되어야 한다. 문화적 차이에 대한 가정이 입증되지 않은 경우, 여러 상황적 변수들에 따라 출발어 텍스트와 번역물이 의도적으로 불일치할 수 있는 결과를 도출함으로써 정당하지 않았다고 간주될 수 있는 문화적 필터를 적용할 가능성도 번역사에게는 존재한다. 이러한 상황에서 **내재적** 번역을 할 때 문화적 필터를 적용하는 경우 필자는 '위험부담이 없는(non-risk-taking)' 전략을 취하라고 조언해 주고 싶다.

즉, '의심이 가면 하지 않는 것이다.' 아니면 반대의 경우를 보여주는 근거가 없는 경우 무표화된 가정 중 하나가 문화적 동등성(cultural compatibility)이다. 6장에서 증명되겠지만, 독일어 문화와 영어권 문화의 경우, 이와 같은 근거들을 활용할 수 있을 것으로 보이며, 이는 문화적 필터링을 위한 중요한 결과다.

오리지널 모델에 대한 연구에서는 이러한 근거를 활용하지 못했고, 결국에는 (상기에 언급된) 상업적인 서신에 대한 번역이 정당하지 않은 필터링에 대한 명확한 예시라고 판단했다. 서신에서 Investors Overseas Services(나중에 부실기업으로 밝혀짐)의 회장은 주주들에게 불리하게 작용하게 될 회사의 체제 변화를 그들에게 알려 준다. '사회적 역할 관계(social role relationship)'라는 차원에서 일어나는 차원적 변화는 영어로 된 원문에서 나타나는 신중하면서도 애매하고 얼버무리면서도 공손한 톤이 좀 더 직접적이고 직설적이며 수완이 없는 톤으로 변하면서 텍스트 기능에 반하는 역할을 확실하게 하고 있다. 이러한 현상은 다음과 같은 방법으로 특징지을 수 있다. 발신인의 의도는 (a) 수신인에게 일련의 사실들을 가능한 한 정확하고 효율적으로 알리고 행동을 취할(관념적 기능 요소) 것을 요구하면서 (b) 수신인들과 긍정적인 관계를 형성하고, 회사가 취한 조치에 대해 수신인들을 납득시키고 안심시키면서 그들이 중요하고 힘 있는 존재라고 느끼게 해 주는 동시에 발표된 회사의 조치와 그로 인해 예상되는 결과에 대해 직접적으로 대응하지도, 의견을 밝히지도 않는 상태로 항상 있어달라는 것이다(대인관계적 기능 요소).

이 상업적 텍스트와 해당 TT를 분석해 보면 '사회적 역할 관계' 차원과 동일한 방식으로 대인관계 기능을 수행하는 데 TT가 기여를 하지 못한다. 예를 들어, 'as you know(여러분도 아시다시피)'는 '*bekanntlich*(주지하는 바와 같이)'로 번역되었다. 즉, 각 개인마다 직접 전달되는 경우가 아니기 때문에 독일어 번역이 수용자의 비위를 덜 맞추는 톤이 될 수 있다. 'In order to avoid the possibility of accidental misdirection of your certificates ... your assistance is required. We have enclosed a 'Dividend Instruction Form' for your completion; this should be returned in the pre-addressed envelope. (귀하가 보유한 증권이 뜻하지 않게 다른 곳으로 발송되는 사태가 발생하는 것을 방지하고 ... 귀하의 도움이 필요합니다. '배당금 정보 양식'을 동봉해 드리오니 작성해 주시기 바랍니다. 그리고 이 문서는 수신 주소가 미리 기재된 봉투에 넣어 회신해 주셔야 합니다.)'라는 문구는 '*Um zu vermeiden, daβ Ihre Zertifikate versehentlich fehlgeleitet werden ... bitten wir Sie, das beigefügte Dividenden-Zustellungsformular auszufüllen und in dem ebenfalls beigefügten adressierten Umschlag zurückzuschicken.* (귀하의 증권을 실수로 잘못 되지 않게 하기 위해서 ... 첨부된 배당금 정보 양식을 작성하셔서 첨부한 주소 적힌 봉투에 넣어 반송해 주시기 바랍니다.)'라고 번역되었다.

　독일어 번역에서 작가는 좀 더 힘이 있고 활동적이며 직접적인 것처럼 보이는 반면 출발어 텍스트에서는 수신인들의 행위가 좀 더 추상적이고 간접적(명목상)으로 표현된다. 영어로 된 출발어 텍스트의 발화는 제안이라는 느낌이 들지 않을 정도의 언표 내적 힘을 가지고 있지만 번역문에서는 제안이 아닌 요구에 가까워 보인다. 원문에서는 어떤 일의 시행을 원하는 주체가 회사가 아니며 외부의 필요로 인해 주주들이 움직여 줄 것을 제안하려고 했다. 이와 유사하게 'Your bank (or broker) should indicate ... (귀하가 지정한 은행은 ... 명시해야 합니다.)' 라는 원문을 독일어로는 '*Sie müssen die Bank (oder einen Makler) bitten ...*(은행에 요청하시기 바랍니다.)'으로 번역되었는데, 상기에서 언급한 것처럼 출발어 텍스트의 대인관계적 기능이 완전히 무시되었다. 구체적으로 살펴보면 소유대명사 사용이 줄어들면서 번역문 내의 표현들이 수신인들에게 잘 보이려는 느낌이 줄어들게 되었다. 또한 번역문에서 주로 *müssen*(~하지 않을 수 없다)이라는 법조동사를 사용함으로써 명령의 어조가 들어가 주주들이 회장에게 의존하는 듯한 느낌이 들게 한다.

이와 유사한 차원적 차이를 여러 개 나열할 수 있으며, 모든 경우 발신인과 수신인들 간 사회적 역할 관계가 바뀌게 된다. 오리지널 모델에 대한 연구에서 필자가 지적한 부분은 상기 서신에 대한 독일어 주주들의 기대치가 다를 것이라는 가정이 부적절하다는 것이다. 왜냐하면 이 가정은 사실들을 통해 입증되지도 않았고 독일의 수신인들이 현재 독일어 번역문에서 나타나는 사회적 역할 관계를 선호할 것이라는 상투적인 가정을 지속시키려고만 하기 때문이다. 필자를 비롯해 여러 학자들의 대조적이고 실용적인 연구를 통해 오리지널 모델은 이제 이러한 측면에서 다시 논의되어야 할 것이다.

4장에서 나왔던 상업 텍스트의 분석에서 나타난 문화적 조건부 차이라는 사례와 오리지널 모델을 이용해 시행한 다른 분석 사례를 살펴보면, 다음과 같은 결론을 내릴 수 있다. 부적절하고 유형화된 방법으로 이루어지는 **내재적 번역**이 특정 담화범위 내 발신인에 대한 수신인들의 **사회적 역할 관계** 및 **사회적 태도**에 대해 도착어 문화권에서는 다른 전제가 존재한다는 점을 고려하는 경우, 그러한 번역은 더 이상 번역이 아니라 **내재적 버전**(covert version)이라고 정의될 것이다. 즉, 내재적 버전이란 문화적 필터의 적용이 정당하지 않기 때문에 부적절한 번역을 의미한다.

따라서 오리지널 모델의 분석에서 상업적인 회보와 신문 기사에 대한 번역물은 **내재적 버전**으로 간주된다. 왜냐하면 번역사가 출발어 텍스트의 기능을 유지하기 위해 문화적 필터를 객관적으로 적용하지 않았고 그에 따라 상황적 차원에 따른 변화가 발생했기 때문이다. 이러한 변화는 그 당시 연구를 통해 입증되지 않았기 때문에 해당 번역은 출발어 텍스트에 대한 **내재적 버전**으로 간주되었다.

내재적 버전은 **외현적 버전**과 확실하게 구별되어야 한다. 외현적 버전은 어떤 특수한 기능이 TT에 외현적으로 추가될 때마다 발생된다. 예를 들어, 1) 어떤 번역이 특정한 독자층을 겨냥한 경우다. 젊은 층 독자를 위해 ST 내용을 생략 혹은 추가하거나 단순화시키기도 하고 ST의 특징에 대해 다른 관점에서 접근하는 등의 방법을 통해 특별판을 만들거나 젊은 층을 겨냥해서 전문가들의 작품을 대중화하는 것도 사례가 된다. 2) TT에 다른 목적이 추가되는 경우다. 두 언어 간 버전, '언어적 번역(linguistic translations)', 이력서 및 초록 등이 사례가 될 수 있으며, 이와 같은 텍스트에서는 버전 생산자들이 가장 중요한 사실만을 전달한다는 분명한 목적을 가지고 있다.

여러 다른 종류의 번역 및 번역과 버전 사이의 구별에 대한 논의에서 어떤 특정 텍스트는 단 한 가지의 방법을 통해서만 적절하게 번역될 수 있다고 가정할 수 있다. 하지만 어떤 한 텍스트가 **외현적** 번역 혹은 **내재적** 번역 중 한 가지 방법으로 번역해야 한다는 가정이 항상 존재하는 것은 아니다. 따라서 특정한 목적을 가지고 있는 텍스트라면 **외현적** 번역을 해야 한다. 즉, '독립적인 지위'를 가지고 텍스트만의 권리가 존재하는 문서로 간주될 수 있다. 예를 들어, 상기에서 논의되었던 상업적인 회보가 법정에서 증거자료로 인용될 수도 있고, 상당한 기간이 지난 후 해당 회보의 독자가 유명한 정치적 인물이나 문학적 인물이 되어 있을지도 모른다. 이 두 가지 사례에서도 알 수 있듯이 상업적인 회보가 번역된 후에는 명확하게 동일한 기능을 가지지 않게 되었다. 즉, 두 사례 모두 **외현적** 번역이 적당하고 또 **외현적** 번역의 차원에서 평가되어야 한다. 게다가 **외현적** 번역과 **내재적** 번역 중 어떤 것을 선택하는지가 주관적인 문제가 되는 출발어 텍스트가 있을 수도 있다. 예를 들어, 번역사가 동화를 특정 문화의 민속 작품으로 간주해서 **외현적** 번역을 할 수도 있고, 작자 미상인 비문화 텍스트가 젊은 층을 위한 오락 및 교육이라는 일반적인 기능을 가지고 있는 경우 **내재적** 번역을 제안할 수도 있다. 성경을 예로 들어보면, 성경을 문학적인 역사 문서집이라고 본다면 **외현적** 번역을 해야 하고 보통 사람들과 직접적으로 연관된 진리를 적어 놓은 텍스트 집합으로 보았을 때는 **내재적** 번역이 더 적절해 보인다.

게다가 어떤 한 '번역'이 무엇을 위해 필요한가에 대한 특정한 목적, 즉 번역사에게 주어지는 번역브리프에 따라 번역 혹은 **외현적** 버전이 목표를 가지고 있어야 하는지 여부가 결정될 것이다. 다시 말해서 특정 텍스트에 **외현적** 번역이 어울리는지 **내재적** 번역이 어울리는지 여부에 대한 결정은 해당 텍스트 생산자의 변경 가능한 지위 등의 요인에 의해서 좌우될 수 있는 것처럼 주어진 출발어 텍스트를 번역하는 것과 해당 텍스트의 버전을 생산해 내는 것 중에서 텍스트의 특성을 근거로 선택할 수는 없다. 다만 번역이나 버전이 어디에 필요한지 임의적으로 정해진 목적에 의해 좌우될 수 있다.

적절한 번역을 위해 TT는 ST의 기능과 동일한 기능을 가져야 한다는 오리지널 모델에서의 가정은 **외현적** 번역과 **내재적** 번역 간에 결정적인 차이가 난다는 관점에서 수정되어야 했다. 그에 따라 **내재적** 번역을 한 경우에만 사실상 기능적 등가를 달성하는 것이 가능하다. 하지만 두 언어 문화권에서의 사회문화적 규범이 다르다는 점이 고려되어야 하고 문화적 필터도 적용되어야 하기 때문에 이러한 기능적 등가를 달성하기는 매우 어렵다. 오리지널 모델의 연구에서 테스트용 코퍼스 분석을 통해 명확히 알 수 있는 것처럼 문화적 필터링은 원문이 텍스트 기능 중 대인관계적 요소가 뚜렷이 나타날 때마다 중요하다. 그리고 번역 등가라는 가장 어려운 (흥미롭기도 한) 문제를 제시하는 것도 바로 이 대인관계적 요소다. (수학 교과서에서 발췌한) 과학적 텍스트의 경우, 번역 시 등장하는 문제는 상대적으로 줄어들었다. 왜냐하면 과학적 텍스트에서의 대인관계적 요소가 강하게 유표화되어 있지 않았기 때문이다. 하지만 **내재적** 번역이 요구되는 텍스트(상업적 텍스트, 여행 책자, 신문 기사 등)의 경우, 텍스트 기능의 대인관계적 요소를 (특히 **사회적 역할 관계** 차원에) 일치시키는 작업을 통해 번역사가 감지하지 못하는 미묘한 문제를 명확하게 제시했기 때문에 번역사는 번역 시 문화적 필터를 적용해야만 했다. 번역 평가자의 관점에서 본다면 사회문화적 규범의 차이에 대해 객관적인 지식이 부족하게 되면 문화적 필터를 적용할 결과로 인해 발생하는 어떠한 변화에 대한 타당성을 평가하기가 어려워진다. 실증적인 비교문화 실용 연구는 비교 문화적 차이점에 대한 지식을 쌓을 수 있게 해 준다는 점에서 매우 중요하다.

외현적 번역의 경우, 2차적 기능만을 달성할 수 있다. **외현적** 번역에서 ST는 (예술 작품 혹은 역사적 문서로서의) 지위로 인해 어느 정도는 '신성 불가침'이기 때문에 번역사는 도착어 문화에서 단순하게 기능적 등가를 추구할 수는 없으며, 이 때 문화적 전제에 수정이 가해지는 과정이 수반될 것이다. 오히려 번역사는 ST를 출발어 문화에서 도착어 문화로 '단순하게' 바꿈으로써 도착어 문화 독자들에게 외국어라는 매개체를 통해 원문에 접근할 기회를 제공하기 위해 본인의 번역에 제한을 가해야 한다. **외현적** 번역은 ST가 변하지 않은 채, 즉 수용자의 (다를 것이라고 예상되는) 기대 규범에 대한 준비 없이 새로운 환경 속으로 단순히 옮겨지는 것이기 때문에 좀 더 '간단'하다. 이는 종교적 설교문인 원문 코퍼스 중에서 두 개의 지시어가 번역되지 않다는 사실을 봐도 증명될 수 있다. 출발어에서 등장한 용어인 *Fastnacht*(사육제)와 *Mustermesse*(견본 전시회)는 각주의 형태로 텍스트 외부에서 설명될 수 있다. 출발어 문화 지향성은 이러한 과정을 통해 명확하게 나타나게 된다.

또한 외현적 번역의 경우는 문화적 필터링에 대해 고려하는 과정을 생략할 수 있기 때문에 번역물에 대한 검정이 좀 더 수월하다. 물론 **외현적**으로 번역하는 작업에서 주로 어려운 부분은 언어 사용자 차원에서 언어 문화적으로 등가를 찾는 일이다. 하지만 여기에서 우리는 ST에서 언어적으로 등장했다는 이유만으로 번역이 되어야 하는 문화적 현상의 **외현적** 등장

(manifestation)을 다루고 있다. 특정 문화 사용자의 특성에 대한 '번역'이 **외현적** 번역에서 적절한지에 대해 객관적으로 판단할 수 없다. 왜냐하면 문화 비교 연구 중 현재까지 마무리된 것이 없기 때문에 두 개의 다른 문화 내에 존재하는 방언을 비교할 때 사회적 지위의 측면에서 어느 정도로 대응을 이루는지를 현 시대에서는 파악할 수가 없다. 따라서 위와 같은 번역 검정은 필연적으로 어느 정도는 주관적인 문제로 남아있게 된다. 특정한 텍스트 내에 등장하는 **사회적 역할 관계**, **사회적 태도** 등과 연관된 문화적 전제들의 차이점을 다루는 것이 어렵다는 **내재적** 번역 검정의 특징과는 달리, **외현적** 번역에서 필요한 명시적인 외현적 전이는 좀 더 쉽게 적용되고 식별된다.

동일한 출발어 텍스트에 대한 서로 다른 번역물을 검정하는 것과 관련해서는 출발어 텍스트 분석을 통해 증명된 각 번역물 텍스트의 상황적 차원의 상대적인 중요성 정도를 파악하는 정도까지 필자의 모델을 이용해 검정 진술서(evaluative statement)를 용이하게 작성할 수 있다. **외현적으로** 잘못된 오류와 **내재적으로** 잘못된 오류 중 어디에 무게를 둘 것인지에 대한 문제는 각 텍스트 쌍을 검토해 본 후에만 알 수 있다. 하지만 '출발어 텍스트와 도착어 텍스트 요소 중 외연적(denotative) 의미의 불일치'라고 말할 수 있는 **외현적** 오류의 하위 그룹은 출발어 텍스트가 강력한 관념적 기능 요소를 표출하는 경우 번역물의 품질을 심각하게 훼손할 것이다. 예를 들어, 과학적 텍스트 내용에 대한 외연적 의미가 불일치하는 것이 '사회적 태도'가 불일치하는 것보다 낫다는 평가를 받을 것이다. 하지만 외국어 수업에서의 번역인 경우 검정의 목적에 따라 교사가 설정한 목적에 따르는 등 각 경우마다 오류에 대한 체계적인 서열은 2개 이상의 텍스트를 구체적으로 비교할 때 결정할 수 있다.

텍스트를 바라보는 다양하고 역동적인 방법과 시대에 따라 번역에 요구되는 목적이 다양하다는 점을 고려해 보았을 때 어떤 특정 ST가 **내재적**

번역 혹은 **외현적** 번역 하나만을 단순하게 요구하지는 않는다. 하지만 내재적 번역과 외현적 번역을 구분하는 경우와 선호되는 특정 번역 유형을 선택하게 만드는 번역 관습과 검정을 시행할 때 평가 결과를 구체적으로 제시하는 경우에 오리지널 모델은 번역에서 이론적으로 문제가 되는 영역에 대한 해결의 실마리를 어느 정도 제공했다는 점에서는 성공적이다.

번역 검정 시 **버전**과 **번역**, **외현적** 번역과 **내재적** 번역은 구분이 되어야 한다. 이러한 범주 내에서 우리는 최적의 품질을 가진 번역에게 요구되는 등가가 가지는 특성을 밝힐 수 있다. 번역에서 이 등가는 기능 그중에서도 화용적인 언어적·맥락적 분석, 즉 특정한 원문과 그에 대한 번역문에 대한 세부적인 공개에 의해 결정되는 기능의 등가다.

이론과 경험의 측면에서 번역에 대한 서로 다른 접근법과 번역 검정 간 차이점을 알아보기 위해 2장에 제시되어 있는 세 가지 기준(원문과 번역문 사이의 관계, 텍스트와 행위자와의 관계, 번역과 텍스트적 작업 간 차이)으로 다시 돌아오면 이 책에서 제시하고 있는 번역평가 모델은 번역이란 딜레마에 빠질 수밖에 없는 작업이라는 가정을 기반으로 하고 있다. 번역과 그 수용자, 도착어 문화에서의 번역 수용을 가능하게 하는 조건과 관련해 한 쪽으로만 치우친 우려를 보여 주는 관점과는 달리, 필자의 모델에서는 어떤 특정한 사례에서 둘 중 어떤 선택을 할 때 우선순위를 어디에 둘 것인지를 보여 주는 연속 변이(cline)를 활용함으로써 원문과 번역물 모두를 고려하고 있다. 이 연속 변이에서 **외현적** 번역(출발어 텍스트에 맞춤)을 하나의 끝 점에 두고 나머지 한 끝 점에 **내재적** 번역(도착어 텍스트에 맞춤)을 두게 된다. 본 평가 모델에서는 원문과 번역의 화용적·기능적 분석이라는 정교한 시스템에서 텍스트가 추구하거나 달성될 수 있는 수용 형태에 따라 번역물의 위치가 정해지는 내재적-외현적 연속 변이를 통해 원문과 번역문 (특성) 간 관계와 (저자, 번역사, 독자로) 연관되어 있는 행위자 간 관계가 분명히 고려되었다. 마지막으로 본 평가 모델은 번역을 버전으로 변환하는 조건을 명시함으로써 번역과 다양한 유형의 텍스트 작업을 구분하는 방법을 제공한다. 내재적 번역에서의 문화적 필터라는 개념은 언어쌍 간 대조적이고 화용적인 연구를 통해 입증되어야 한다. 8장에서 독어-영어, 영어-독어의 문화적 필터링과 관련된 연구를 예시로 제시할 것이다.

6
House의 수정된 번역품질평가 모델(1997)

앞서 언급한 오리지널 모델처럼 수정 모델에서도 출발어로 되어 있는 텍스트를 의미적으로나 실용적으로 등가를 이루는 도착어로 된 텍스트로 대체하는 것을 번역으로 정의하고 있다. 이 정의에 따르면 적절한 번역이란 실용적이든 의미적이든 동등한 텍스트를 말한다. 이러한 동등함을 위한 첫 번째 요건은 번역물과 원문의 기능이 동일해야 한다는 것이다.

수정 모델에서 텍스트 기능(Halliday의 설명에 따르면 텍스트 기능은 관념적 요소와 대인관계적 기능 요소로 구성되어 있음)은 다시 상황의 특정한 맥락 내에서의 텍스트 적용(사용)으로 정의된다. 이에 대한 기본적인 아이디어는 '텍스트'와 '상황적 맥락'은 별개의 주체로 간주되어서는 안 되고, 오히려 해당 텍스트에서 나타나는 상황적 맥락은 '한편으로는 사회적 환경과 또 다른 한편으로는 기능적 구성 간 체계적 관계 형성을 통해 텍스트 내에서 압축되어 표현'된다(Halliday 1989: 11). 이는 텍스트가 텍스트 주변의 특정한 상황을 나타내야 하며 이를 위해 '상황적 맥락'이라는 광범위한 개념을 처리할 수 있는 부분, 즉 상황적 맥락의 특성이나 '상황적 차원(situational dimension)'으로 세분화할 수 있는 방법을 찾아야 한다. 상황적 차원의 언어적 상관관계는 텍스트적 기능이 실현되는 수단이고, 텍스트적 기능은 특유의 방식으로 두 가지 기능적 요소(관념적, 대인관계적)를 발현하는 것을 도와주는 차원에 따른 언어적·실용적 분석의 결과물이다. 이러한 상황적 차원을 포함하고 있는 텍스트를 분석해 보면 해당 텍스트 기능의 특징이 되는 특정한 텍스트 프로필이 만들어진다. 그 후, 텍스트 프로필은 번역 평가를 위한 개별 텍스트 규범으로 간주된다. 텍스트 프로필과 (유사한 분석을 통해 얻은) 번역의 기능이 프로필 및 원문의 기능과 어느 정도 일치하는지는 번역 품질이 어느 정도 적절했는지를 알려 준다. 원문과 번역문 사이의 상대적인 일치 정도를 검정할 때 '차원적 불일치(dimensional mismatches)'와 '무차원적 불일치(non-dimensional mismatches)'는 구별된다.

필자의 수정 모델(1997)에서는 Halliday의 대표적인 사용역 개념인 '담화장(field)', '담화매체(mode)', '담화관계(tenor)'가 사용되었다. '담화장' 차원은 특수하고 일반적이며 인기 있는 기준표에 따라 보편성(generality), 특수성(specificity) 혹은 '입자성(granularity)'의 정도가 각기 다른 어휘 항목과 함께 텍스트나 텍스트의 주제 분야에 대한 화제와 내용을 포함하고 있다. '담화관계'에서는 참가자, 발화자, 수용자의 특성 및 사회적 권력과 거리에 따른 그들 간의 관계, '정서적 가치(emotional charge)'까지도 다루고 있다. 담화관계에는 텍스트 생산자의 시간적·지리적·사회적 기원(provenance)뿐 아니라 그가 만들어낸 내용이나 관여한 의사소통적 과업에 대한 그의 지적·감정적·정서적 입장(그의 '개인적 관점')도 포함된다. 또한 담화관계에는 '사회적 태도', 즉 다른 스타일(공식, 자문, 비공식)도 포함한다. 담화매체(mode)는 구어체 혹은 문어체를 나타내는 채널('읽기 위한 문어체'와 같이 '단순'할 수도 있고, '문어체 느낌이 나지 않도록 연설용으로 작성된 문어체'와 같이 '복잡'할 수도 있음) 및 작가와 독자 사이에서 잠정적 참여 혹은 실제 참여가 고려되는 정도와 연관이 있다. 참여 역시 수용자 참여 없이 텍스트 속에 들어 있는 독백의 형태같이 '단순'할 수 있고, 해당 텍스트의 특징을 결정하는 다양한 수요자 참여형 메커니즘과 같이 '복잡'할 수도 있다. (언어학적으로 자료가 있는) 구어 매체와 문어 매체의 텍스트 차이점을 이야기할 때면, Biber(1988)가 제시한 경험적으로 만들어진 코퍼스 기반 구어-문어(oral-literate) 차원 역시 언급될 수 있다. Biber는 언어학적 선택이 매체에 끼치게 될 수도 있는 차원들을 제시함으로써 관여(involved) 대 정보 텍스트 생산(informational text production), 명시적(explicit) 지시 대 상황 의존적(situation-dependent) 지시, 추상적(abstract) 정보 제시 대 비추상적(non-abstract) 정보 제시 등의 매체 간 상관관계를 제시한다.

하지만 오리지널 모델에서와는 달리 원문과 번역문의 언어학적 특성이 발견되는 언어학적·텍스트적 분석 유형은 담화장, 담화관계, 담화매체와 상관관계가 있으며, 이는 바로 개별적 텍스트 기능(과 그에 따른 대인관계적 요소 및 관념적 요소)에 대한 진술서로 이어진다. 더 정확히 말하자면, '장르'라는 개념이 사용역 범주인 담화장, 담화관계, 담화매체 '중간에' 분석 체제로서 새롭게 들어가게 된다. 장르라는 차원이 번역품질평가를 위한 분석 체제에 추가된 것은 매우 중요하다. 왜냐하면 장르를 통해 어떠한 텍스트 전형이라도 공통적인 기능 혹은 기능을 함께 공유하는 텍스트 계층을 참조할 수 있기 때문이다. 사용역 범주(담화장, 담화관계, 담화매체)가 (번역 및 번역 비평에서 가장 중요한 요소인) 텍스트와 맥락 간 관계를 정확하게 포착해서 언어에 국한된 특성과 텍스트가 관습적으로 사용되는 상황에서 계속 반복적으로 발생하는 특성을 연관 지음으로써 언어 사용의 기능적 변수를 만들어내는 텍스트와 맥락 간 관계를 포착한다 할지라도 사용역 기술(register descriptions)은 기본적으로 언어의 표층에 존재하는 각 특징들을 파악하는 데 한정되어 있다. '좀 더 심층적인' 텍스트 구조 및 패턴을 특징지으려면 다른 개념화가 필요한데, 바로 '장르'를 활용함으로써 이 일이 가능하다. 사용역이 텍스트와 그 '미시적 맥락(micro-context)' 간 연결성을 찾아내는 기능을 한다면 장르는 텍스트와 해당 텍스트가 속해 있는 언어적 및 문화적 사회의 '거시적 맥락(macro-context)'을 연결하는 기능을 한다.

그로 인해 만들어진 텍스트 분석, 비교, 평가 체계는 다음과 같다.

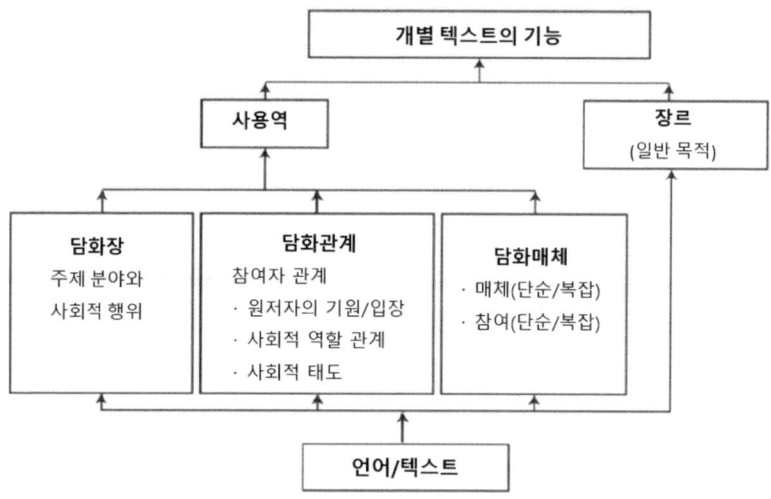

그림 6.1 원문과 번역문의 분석 및 비교 체제

번역품질평가를 위해 수정된 모델에서 등장하는 언어/텍스트, 사용역, 장르 수준에 따른 분석을 통해 각 텍스트 기능들을 특징짓는 텍스트 프로필(textual profile)이 만들어진다. 이렇게 생성된 텍스트 기능의 유지 여부 및 유지 방법은 원문이 추구하는 번역의 유형에 따라 달라진다. 이제 5장에서 언급했던 여러 유형의 번역 및 버전에 대해서 간단하게 살펴보고 구체화시켜볼까 한다.

외현적 번역과 내재적 번역

번역의 두 가지 유형인 외현적 번역과 내재적 번역 간 차이점은 1977년 오리지널 모델에서도 이미 소개되었고 논의되었지만 Schleiermacher (1813)가 낯선 번역(*verfremdende*, 외화)과 동화된 번역(*einbürgernde*, 귀화)을 구분했던 유명한 구별법으로 거슬러 올라간다. 이 이분법적 개념에 대한 구별법은 다른 용어를 사용해서 많은 사람들이 모방하였다. 외현적/내재적 번역과 그 외 이분법적 번역 분류 및 개념들과의 차이점은 필자의 분류가 번역 비평이라는 일관성 있는 이론에 통합된다는 것이다. 번역 비평 내에서는 이 두 가지 번역문에 대한 원문과 기능이 일관되게 기술되고 설명된다. 가장 기본적인 차이점으로는 **외현적** 번역에서는 번역 수용자들에게 '외현적으로' 말을 건네지 않는다. 따라서 외현적 번역은 '제2의 원문(second original)'이 아닌 외현적으로 만들어진 번역물이다. 외현적 번역을 해야 하는 출발어 텍스트는 출발어 사회 내에서 이미 가치가 존재한다. 그 종류로는 정확히 구체화된 출발어 청중을 대상으로 하는 특수한 경우에 사용되는 텍스트인 역사적 텍스트이거나 시간이 흘러도 변하지 않는 텍스트, 즉 뚜렷한 역사적 의미를 초월한 예술적이고 심미적인 창작물 등이 있다.

내재적 번역은 도착어 문화에서 원문으로서의 지위를 향유하는 번역이다. 이러한 번역은 출발어 텍스트의 번역물로서 화용적으로 유표화 되지는 않지만 가능한 방법을 동원해 번역물 자체로서의 권리를 만들어 내기 때문에 내재적이다. 따라서 내재적 번역은 그 원문이 특정한 출발어 문화권 청중을 대상으로 하는 번역이 아니다. 출발어 텍스트와 그에 해당하는 내재적 번역물은 출발어 수용자와 도착어 수용자 모두에게 실질적으로 동일한 영향을 끼친다. 그리고 원문과 번역문 모두 직접적으로 수용자에게 전달된다. 원문과 내재적 번역물 모두 동일한 목적을 가지고 있기도 하다.

두 경우 모두 출발어 사회와 도착어 사회에서 비슷한 계층의 청중이 현재 가지고 있는 동일한 요구를 기반으로 하고 있다. 따라서 내재적 번역물의 경우 출발어 텍스트와 동일한 기능을 번역물 내에서 유지하는 것이 가능하기도 하고 바람직하기도 하다. 이러한 특징은 두 언어 사회 간 문화적 차이를 고려하기 위해 원문과 번역문 사이의 '문화적 필터(cultural filter, 상세한 설명은 p. 111 참조)'를 삽입함으로써 가능해 진다.

외현적 번역과 내재적 번역을 구분하는 경우, '프레임(frame)', '프레임 변이(frame shifting)', '담화(discourse)', '세계 변이(world shifting)'의 개념을 활용해서 설명적 타당성을 좀 더 확보하게 된다. 번역은 시간과 공간을 넘나들며 텍스트를 전환하는 과정을 수반하며, 텍스트가 이동할 때마다 프레임과 담화 세계에도 변이가 일어난다. 프레임의 경우 종종 무의식적으로 설명적 원리로서 작동하게 되기도 한다. 즉, 프레임을 정의하는 어떠한 메시지라도 수용자가 프레임 내에 포함되어 있는 해당 메시지를 해석하는 데 설명을 제공한다. 이와 유사하게 '담화 세계(discourse world)'라는 개념은 새롭게 작용하고 있는 담화 세계를 참조함으로써 발화 행위가 언표 내적 가치를 얻는 경우와 같이 특정한 방법을 이용해서 의미를 해석하는 몇몇 상위 구조를 말한다.

상기 개념들을 외현적 번역 및 내재적 번역에 적용하는 경우, 다음과 같이 설명할 수 있다. 외현적 번역에서는 번역문이 새로운 발화 사건 내에 포함되어 새로운 프레임을 형성한다. 외현적 번역은 (내재적 번역이 '언어 사용(language use)'인 것과는 반대로) '언어 언급(language mention)'의 경우다. 따라서 인용과 유사하다. '외현적 번역'의 개념과 4개의 요소로 구성된 분석 모델(기능-장르-사용역-언어/텍스트)을 연관지어보면 원문과 그에 대한 외현적 번역문은 언어/텍스트와 사용역뿐 아니라 장르 수준에서도 동일한 것이라고 주장할 수 있다. 개별적인 텍스트 기능의 수준에서는 기능적 등가가 여전히 가능할 수는 있지만 보통 다른 기능을 나타내게 된다. 즉, 원문의 담화 세계 혹은 프레임 내에서 원문이 가지는 기능에 접근 가능한 특성을 가진다고 설명할 수 있다. 이러한 접근성이 다른 언어 및 다른 도착어 사회나 도착 문화권에서도 실현되어야 하기 때문에 담화 세계 및 프레임의 변화가 필요하다. 즉, 번역문은 원문과 다르게 프레임이 만들어지고, 그렇게 만들어진 프레임 내에서 그 기능을 함으로써 기껏해야 2차적 기능의 등가를 달성할 수 있다. 하지만 이러한 유형의 등가는 언어/텍스트, 사용역, 장르 차원의 등가를 통해서 달성되기 때문에 원문의 프레임 및 담화 세계는 상호 활성화되어 도착어 문화권의 사람들은 이를테면 원문을 엿보는, 즉 멀리 떨어진 공간에서도 원문의 텍스트적 기능을 이해할 수 있다. 외현적 번역에서는 번역사의 작업이 중요하고 명확하게 가시적이다. 도착어 문화권 독자들이 원문 텍스트 및 해당 원문이 출발어 문화권 독자들에게 끼치는 영향에 대해 접근할 수 있도록 해 주는 것이 번역사의 과업이기 때문에 번역사는 '외부(from outside)'에서 해당 텍스트를 관찰하고 판단할 수 있는 위치에 도착어 문화권 독자들을 둔다.

한편 내재적 번역에서 번역사는 동일한 발화 사건을 재현하려고 시도한다. 따라서 내재적 번역의 기능은 원문이 그 프레임과 담화 세계에서 가지고 있는 기능을 도착어 텍스트에서 재생산하는 것이다. 내재적 번역은 도착어 문화가 제공하는 프레임 및 담화 세계에서 아주 '외현적으로' 작용하며 원문이 존재했던 담화 세계를 상호 활성화하려고 하지 않는다. 내재적 번역은 외현적 번역에 비해 심리언어학적으로 덜 복잡하고 더 현혹적이다. 번역사의 과업은 원문을 드러내고 변화된 원문의 뒤에 숨는 것이다. 그래서 번역사가 완전히 보이지 않는 것이 아니라고 해도 외현적 번역에 비해서는 확실히 덜 가시적이다. 정확한 기능적 등가가 목표이기 때문에 원문은 문화적 필터를 사용해서 언어/텍스트 및 사용역 수준에서 정당하게 조작될 수 있다. 조작된 결과는 실제로 원문과 차이가 날 수도 있다. 따라서 원문과 그에 대한 내재적 번역이 언어/텍스트와 사용역 수준에서 동등할 필요는 없지만 두 텍스트 모두 장르 및 각 텍스트 기능 수준에서는 동등해야 한다.

번역을 검정할 때는 외현적 번역과 내재적 번역 간 차이가 고려되어야 한다. 외현적 번역과 내재적 번역에 각기 다른 번역 비평이 가해진다는 사실이 중요하다. 문화적 필터링에 대한 고려를 하지 않아도 된다는 점을 감안하면 외현적 번역에 대한 검정은 조금 수월하다. 외현적 번역은 원문이 새로운 언어라는 매체를 통해 '필터를 거치지 않고' 출발어 문화에서 도착어 문화로 '단순히' 바뀐 것이기 때문에 '더 단순'하다. 외현적으로 번역하는 데 있어 주로 어려운 점은 물론 **언어**-문화적으로 '등가(equivalents)'를 찾는 일이다. 그리고 이러한 어려움은 특히 담화관계와 그에 따른 저자의 시간적·사회적·지리적 기원에 대한 특성화에 따라 등가를 찾을 때 발생한다. 하지만 본서에서는 원문에서 언어적으로 분명하게 나타나고 있기 때문에 꼭 번역되어야 하는 문화적 현상에 대한 **외현적** 등장에 대해서만 다루고 있다. 예를 들어, 방언을 '번역'하는 것이 외현적 번역에서 적절한지 여부에 대한 판단은 객관적으로 이루어질 수 없다. 즉, 사회적 명망 및 지위의 관점에서 어느 정도 유사한지를 조사하는 작업은 완벽한 대조 민족지학 연구 없이는 불가능하다. 만약 그러한 연구 업적이 있다고 하더라도 그에 대한 평가는 어느 정도는 주관적이 될 수밖에 없다. 하지만 내재적 번역 검정의 한 특징인 문화적 가정의 차이를 평가하거나 출발어 문화권과 도착어 문화권 간 의사 전달 선호도를 고려하는 행위가 어려운 것과는 달리 외현적 번역 내에서 명백하게 외현적으로 변환된 내용은 판단하기 수월하다.

내재적 번역문과 관련해서는 내재적 번역과 내재적 버전을 구분할 수 있도록 문화적 필터를 적용하는 것을 고려하는 과정이 필요하다. 다음 절에서는 문화적 필터에 대한 개념 및 그 기능에 대해서 좀 더 상세하게 알아보고 이야기를 나누어 볼까 한다.

문화적 필터

'문화적 필터'는 필자가 도입(1977)한 개념으로 출발어와 도착어의 언어-문화적 사회 간 기대 규범과 양식 관행의 사회 문화적 차이점을 알아내기 위한 수단이다. 문화적 필터는 번역사가 행하는 원문에 대한 '조작(manipulation)'을 위해서는 경험적 기반이 필요하다는 사실을 강조하기 위해 사용되었다. 상황적 차원에 따라 진행되는 변화에 대해 경험적 기반이 있는지 없는지 여부는 번역 평가에 반영될 것이다. 게다가 내재적 번역의 목표는 기능적 등가를 이루는 것이라는 점을 감안했을 때 문화적 차이가 난다는 가정은 번역 과정에서 원문을 변경하기 전에 신중하게 검토되어야 한다. 반대의 경우를 보여주는 근거가 없는 경우 무표화된 가정 중 하나가 문화적 동등성(cultural compatibility)이다. 독일어권 사회와 영어권 사회의 경우, 이와 같은 근거들을 활용할 수 있을 것으로 보이며, 이는 문화적 필터링을 위한 중요한 결과다. 문화적 필터를 처음으로 제안한 이후 이 개념은 다양한 대조적·실용적이고 실증적인 분석을 통해 실체와 유효성이 검증되었고, 이에 따라 영어권 사회와 독일어권 사회의 의사소통 간 차이점과 선호도가 여러 차원에서 가설화되었다. 다양한 데이터, 주제, 방법론을 가지고 진행된 수많은 독일어-영어 간 비교문화 연구에서 수집한 자료에 따르면 여러 차원 예를 들면, 직접성, 내용 중심, 명료성, 일상 의존성(routine-reliance)에 따라 영어권과는 다른 독일어의 의사소통 선호도(communicative preferences)가 있다고 한다(House 2006b 비교).

출발어 텍스트와 도착어 텍스트의 비교분석과 내재적 번역문의 검정을 위해서는 도착어 사회와 출발어 사회 간 문화적 차이에 대해 가지고 있는 어떠한 지식이라도 모두 고려해야 한다. 여기에서 강조되어야 하는 점은 언어쌍에 대한 특정한 대조 실용 분석 분야에서는 경험적 연구가 필요하고 번역 연구 특히, 번역 비평을 위해 이 분야에 대한 연구가 매우 필요하다는 것이다.

오리지널 모델에서 필자는 이미 번역과 버전을 구분했고, 버전 역시 외현적 버전과 내재적 버전으로 세분화된다. 이러한 구분은 수정 모델에서도 유지된다. 외현적 버전은 어떤 특수한 기능이 TT에 외현적으로 추가될 때마다 발생된다. 예를 들어, 1) 어떤 번역이 특정한 독자층을 겨냥한 경우다. 젊은 층 독자를 위해 ST 내용을 생략 혹은 추가하거나 단순화시키기도 하고 ST의 특징에 대해 다른 관점에서 접근하는 등의 방법을 통해 특별판을 만들거나 젊은 층을 겨냥해서 전문가들의 작품을 대중화하는 것도 사례가 된다. 2) TT에 다른 목적이 추가되는 경우다. 두 언어 간 버전, '언어적 번역(linguistic translations)', 이력서 및 초록 등이 사례가 될 수 있으며, 이와 같은 텍스트에서는 버전 생산자들이 가장 중요한 사실만을 전달한다는 분명한 목적을 가지고 있다. 내재적 버전은 번역사가 출발어 텍스트의 기능을 유지하기 위해 문화적 필터를 객관적으로 적용하지 않았고 그에 따라 상황적 차원에 따른 변화가 발생할 때마다 생긴다. 즉, 원문이 연구에 의한 뒷받침 없이 조작된 것이다.

여러 다른 종류의 번역 및 번역과 버전 사이의 구별에 대한 논의에서 어떤 특정 텍스트가 단 한 가지의 방법으로만 적절하게 번역될 수 있다는 가정이 함축적으로 나왔다. 하지만 어떤 한 텍스트가 **외현적** 번역 혹은 **내재적** 번역 중 한 가지 방법이 필요하다는 가정은 어떠한 경우에서도 지속되지 않을 수 있다. 그래서 만약 '독립적인 가치'를 가지고 텍스트만의 권리가 존재하는 문서로 간주될 수 있는 특정한 목적을 가지고 있는 텍스트라면 외현적 번역을 해야 한다. 예를 들어, 상당한 시간이 지난 후 해당 작가가 유명한 인물이 된다면 그 번역은 내재적 번역으로 평가받을지도 모른다.

게다가 특정 텍스트에 대해 외현적 번역이 적절할지 내재적 번역이 적절할지에 대한 결정이 작가의 지위 변화 가능성 등의 요인에 따라 달라지는 것처럼 번역을 할지 내재적 버전을 할지는 '번역'의 특정한 목적에 따라 결정될 것이다. 하지만 명확하게 번역과 버전 생산 중에서 선택하는 문제는 텍스트의 기능을 기반으로 판단할 수 없지만 번역 혹은 버전이 요구되는 임의적으로 결정된 목적에 따라 그 선택이 달라질 수는 있다.

번역품질평가 수정 모델에서 필자는 오리지널 모델의 중심 개념을 유지하면서 새로운 개념도 도입하였다. 특히 화용적·언어적 분석을 위해 제안한 분석 장치에 관한 것이다. 하지만 번역 분야의 많은 전문가들이 번역품질평가 시 텍스트 기반 접근 방식보다는 번역의 적절성을 도착어-독자-지향적 개념으로 보고 있을 때에도 필자는 번역품질평가의 기반이 되는 것이 출발어 텍스트와 도착어 텍스트의 비교라는 중심 개념을 고수했다. 번역 연구에서 이러한 최근의 변화는 기본적으로는 잘못된 방향이라고 생각한다.

분석의 세 가지 수준인 언어/텍스트, 사용역, 장르가 긴밀하게 연관되는 방법으로 분석 범주가 수정되었으며, 동시에 각 분석 수준은 출발어 텍스트 혹은 도착어 텍스트에 대한 기능 프로필을 특성화하는 데 기여한다.

장르라는 개념은 이론적으로 흥미로운 부분이지만 지금까지는 그 흥미가 구체적으로 발전되지는 않았다. 필자는 이 개념에 몇 가지 제한적인 내용이 적용되기는 하지만 일상적으로 이 용어를 사용하라고 제안하고 싶다. 장르라고 간주되는 대상은 학문적 변덕(whim)에 의해 조작될 수 없고, 논의가 되고 있는 언어 문화권에서 매일 일어나는 관행에서 발견될 수 있다. 이러한 명료성 부족의 원인은 두 가지다. 첫째, 하나의 장르와 다른 장르를 구분할 때 미묘함의 정도에 대한 문제가 있다. '연설문'이 하나의 장르를 구성하고 있다면, '모금행사를 목적으로 열리는 저녁 파티에서 하는 연설'도 하나의 장르를 구성하는 것일까? 필자가 생각했던 대로 장르라는 범주는 매우 넓다. 둘째, 장르를 구별하는 기준에 대한 문제가 있다. 장르가 동시에 여러 차원에서 특징이 결정되고 구분될 수 있기 때문에 다른 구분 기준을 사용하게 되면 다른 결과의 범주가 나오게 된다. 예를 들어, 공식 석상에서의 구두 발표를 예로 들어 보자. 발표의 목적은 다른 사람을 소개하기 위한 것이고, 소개 받은 사람은 모여 있는 청중 앞에서 연설을 할 계획이다. 비공식적으로 우리는 이러한 사건을 '연설'이라는 범주에 넣거나 '소개(introduction)'라는 범주에 넣을 수 있다. 하지만 이 사건은 둘 다에 해당한다. '소개 연설(introductory speech)'이라는 범주에 넣는다고 해서 이론적 문제가 해결되는 것은 아니라는 점을 명심하라. 그 이유는 첫째, 범주적 문제를 미묘함의 정도에 대한 문제로 단순히 바꾼 것이기 때문이고 둘째, 계층적 문제가 여전히 남아있기 때문이다. 즉, 우리가 소개로 사용되는 연설문을 다루는 것인지 아니면 연설문을 통해 실현된 소개문을 다루는 것인지에 대한 질문인 것이다. 필자는 장르를 광범위한 개념으로 보고 포괄적인 범주의 목록(inventory)이 모든 문화에 걸쳐 모든 텍스트를 포함한다는 입장을 채택하고 있다. 하지만 이러한 목록에 어떤 것이 포함되는지 자세하게 설명하는 다소 벅찬 과업을 시도하지는 않고 있다. 게다가 어떤 문화권 내에 있는 어떠한 텍스트라도 원칙적으로는 어떤 한 장르에 속할 수는 있지만 모든 장르가 모든 문화권 내에서 텍스트 실현(textual realization)을 이루지는 않는다. 따라서 장르라는 범주는 보편 문법의 관점에서 보편성을 띤다. 즉, 모든 경우를 수반하기는 하지만 모든 예시에서 텍스트 실현이 이루어지지 않고 어떤 장르에서는 그 실현에 의미가 없다(null realization).

필자의 이론에 따르면 특정 텍스트의 번역물은 원문과 동일한 장르가 될 것이고, 해당 번역은 **외현적** 번역이 될 수도 있고 **내재적** 번역이 될 수도 있다. 출발어 텍스트에 부여되어 있는 장르가 도착어 언어권 내에서 의미 없는 실현을 이루는 경우, 그리고 외현적으로 기능적 등가가 이루어지기를 원하는 경우에는 명백하게 번역이 불가능하다. 왜냐하면 해당 출발어 텍스트의 다른 **버전**으로 대체되어야 하거나 비언어적 실현을 이루어야 하기 때문이다.

정리해 보면, 장르는 각 개별 텍스트 쌍을 보다 넓은 범주와 연관 짓는 범주이고, 그에 따라 내부 포괄적(intra-generic) 비교가 가능해 지며 가능한 경우 일반화도 이루어지게 된다. 예를 들어, 필자의 연구(House 2004)에 따르면 아동 도서라는 특수한 장르에 속하는 텍스트로 구성된 더 큰 규모의 코퍼스를 살펴보는 것이 가능하다. 52개의 독일어 텍스트와 영어 텍스트와 그에 따른 번역문을 분석하고 비교함으로써 단일 텍스트 쌍에 대한 분석마다 설명에 대한 무게를 실어 준다. 왜냐하면 하나의 원문과 해당 번역문에 대한 분석 결과가 문화 간 차이를 넘어서 특정 장르 내에서 작용하는 번역 규범 및 선택(option) 체계와 연관될 수 있기 때문이다.

# 7
수정된 1997년 모델의 실행
테스트 사례

7장에서는 원문과 그에 대한 내재적 번역에 대한 모델 분석을 제시함으로써 번역품질평가를 위한 1997년 수정 모델을 증명할 것이다. 제시된 분석 결과를 쉽게 참조할 수 있도록 각 단락마다 순차적으로 번호를 매겨두었다.

이 텍스트는 영어로 쓰인 아동 도서로 독일어로 번역되었다(52권의 아동 도서와 그 번역문의 발췌문으로 구성된 코퍼스에서 인용). 본서에서 번역 품질과 관련해서 근거 있는 주장을 펼 수 있도록 원문과 번역문을 세부적으로 분석하고 난 후 번역문과 원문의 텍스트 프로필을 비교한다. Jill Murphy가 쓴 아동 도서인 그림책 『*Peace at Last*(이제 잠 좀 자볼까?[1])』와 독일어 번역본인 『*Keine Ruh für Vater Bärdm*(아빠곰에게는 평화가 없다)』의 비교와 분석 방법의 작용 여부를 증명하기 위해 이 장에서는 번역품질평가에 대한 1997년의 수정 모델이 사용되었다.

---

[1] 한국프뢰벨 전집 중 프뢰벨 테마동화 시리즈의 하나로, '이제 잠 좀 자볼까?'의 제목으로 한국어로 번역되어 출간되었다. 본 책의 한국어 번역은 번역품질평가를 위해 좀 더 직역에 가깝게 다시 번역한 것이다. 독일어 번역본 역시 동일한 목적으로 최대한 직역에 가깝게 번역하였다.

아동 도서 텍스트(출발어는 영어, 도착어는 독일어)

출발어 텍스트

Jill Murphy(1980) Peace at Last(이제 잠 좀 자볼까?), 런던: 맥밀란.

1   The hour was late. (밤이었어요.)

2   Mr Bear was tired, Mrs Bear was tired and (아저씨 곰은 피곤했고, 아줌마 곰도 피곤했고)

3   Baby Bear was tired, so they all went to bed. (아기 곰도 피곤했어요. 그래서 모두는 자러 갔어요.)

4   Mrs Bear fell asleep. Mr Bear didn't. Mrs Bear began to snore. "SNORE," (아줌마 곰은 잠들었어요. 아저씨 곰은 잠들지 않았어요. 아줌마 곰이 코를 골기 시작했어요. "드르렁")

5   went Mrs Bear, "SNORE, SNORE, SNORE." (아줌마 곰이 코를 골았어요. "드르렁, 드르렁, 드르렁")

6   "Oh NO!" said Mr Bear, "I can't stand THIS." So he got up and went to sleep ("이런!" 아저씨 곰이 말했어요. "코 고는 소리를 견딜 수 없어." 그래서 아저씨 곰은 일어나서 잠을 자기 위해)

7   in Baby Bear's room. (아기 곰의 방으로 갔어요.)

8   Baby Bear was not asleep either. He was lying in bed pretending (아기 곰도 자지 않고 있었어요. 아기 곰은 침대에서 누워서)

9   to be an aeroplane. "NYAAOW!" went Baby Bar, "NYAAOW! NYAAOW!" (비행기 흉내를 내고 있었어요. "횡~" 아기 곰이 외쳤어요. "횡~횡~")

10 "Oh NO!" said Mr Bear, "I can't stand THIS." ("이런!" 아저씨 곰이 말했어요. "시끄러운 소리를 견딜 수 없어.")

11 So he got up and went to sleep in the living room. (그래서 아저씨 곰은 일어나서 거실에서 자려고 방을 나갔어요.)

12 TICK-TOCK ... went the living room clock ... TICK-TOCK, TICK-TOCK. ("똑딱!" 거실 시계가 돌아가고 있었어요. "똑딱똑딱")

13 CUCKOO! CUCKOO! "Oh NO!" said Mr Bear, ("뻐꾹! 뻐꾹!" "이런!" 아저씨 곰이 말했어요.)

14 "I can't stand THIS." So he went off to sleep in the kitchen. ("시계 소리를 견딜 수 없어." 그래서 아저씨 곰은 잠을 자기 위해 부엌으로 갔어요.)

15 DRIP, DRIP ... went the leaky kitchen tap. ("똑, 똑" 부엌의 수도꼭지에서 물이 새고 있었어요.)

16 HMMMMMMMM ... went the refrigerator. "Oh NO," said Mr Bear, ("위잉~" 냉장고가 돌아가고 있었어요. "이런!" 아저씨 곰이 말했어요.)

17 "I can't stand THIS." So he got up and went to sleep in the garden. ("부엌에서 나는 소리를 견딜 수 없어." 그래서 아저씨 곰은 일어나서 잠을 자기 위해 정원으로 나갔어요.)

18 Well, you would not believe what noises there are in the garden at night. (글쎄요, 여러분은 밤에 정원에서 어떤 소리가 나는지 알지 못할 거예요.)

19 "TOO-WHIT-TOO-WHOO!" went the owl. ("부엉~부엉~" 부엉이가 울었어요.)

20 "SNUFFLE, SNUFFLE," went the hedgehog. (고슴도치는 "킁킁" 거렸어요.)

21 "MIAAOW!" sang the cats on the wall. "Oh, NO!" said Mr Bear, "I can't stand ("야옹!" 담장 위의 고양이도 울었어요. "이런!")

22 THIS." So he went off to sleep in the car. ("정원에서 나는 소음들을 참을 수가 없어." 그래서 아저씨 곰은 차 안으로 자러 갔어요.)

23 It was cold in the car and uncomfortable, but Mr Bear was so tired that (차 안은 춥고 불편했어요. 하지만 아저씨 곰은 너무 피곤해서)

24 he didn't notice. He was just falling asleep when all the birds started (아무 것도 느끼지 못했어요. 아저씨 곰이 막 잠이 들려던 찰나 새들이)

25 to sing and the sun peeped in at the window. "TWEET TWEET!" went the birds. (울고 차 유리창에 태양이 비치기 시작했어요. "짹짹!" 새가 울었어요.)

26 SHINE, SHINE ... went the sun. ('반짝반짝' 태양이 떠올랐어요.)

27 "Oh NO!" said Mr Bear, "I can't stand THIS." ("이런!" 아저씨 곰이 말했어요. "참을 수가 없어!")

28 So he got up and went back into the house. (그래서 아저씨 곰은 일어나 집으로 다시 들어갔어요.)

29 In the house, Baby Bear was fast asleep, and Mrs Bear had (들어가자 아기 곰은 순식간에 잠이 들었고 아줌마 곰도)

30 turned over and wasn't snoring any more. Mr Bear got into bed and closed (돌아누워 더 이상 코를 골지 않았어요. 아저씨 곰은 침대로 들어가)

31 his eyes. "Peace at last," he said to himself. (눈을 감았어요. "가까스로 평화가 찾아왔군." 아저씨 곰은 혼잣말로 중얼거렸어요.)

32 BRRRRRRRRRRRRRR! went the alarm clock, BRRRRRR! ("따르르르르릉~" 자명종이 울렸어요. "따르릉~")

33 Mrs Bear sat up and rubbed her eyes. (아줌마 곰은 일어나 앉아서 눈을 비볐어요.)

34 "Good morning, dear," she said. "Did you sleep well?" ("여보, 좋은

아침이에요. 잘 잤어요?"라고 아줌마 곰이 말했어요.)

35 "Not VERY well, dear," yawned Mr Bear. ("그다지 잘 자지 못했어요, 여보." 아저씨 곰이 하품을 했어요.)

36 "Never mind," said Mrs Bear. "I'll bring you a nice cup of tea." ("괜찮아요. 제가 차 한 잔 가져다 드릴게요." 아줌마 곰이 말했어요.)

37 And she did. (아줌마 곰은 차를 한 잔 가져다주었어요.)

도착어 텍스트

아빠곰에게는 평화가 없다(Ingrid Weixelbaumer 번역(1981)), 비엔나와 뮌헨: Annette Betz Verlag (원문은 Jill Murphy의 Peace at Last(이제 잠 좀 자볼까?)).

1 Es war Schlafenszeit. (잘 시간이었어요.)

2 Vater Bär war müde. Mutter Bär war müde und Baby Bär war müde ... also gingen

3 sie alle ins Bett. Mutter Bär schlief sofort ein. Vater Bär nicht. (아빠곰은 피곤했어요. 엄마곰도 피곤했고 아기 곰도 피곤했어요. 그래서 그들 모두는 자러 갔어요. 엄마곰은 곧바로 잠이 들었어요. 아빠곰은 그렇지 않았어요.)

4 Mutter Bär begann zu schnarchen. „SCH-CH-HHH", machte Mutter Bär. (엄마곰은 코를 골기 시작했어요. 엄마곰은 "드르렁"거렸어요.)

5 „SCH-CHCH-HHH, SCH-CHCHCH-HHH" „Oh, NEIN!" sagte Vater Bär. ("드르렁, 드르렁", "오, 안 돼!" 아빠곰이 말했어요.)

6 „DAS halte ich nicht aus. "Er stand auf und ging ins Kinderzimmer. ("이것은 참을 수 없어." 아빠곰은 일어나서 아기 곰의 방으로 갔어요.)

7   Dort wollte er schlafen. (아빠곰은 그 곳에서 자려고 했어요.)

8   Baby Bär schlief auch noch nicht. Er lag im Bett und spielte Flugzeug. (아기 곰도 아직 잠들지 않았어요. 아기 곰은 침대에 누워 비행기 놀이를 했어요.)

9   „WIEEE-AUUU, WIEEE-AUUU-UMM!" „Oh, NEIN!" sagte Vater Bär. ("붕~부웅~" "오, 안 돼!" 아빠곰은 말했어요.)

10 „DAS halte ich nicht aus. "Er stand auf und ging ins Wohnzimmer. ("이것은 참을 수 없어." 아빠곰은 일어나서 거실로 갔어요.)

11 Dort wollte er schlafen. (아빠곰은 그 곳에서 자려고 했어요.)

12 TICK-TACK...machte die Kuckucksuhr im Wohnzimmer ... TICK-TACK, ("똑딱똑딱" 거실에 있는 뻐꾸기 시계가 똑딱똑딱거렸어요.)

13 TICK-TACK, KUCKUCK! KUCKUCK! „Oh, NEIN!" sagte Vater Bär. ("똑딱" "뻐꾹!뻐꾹!" "오, 안 돼!" 아빠곰이 말했어요.

14 „DAS halte ich nicht aus. "Er stand auf und ging in die Küche. ("이것은 참을 수 없어." 아빠곰은 일어나서 부엌으로 갔어요.)

15 Dort wollte er schlanfen. (아빠곰은 그 곳에서 자려고 했어요.)

16 TROPF, TROPF ... machte der undichte Wasserhahn. HMMMMMMMM machte

17 der Kühlschrank. „Oh, NEIN!" sagte Vater Bär. „DAS halte ich nicht aus." ("똑, 똑" 수도꼭지에서 물이 새요. "웅웅" 냉장고에서 소리가 나요. "오, 안 돼!" 아빠곰이 말했어요. "이것은 참을 수 없어.")

18 Er stand auf und ging in den Garten. Dort wollte er schlafen. (아빠곰은 일어나서 정원으로 갔어요. 아빠곰은 그 곳에서 자려고 했어요.)

19 Tja, nicht zu glauben, was es da an Geräuschen gibt, nachts im Garten. (음, 밤에 정원에서 무슨 소리가 나는지 믿을 수가 없어요.)

20 „HUH-WITT-HUHUHUHHH!" machte die Eule. „Schnüff, Schnüff" machte der Igel. ("부엉~부엉~" 하고 부엉이가 울었어요. "쿵쿵"하고 고슴도치가 소리를 냈어요.)

21 „MIAAU!" sangen die Katzen auf der Mauer. „Oh, NEIN!" ("야옹!" 하고 담장 위에서 고양이가 울었어요. "오, 안 돼!")

22 sagte Vater Bär. (라고 아빠곰이 말했어요.)

23 „DAS halte ich nicht aus." Er stand auf und ging zu seinem Auto. ("이것은 참을 수 없어." 아빠곰은 일어나서 자신의 자동차로 갔어요.)

24 Es war kalt und ungemütlich im Auto. Aber Vater Bär war so müde, (자동차 안은 춥고 안락하지도 않았어요. 하지만 아빠곰은 너무나 피곤해서)

25 daß er es gar nicht merkte. Die Augen fielen ihm zu. Er war schon fast (그것을 전혀 알아채지 못했어요. 아빠곰은 눈을 감았어요. 아빠곰은 거의)

26 eingeschlafen, da fingen die Vögel zu singen an, und die Sonne blinzelte (잠들었는데, 그 때 새들이 노래를 부르고 햇살이)

27 zum Fenster herein. (창문으로 들어와 비추었어요.)

28 „ZIWITT ZIWITT!" zwitscherten die Vögel, und die Sonne schien ("짹짹"거리며 새들이 울어댔고, 태양은)

29 immer heller. „Oh, NEIN!" sagte Vater Bär. „DAS halte ich nicht aus." (점점 더 밝아졌어요. "오, 안 돼!" 아빠곰이 말했어요. "이것은 참을 수 없어.")

30 Er stieg aus und ging ins Haus zurück. (아빠곰은 일어나서 집 안으로 돌아갔어요.)

31 Alles war still und friedlich. Baby Bär schlief fest, und Mutter Bär

32 hatte sich umgedreht und schnarchte nicht mehr. Vater Bär schlüpfte

unter

33 die Decke und seufzte tief. „Endlich Ruh' im Haus!" sagte er zu such. (모든 것이 조용하고 평화로웠어요. 아기 곰은 깊이 잠들었고, 엄마곰은 돌아누워서 코를 더 이상 골지 않았어요. 아빠곰은 이불 안으로 미끄러져 들어가 한숨을 쉬었어요. "결국 조용한 건 집이군!"하고 혼잣말을 했어요.)

34 BRRRRRRRRRRR! machte der Wecker. BRRRRR! Mutter Bär rieb sich die Augen und ("따르릉따르릉"하고 알람시계가 울렸어요. "따르릉!" 엄마곰은 눈을 비비고)

35 gähnte. „Guten Morgen, mein Lieber" sagte sie. „Hast du gut geschlafen?" (하품을 했어요. "여보, 좋은 아침이에요." 엄마곰이 말했어요. "잘 잤어요?")

36 „Nicht SEHR, meine Liebe", brummte Vater Bär. „Macht nichts" , sagte Mutter Bär. ("잘 못 잤어요, 여보." 아빠곰이 투덜댔어요. "상관없어요."라고 엄마곰이 말했어요.)

37 „Warte, ich bring dir das Frühstück ans Bett." ("기다려요. 내가 침대로 아침을 가져다줄게요.")

38 „Und die Post!" rief Baby Bär. ("그리고 여기 우편물요!" 아기 곰이 외쳤어요.)

39 „Oh, NEIN!" sagte Vater Bär, als er den Polizeistempel sah. ("오, 안 돼! 경찰의 수인을 보곤 아빠곰이 소리쳤어요.)

40 „PARKSÜNDER!" rief Baby Bär. „Parksündr-Daddy!" (주차위반 딱지예요!" 아기 곰이 소리쳤어요. "주차위반자 아빠~")

역번역

Keine Ruh für Vater Bär [No peace for Father Bear(아빠곰에게는 평화가 없다)] (원문은 Jill Murphy의 Peace at Last(이제 잠 좀 자볼까?)

1 It was sleeping time. (잠자리에 들 시간이었어요.)
2 Father Bear was tired. Mother Bear was tired and Baby Bear was tired...so (아빠곰은 피곤했고, 엄마곰도 피곤했고, 아기 곰도 피곤했어요. 그래서)
3 they all went to bed. Mother Bear went to sleep immediately. Father Bear did not. (곰 가족은 자러 갔어요. 엄마곰은 바로 잠들었어요. 아빠곰은 바로 잠들지 않았어요.)
4 Mother Bear began to snore. "SCH-CH-HHH" went Mother Bear. (엄마곰이 코를 골기 시작했어요. "슈~치~흐"하고 코를 골았어요.)
5 "SCH-CHCH-HHH, SCH-CHCHCH-HHH" "Oh, NO!" said Father Bear. ("슈~치~흐, 슈~치~흐" "이런!" 아빠곰이 말했어요.)
6 "THAT I can't stand." He got up and went into the children's room. ("저 소리를 견딜 수 없어." 아빠곰은 일어나서 아이 방으로 갔어요.)
7 There he wanted to sleep. (아빠곰은 아이의 방에서 잠들고 싶었어요.)
8 Baby Bear was also not asleep yet. He lay in bed and played aeroplanes. (아기 곰도 아직 자지 않고 있었어요. 아기 곰은 침대에 누워서 비행기 놀이를 하고 있었어요.)
9 "WIEEE-AUUU, WIEEE-AUUU-UMM!" "Oh, NO!" said Father Bear. ("휘~웅. 휘~우~웅!" "이런!" 아빠곰이 말했어요.)
10 "THAT I can't stand." He got up and went into the living room. ("저 소리를 견딜 수 없어." 아빠곰은 일어나서 거실로 갔어요.)

11 There he wanted to sleep. (아빠곰은 거실에서 잠들고 싶었어요.)

12 TICK-TACK ... went the cuckoo clock in the living room ... TICK-TACK, ("똑딱!" 거실에 있는 뻐꾸기시계가 돌아가고 있었어요. "똑딱!")

13 TICK-TACK, KUCKUCK! KUCKUCK! "Oh, NO!" said Father Bear. ("똑딱" "뻐꾹~뻐꾹~" "이런!" 아빠곰이 말했어요.)

14 "THAT I can't stand." He got up and went into the kitchen. ("저 소리를 견딜 수 없어." 아빠곰이 일어나서 부엌으로 갔어요.)

15 There he wanted to sleep. (아빠곰은 부엌에서 잠들고 싶었어요.)

16 DRIP, DRIP...went the leaking kitchen tap. HMMMMMMMM went ("똑, 똑" 부엌의 수도꼭지에서 물이 새고 있었어요. "위잉~" 이 소리는)

17 the fridge, "Oh, NO!" said Father Bear. "THAT I can't stand." (냉장고에서 나는 것이었어요. "이런!" 아빠곰이 말했어요. "부엌에서 나는 소리를 견딜 수 없어.")

18 He got up and went into the garden. There he wanted to sleep. (아빠곰은 일어나서 정원으로 나갔어요. 아빠곰은 정원에서 잠들고 싶었어요.)

19 Well, it's unbelievable what noises there are, at night in the garden. (글쎄요, 밤에 정원에서 어떤 소리가 나는지 알 수 없을 거예요.)

20 "HUH-WITT-HUHUHUHHH!" went the owl. "Sniff, Sniff" went the hedgehog. ("부~엉~부우우엉~" 부엉이가 울었어요. 고슴도치는 '쿵쿵' 거렸어요.)

21 "MIAUU!" sang the cats on the wall. "Oh, NO!" ("야옹!" 담장 위의 고양이도 울었어요. "이런!")

22 said Father Bear. (아빠곰이 말했어요.)

23 "THAT I can't stand." He got up and went to his car. (정원에서 나는 소음들을 참을 수가 없어." 아빠곰은 일어나서 차로 갔어요.)

24 It was cold and uncomfortable in the car. But Father Bear was so tired (차 안은 춥고 불편했어요. 하지만 아빠곰은 너무 피곤해서)

25 that he did not notice at all. His eyes closed. He had nearly fallen (아무 것도 느끼지 못했어요. 아빠곰의 눈이 감겼어요. 거의)

26 asleep, when the birds started to sing, and the sun blinked (잠이 들려던 찰나 새들이 노래하기 시작했고 태양이 반짝거리면서)

27 into the window. (차 유리창으로 들어왔어요.)

28 "ZIWITT ZIWITT!" chirped the birds, and the sun shone ("찌리릿, 찌리릿~" 새들이 지저귀고 태양이)

29 brighter and brighter. "Oh, NO!" said Father Bear. "THAT I can't stand." (점점 더 밝게 비추었습니다. "이런!" 아빠곰이 말했어요. "견딜 수 없어.")

30 He got out and went back into the house. (아빠곰은 밖으로 나와서 집으로 다시 들어갔어요.)

31 Everything was quiet and peaceful. Baby Bear was fast asleep and Mother Bear (아기 곰은 순식간에 잠이 들었고 엄마곰도)

32 had turned around and snored no longer. Father Bear snuggled (돌아누워 더 이상 코를 골지 않았어요. 아빠곰이 파고 든 곳은)

33 under the cover and sighed deeply. "Finally quiet in the house!" he said to himself. (이불 속이었고 깊게 숨을 내쉬었어요. "마침내 집이 조용해졌군!" 아빠곰이 혼잣말로 중얼거렸어요.)

34 BRRRRRRRRRRR! went the alarm clock. BRRRRR! Mother Bear rubbed her eyes and ("따르르르르룽~" 자명종이 울렸어요. "따르릉~" 엄마곰은 눈을 비비며)

35 yawned. "Good morning, my dear," she said. "Did you sleep well?" (하품을 했어요. "여보, 좋은 아침이에요. 잘 잤어요?" 라고 엄마곰이 말했어요.)

36 "Not VERY, my dear," grumbled Father Bear. "Doesn't matter," said Mother Bear. ("별로요, 여보" 아빠곰이 투덜거렸어요. "상관없어요." 엄마곰이 말했어요.)

37 "Wait, I'll bring your breakfast to the bed." ("잠시만요. 제가 침대로 아침식사를 가져다 드릴게요.")

38 "And the mail!" shouted Baby Bear. ("편지도요!" 아기 곰이 소리쳤어요.)

39 "Oh NO!" said Father Bear, when he saw the police stamp. (경찰청 우표를 본 순간 아빠곰은 "이런!"하고 말했어요.)

40 "Parking ticket sinner!" shouted Baby Bear. "Parking ticket sinner-Daddy!" ("주차 위반 딱지다!" 아기 곰이 외쳤어요. "주차 위반 했어요. 아빠~")

ST 분석 및 기능 진술서

담화장

원문은 2세에서 6세 사이의 어린이를 위한 그림책이다. 이 책은 아저씨 곰, 아줌마 곰, 아기 곰의 곰 가족에 대한 이야기 형식으로 되어 있는 평화로운 가족을 다룬 전원 문학이다. 이야기의 구성은 간단하다. 곰 가족에게 매일 일어나는 경험이 묘사되어 있다. 아저씨 곰은 잠을 잘 수가 없어서 집 주변을 돌아다니다가 마침내 침대에서 깊은 잠에 빠지지만 자명종 소리에 깼다. 하지만 아줌마 곰이 가져다 준 차 한 잔으로 마음이 편안해졌다. 따뜻하고 부드러운 유머가 있는 간단한 이야기로, 어린 아이들이 잠자리에서 듣기에 적당하다. 이 책의 제목인 『이제 잠 좀 자볼까?(Peace at Last)』는 이 책의 특성과도 잘 어울린다.

어휘적 수단

바로 우리 주변에서 볼 수 있는 환경에서 벌어지는 상호작용, 즉 가정이나 이웃에서 발전된 어린 아이들의 초기 언어능력을 나타내는 어휘 항목이 다수 포함되어 있다. 예를 들면, '피곤한(tired)', '자러 가다(go to bed)', '잠들다(fall asleep)', '자다(sleep)', '코를 골다(snore)', '아기 곰의 방(Baby Bear's room)', '거실(living room)' 등이다.

구문적 수단

텍스트 전반에 걸쳐 단순한 구조를 가진 짧은 절들이 등장한다. 삽입절이나 구문적으로 복잡한 문장은 없다.

텍스트적 수단

어린 아이들이 텍스트를 이해할 수 있고 파악하기 쉽게 해 주는 강력한 결속구조(cohesion)를 가지고 있다. 다양한 절차 특히 대부분 상징적 관련성(iconic linkage)과 테마의 역동성(theme dynamics)을 통해 텍스트의 결속구조가 만들어 진다.

상징적 관련성

텍스트 내에 있는 절(구문) 간에는 상징적 관련성이 존재하는 경우가 많아서 (아이들에게 끼치는 영향을 고려해) 유사한 표현을 많이 사용하여 상태나 행동에 대한 이해를 돕고 극적인 효과도 높이게 된다. 예를 들면, 2번과 3번 문장의 "Mr Bear was tired, Mrs Bear was tired; Baby Bear was tired. (아저씨 곰은 피곤했고, 아줌마 곰도 피곤했고, 아기 곰도 피곤했어요)", 6번, 10번, 13번, 16번, 21번, 27번 문장의 "Oh NO!(이런!)", "I can't stand THIS. (저 소리를 견딜 수 없어)", 6번, 11번, 14번, 17번, 22번, 28번의 "So he got up and went to sleep in Baby Bear's room(the living room, the kitchen, the garden, the car). (그래서 아저씨 곰은 일어나서 잠을 자기 위해 아기 곰의 방(거실, 부엌, 정원, 차)(으)로 갔어요."와 "So he got up and went back into the house.(그래서 아저씨 곰은 일어나서 집으로 다시 들어갔어요.)" 등이다.

테마의 역동성

28번, 29번 문장처럼 새롭게 만들어진 순서를 위해 테마-레마 구조에서 테마 자리에 배치되었던 테마적 요소가 이동했다. 그리고 모든 절에서 의성어를 사용해 중요한 레마적 요소를 앞 쪽에 배치한다. 예를 들면 동적인 효과를 목적으로 9번, 12번, 15번 등의 문장이 예시가 될 수 있다.

담화관계

저자의 시간적·지리적·사회적 기원

무표적, 현대, 표준 중산 계급의 영국식 영어

저자의 개인적인(정서적이고 지적인) 입장

저자는 저자가 만들어 낸 캐릭터를 유머, 공감, 관계에 대해 따뜻한 시선으로 바라보고 있지만 감상적으로 치우치지는 않는다. 이야기 속 캐릭터들은 각자 그들의 품위를 유지하며 어린아이 취급을 받지 않는다.

어휘적 수단
각 캐릭터들은 칭호(Mr, Mrs)가 포함된 이름을 사용하고 있다. 이를 통해 중립적이고 거리를 두는 기술 방식이 가능하며 캐릭터들이 테디 베어인 점을 감안한다면 유머러스한 분위기를 연출할 수도 있다.

구문적 수단
유머러스한 효과를 위해 구문의 단조로운 반복이 일어나고 있다. 예를 들면, 34번, 35번 문장의 "Did you sleep well?(잘 잤어요?)"이나 "Not VERY well(그다지 잘 자지 못했어요)" 등이 있다.

사회적 역할 관계

(a) 저자-독자: 두 가지 종류의 수신인, 즉 어른(부모 및 다른 양육자)과 아이들 사이에서 대칭적이고 친밀한 관계가 나타난다. '폄하하는 내용'도 없고 교육 및 교육학적 동기에 대한 근거도 없으며 이데올로기적으로 숨겨진 의도의 가르침도 없다.

(b) 저자-이야기 속 캐릭터: 칭호 및 일반 용어(Mrs Bear)를 사용함으로써 캐릭터들의 특성에 대한 존중, 연민, 공감

(c) 캐릭터들끼리의 관계: 관용, 연민, 반어, 좋은 기분

어휘적 수단

유머러스한 효과를 위해 텍스트 내에 칭호와 이름을 함께 사용하였다 (Mr Bear, Mrs Bear). 34번과 35번 문장에서는 친밀감을 나타내기 위해 "dear"이라는 호칭을 사용했다.

구문적 수단

18번 문장에서 독자에 대해 직접 호칭을 사용함으로써 독자의 개입 및 독자와의 친밀감이 생겨났다.

텍스트적 수단

(a) 34번과 35번 문장: 의례적인 표현인 'How-are-you?'와 거기에 대한 대답으로 나온 'Not very well', 그 뒤에 나온 표현인 'Never mind'를 통해 앞서 나온 아빠곰의 고통과는 너무나 대조적인 상황을 그리면서 유머 효과를 만들었다.

(b) 37번 문장: 짧게 자른 마지막 문장을 통해 앞으로 전개될 행동을 확정했다. 또한 편안하고 친근하며 안심하는 분위기 속에서 관계를 종료하고 '확정'했다.

사회적 태도

일상적 문체 수준: 가족 간에 일어날 수 있는 대화의 유형을 특징지을 수 있는 일상대화에서 쓰이는 친밀한 문체를 사용했다.

구문적 수단

간단한 구문의 절을 사용했고 종속절보다는 등위절, 간단한 명사구를 사용했다. 전치 수식(pre-modification) 및 후치 수식(post-modification)

이 부족하다.

어휘적 수단

친숙한 분위기를 만들어 내는 설정 속에서 일상적으로 사용하는 어휘 항목을 사용하고 있다. 예를 들면, DRIP, MIAAOW 등의 의성어를 사용하고 그 뒤에 'go'의 과거형인 'went'를 사용한다거나, 일상적으로 사용하는 접속사 'So'를 사용했다.

담화매체

매체: 복잡

문어체 느낌이 나지 않도록 연설용으로 쓰여진 문어체로 어린 독자를 위해 해당 텍스트를 크게 낭독하는 사람이 바로 그 자리에서 해당 이야기를 창작해 냈다는 환상을 불러일으킨다. 즉, 실제로 사용하는 자생적인 구어체가 사용되었다. Biber가 제시한 세 가지 관점, 즉 관여 대 정보적, 명시적 대 상황 의존적, 추상적 대 비추상적인 차원을 기반으로 해당 텍스트는 참여적이고 상황 의존적이며 비추상적인 특성에 가깝다.

구문적 수단

'and'로 연결되는 짧은 등위절이 빈번하게 등장한다. 그리고 구어체에서 많이 등장하는 접속사 'so'가 사용되었다.

음운론적 수단

구어에서 자주 등장하는 강조 구문이 존재하고, 대문자 사용을 통해 글로써 유표화된다. (예: 'BRRRRR went the alarm clock')

텍스트적 수단

어린 독자들/청취자들이 쉽게 이해할 수 있도록 텍스트 전반에 걸쳐 중복되는 표현이 여러 번 반복적으로 사용된다.

참여

복잡: 이야기(소설) 속에 나오는 대화 부분의 독백

어휘적 수단

18번 문장에서 'well'의 사용은 대화 속에서 등장하는 응답의 시작 부분에서 흔히 사용되는 방법이다.

구문론적 수단

18번 문장과 같이 미사어구나 수신인 지향적인 발화가 보인다.

텍스트적 수단

청취자 및 독자가 이야기에 더욱 더 관여할 수 있도록 고안된 직접화법이 많이 사용되었다. 이러한 직접화법에는 아저씨 곰(Mr Bear)과의 상호작용을 제시하는 방법으로 소음을 (고의적으로?) 유발하는 것으로 묘사되고 있는 수도꼭지나 거실 시계 등 동물 및 사물에 대한 의도적인 '생물화(animation)'가 포함되어 있다.

장르

어린 아이들을 위한 그림책은 어른이 크게 읽어줄 수 있도록, 가끔은 잠자리에 들기 전 읽어 주는 이야기로 만들어졌다. 그림책의 이러한 '의사소통 목적(communicative purpose)'은 아이들을 즐겁게 해 주고, 위안을 주며 안심시키고 '기분 좋게' 만드는 것이다. 즉, 아이들을 교육하는 것이다. 아동용 도서에 종종 유머를 사용해서 어린 아이들을 그들의 가족, 나아가서는 세상으로 자연스럽게 사회화시키는 것이 영국의 전통적인 경향이다. 책에 나오는 텍스트는 그림의 도움을 받는다. 필자는 그림들이 단어 자체의 뜻을 명확하게 만들어 주는 그 어떤 요소도 가지고 있지 않기 때문에 그림 부분은 본서에서 생략하였다. 사실상 영어 원문과 독일어 번역본에 등장하는 그림은 동일하다.

기능 진술서

관념적 기능 요소와 대인관계적 기능 요소로 구성되어 있는 원문 텍스트의 기능은 다음과 같이 요약될 수 있다. 텍스트가 독자들에게 텍스트 내에 등장하는 주인공이 관여하는 행위나 사건에 대해 독자들에게 알려준다는 점을 감안해 보았을 때, 관념적 기능 요소가 어떠한 차원에서도 유표화되어 있지 않다 하더라도 내포적으로는 존재한다. 즉, 텍스트가 이야기를 하고 있는 것이다. 하지만 관념적 기능 요소는 대인관계적 기능 요소보다 확실히 덜 중요하다. 왜냐하면 대인관계적 기능 요소는 텍스트 분석을 위해 사용되는 모든 차원에서 유표화되어 있기 때문이다.

특정 장르(Genre)인 아동을 위한 그림책의 경우 대인관계적 기능이 가장 주를 이루고 있다. 그림책의 대인관계적 기능의 목적은 안도감, 편안함, 소속감, 아이들 주변의 세계가 어떻게 돌아가는지에 대한 더 높은 이해 등을 제공하는 것이다.

담화장(Field) 차원에서도 대인관계적 요소가 강하게 유표화되어 있다. 가족과의 일상생활 속에서 흔히 일어나는 에피소드에 대한 설명이 가볍고 따뜻하며 참을성 있고 유머러스한 문제로 제시되어 이 이야기를 재미있고 흥미로우며 쉽게 이해할 수 있도록 만든다. 담화관계(Tenor) 차원에서는 저자의 개인적 입장뿐만 아니라 텍스트에 등장하는 특정한 사회적 역할 관계 및 사회적 태도가 대인관계적 기능 요소가 강하게 유표화되어 있다. 저자와 독자 그리고 (허구의) 캐릭터들 간의 관계가 재미있는 유머를 통해 표현되고 있다. 일상적인 문체 수준 역시 텍스트에 등장하는 친숙하고 유머러스한 인간성을 강조함으로써 명확하게 대인관계적 기능 요소에 반영되고 있다. 담화매체(Mode) 차원에서도 **문어체 느낌이 나지 않도록 연설용으로 작성된** 매체(참여적이고 상황 의존적이며 비추상적으로 유표화되어 있음)와 시뮬레이션된 연설(독백과 대화)은 자발적인 신속성(immediacy)과 직접성의 정서적인 효과 때문에 대인관계적 기능을 확실히 강화시킨다.

ST와 TT 비교 및 기능 진술서

일반

원문과 달리 번역문은 평화로운 가족을 다룬 전원 문학은 아니다. 번역문의 제목인 '*Keine Ruh für Vater Bär*(아빠곰에게는 휴식이 없다)'에서부터 다소 다른 이야기인 것 같은 느낌이 든다. 다시 말해 원문의 긍정적이고 따뜻한 분위기가 번역문에서는 부정적인 분위기로 바뀌었다. 독일어의 표현인 '*Schadenfreude*', 즉 다른 사람의 불행을 즐긴다는 의미처럼 다소 반어적이고 '웃긴' 분위기가 되어 버린 것이다. 번역문에서 사람들은 1968년 이후 독일의 아동 도서에서 발견되는 모티프(motif)를 인식할 수 있다 (House 2004 참조). 바로 교육적으로 가치 있다고 인식되는 (혹은 될 수 있는) 목표에 도달하기 위해 의도적으로 노력한다는 점이다. 다시 말해 아이들이 '해방감'을 느낄 수 있도록, 즉 부모님들에 맞서도록 독려하고 있다. 이러한 이념적인 태도를 표현하기 위해 무리하게 반어적이고 '웃긴' 줄거리를 만들어서 교훈적인 목적이 잘 보이지 않게 되었다. 원문에서 나타나는 무해하고 평화로운 이야기가 번역문에서는 경미한 사건으로 바뀌었다. 자세한 사항들은 아래에 나오는 담화장, 담화관계, 담화매체, 장르마다 나타나는 불일치 사항들을 통해 입증될 것이다.

담화장

텍스트 불일치

결속구조의 손실: 의성어 어휘 항목이 일관적으로 번역되지 않았다. 독일어 문장 28번과 29번에 있는 '*und die Sonne schien immer heller* (그리고 태양은 점점 더 밝아졌어요)'와 영어 문장 26번의 'SHINE, SHINE... went the sun'을 비교해 보면 아마도 태양 자체가 소리를 내는 물체가 아니므로 이 이야기 속에 등장하는 소음 유발 물체들과 같은 맥락에서 표현되면 안 되기 때문에 원문을 '바로 잡으려는' 노력의 일환으로 보인다. 이러한 불일치로 인해 태양에 대해 발현된 상상력이 생략되면서 유머러스한 분위기가 사라졌다.

그리고 원문에서는 텍스트 전반적으로 접속사 'so'가 계속해서 사용되고 있지만 번역문에서는 그렇지 못하다. 번역문에서는 7번, 11번, 15번, 18번 문장의 시작 부분에서 '*Dort wollte er schlafen* (아빠곰은 그 곳에서 자려고 했어요)' 구문이 반복되는 것 빼고는 다른 구조의 문장들이 사용되었다. 불일치의 예로는 영어 22번 문장인 'So he went off to sleep (아저씨 곰은 자러 갔어요)'은 독일어 23번 문장인 '*Er stand auf und ging* (아빠곰은 일어나서 ~로 갔어요)'로, 영어 28번 문장인 'So he got up and went back into the house (그래서 아저씨 곰은 일어나 다시 집으로 들어 갔어요)'는 독일어 30번 문장인 '*Er stieg aus und ging ins Haus zurück* (아빠곰은 일어나서 집 안으로 돌아갔어요)'로 번역되었다.

구문 불일치

영어 원문에서 사용하고 있는 의성법은 '일반적인' 단어를 기반으로 하고 있다. 즉, 의성어가 어휘화된 동사인 'snore', 'drip', 'snuffle' 등이 사용되었다. 하지만 독일어에서는 이 의성법에 대한 '대응어'로 만화에서 등장하는 감탄사인 'sch-sch-sch', 'schnüff-schnüff' 등이 사용되기도 한다.

담화관계

저자의 개인적이고 (정서적이고 지적인) 입장

유머가 손실되고, 이야기 속 캐릭터를 감정적이고 어린아이 같은 인물로 바꾸어 놓았다.

어휘 불일치

Mr Bear, Mrs Bear, Baby Bear라는 캐릭터를 감정적이고 어린아이 같은 독일어 대응어인 Vater Bär(아빠곰), Mutter Bär(엄마곰), Baby Bär(아기곰)로 번역했다. 이러한 변화로 인해 'Mr', 'Mrs'라는 호칭과 실제 아이들의 장난감인 테디베어 이야기라는 사실 사이에서 오는 대립을 통해 얻을 수 있는 유머러스한 느낌이 사라졌다.

구문 불일치

독일어 절이 영어 절에 비해 훨씬 단순해졌다. 즉, 영어에서는 하나의 등위절이던 문장이 독일어에서는 그보다 짧은 두 개의 문장으로 번역되었다. 예를 들어 영어의 6번, 7번 문장인 'So he got up and went to sleep in Baby Bear's room'은 'Er stand auf und ging ins Kinderzimmer (아빠곰은 일어나서 아기 곰의 방으로 갔어요)'와 'Dort wollte er schlafen(아빠곰은 그 곳에서 자려고 했어요)'로 번역되었다.

사회적 역할 관계
저자와 독자, 저자와 주인공, 주인공 간의 역할 관계

위에서 언급한 세 가지 역할 관계는 주인공 간의 관계가 저자의 독자에 대한 평가와 저자가 주인공을 바라보는 견해를 반영한 결과이기 때문에 상호의존적일 수밖에 없다. 이 관계들은 독일어 번역물에서는 아주 급진적으로 변화되었으며, 아래에 나오는 불일치들을 통해 알아볼 수 있다.

텍스트 불일치

독일어 번역문에서는 원문의 긍정적인 분위기가 부정적인 분위기로 변했다. 우선 원문의 제목인 'Peace at Last(이제 잠 좀 자볼까?)'가 'Keine Ruh für Vater Bär(아빠곰에게는 평화가 없다)'로 바뀌면서 원문의 제목과는 정반대의 느낌이 되어 버렸다. 그리고 (영어 제목에서 나타나는 희망적인 조짐에 비해) 독일어 제목에서 나타나는 불길한 예언은 이야기가 끝날 때까지 부정적인 줄거리가 계속 전개될 것 같은 느낌을 준다. 이는 원문의 '평화로운' 분위기와 정반대다. 원문의 34번~37번 문장과 독일어의 35번~40번 문장을 비교해 보자. 'Und die Post! (그리고 여기 우편물이요!)'로 시작하는 전체 장면이 추가되었다. 이는 번역사가 (아마도 책의 마지막 페이지에 나와 있는 그림(공식적으로 보이는 봉투가 발견되는 장면)을 바탕으로) 추가한 것으로 보인다.

그리고 원문 이야기의 마지막 장면에서는 엄마곰이 친절하고 따뜻하고 다정하며('Never mind...a nice cup of tea'), 제일 끝에 나오는 문구인

'And she did'를 통해 편안함을 제공하는 수단으로 차를 내 올 것임을 암시하고 있지만 독일어 번역문에서는 '*Warte, ich bring dir das Frühstück ans Bett*(기다려요. 내가 침대로 아침을 가져다줄게요)'라는 문장을 통해 이 행위가 엄마곰 일상의 한 부분임을 암시하고 있다.

어휘 불일치

제목과 엔딩 장면을 통해 틀이 잡혀진 독일어 텍스트의 본문은 부정화(negativization)와 문제화(problematization)의 패턴을 포함하고 있다. 이러한 부정적이고 문제화시키는 번역 전략은 아빠곰과 아기 곰 간의 관계뿐 아니라 아빠곰과 엄마곰 사이의 관계에도 적용된다. 따라서 번역사의 버전이 이야기 속에서 권위적인 역할 관계로 함축적으로 드러나고 있다. 제일 첫 문장인 'The hour was late(밤이었어요)'는 '*Es war Schlafenszeit*(잘 시간이었어요)'로 번역되면서 부모 곰들과 아기 곰 사이의 역할 관계가 달라졌다. 이 구절에서는 '시간이 늦었고 밤이 되었기 때문에 아이들은 잠자리에 들어야 한다'라는 부모님의 훈육적인 측면이 함축되어 있는 반면 영어 원문에서는 중립적인 표현을 유지하고 있다. 앞서도 언급했듯이 '중립적으로 표현된' 아저씨 곰(Mr Bear)과 아줌마 곰(Mrs Bear)이 '*Vater Bär*(아빠곰)'과 '*Mutter Bär*(엄마곰)'이 되면서 부모라는 역할이 정해져 버렸다. 이와 유사하게 'Baby Bear's room(아기 곰의 방)'은 '*das Kinderzimmer*(아이의 방)'라는 일반적인 용어로 번역되었다. 즉, 이 방은 이제 한 개인의 방이 아니라 아이라는 역할을 맡은 누군가의 방이 된 것이다. 아이와 부모 간 역할 관계가 고정되고 규범적으로 유표화되었다.

게다가 독일어 표현으로 '*mein Lieber*'와 '*meine Liebe*'라는 표현은 영어 원문에서 묘사되고 있는 행복한 가정의 전원적인 생활에서 나오는 조화로움을 망치고 있다. 'my dear'과 '*mein(e) Liebe(r)*'가 형식적 등가를 이루고는 있지만 화용론적으로는 등가가 아니기 때문이다. '*Mein Lieber*'가 반어적이고 (유머러스하지 않은) 함축적인 의미를 내포하고 있다.

36번 구문: 무심하고 무시하는 듯한 느낌의 문구인 '*Macht nichts*(상관없어요)'도 'never mind(신경 쓰지 마세요)'와 명확하게 대응관계를 이루는 것은 아니다. 사실상 '*macht nichts*'는 좀 더 직접적이면서 무관심하고 덜 공손하다. '*macht nichts*'와 '*Warte*(기다려요)'라는 문구를 통해 특히 엄마곰이 진지하지 않고 무관심한 태도를 보이는 것처럼 번역되었다. 즉, 영어 원문에서 사용된 'never mind'는 상대방(당신이 신경 쓰지 않게 하다)에 초점을 둠으로써 편안한 느낌을 제공한다면 독일어의 '*macht nichts*'는 자기 자신(이 일은 나에게 아무 것도 아니다)에 초점을 두고 있다. 이는 관점의 측면에서뿐 아니라 발화수반력의 차원에서도 큰 차이라고 볼 수 있다.

8번 구문: 독일어 표현이 어른의 세계와 (물건을 가지고 노는) 아이의 세계 사이의 경계를 내포하고 있기 때문에 '*(Baby Bär) lag im Bett und spielte Flugzeug*(아기 곰은 침대에 누워 비행기 놀이를 했어요)'는 '(Baby Bear) was lying in bed pretending to be an aeroplane(아기 곰은 침대에 누워서 비행기 흉내를 내고 있었어요)'와 다르다. 영어 원문에서는 아기 곰이 좀 더 진지하게 표현하고 있기 때문에 좀 더 동등한 지위의 존재로 취급한다. 하지만 독일어 번역문에서는 아기 곰을 감정적이고 어린아이 같은 인물로 다루고 있다. 이와 유사하게 (24)번에 나온 'He was just falling asleep(아저씨 곰이 막 잠이 들었다)'은 독일에서 아이들과의 대화에서 전형적으로 사용되는 은유적 표현인 (25)번 구문의 '*Die Augen fielen ihm zu*(아빠곰은 눈을 감았어요)'로 번역되었다.

독일어 번역문에서는 평화가 없는 상황을 받아들이는 구성단위로 '중산층' 가족이 제시되었다. 아저씨 곰의 경우, 영어의 30번, 31번 구문의 'got into bed and closed his eyes(침대로 들어가 눈을 감았어요)'인 부분이 독일어의 32번, 33번 구문에서는 '*schlüpfte unter die Decke und seufzte tief*(이불 안으로 미끄러져 들어가 한숨을 쉬었다)'로 번역되었다. 또한 영어의 35번 구문에서 아저씨 곰은 하품을 하고 있지만 독일어 번역문의 아빠곰은 이에 만족하지 않고 '*brummte Vater Bär*(아빠곰이 투덜댔어요)'에서 알 수 있듯이 투덜거려야 했다. 독일어의 가장 마지막 구문에서는 합성어인 '*Parksünder*(주차위반자)'와 그 뒤에 따라 나오는 '*Parksünder Daddy*(주차위반자 아빠~)'로 인해 독일어의 표현인 '*Schadenfreude*', 즉 다른 사람의 불행을 즐기는 듯한 분위기와 아이가 아빠보다 한 수 앞서 있음으로써 재미를 선사하고 있다.

담화매체

참여

한 가지 예를 살펴보면(원문에서는 18번 문장, 번역문에서는 19번 문장) 원문에서는 수사의문문을 통해 직접적으로 참가자들을 관여시키고자 하려는 시도가 번역문에서는 이루어지지 않고 있다. 대신 독일어 번역문에서는 비형식적이면서 지역적인 단어인 '*tja*(글쎄)'로 시작하면서 비인칭이면서 다소 아무런 감정이 실리지 않은 느낌의 구문이 되었다.

장르

번역문 역시 어린 아이들이 읽을 아동 그림책이라는 점을 고려한다면 텍스트 간 장르 변화는 없다. 하지만 '구조화(framing)' 정도는 매우 다르다. 제목과 마지막 구문 때문에 원문과는 아주 다른 톤이 되어 버렸다. 즐겁고 재미있고 기쁜 분위기가 나는 유머러스하고 순수했던 원문이 억지로 만들어진 위트로 가득 차 있는, 관념적이고 교육적인 내용이 들어 있는 책으로 바뀌었다. 또한 번역문에서는 어휘적·텍스트적 수단을 통해 이야기 속에 등장하는 주인공들이 어린아이 취급을 받고 있다.

독일어-영어, 영어-독일어의 아동 도서 코퍼스의 크기(n=52)를 확대해서 분석해 본 결과 이 두 가지 언어권과 문화권에서 해당 장르에 속하는 텍스트 간 차이점에서 유형을 확인할 수 있었다(House 2004). 독일어로 작성되어 있는 아동용 도서에서는 위에서 강조했던 것처럼 아이들과 어른들 사이의 역할 관계 유형을 묘사하고 있다. 즉, 좀 더 감상적이고 좀 더 어린아이 취급을 하며 덜 (그리고 다른 느낌으로) 유머를 추구하고 좀 더 명시적이며 교육적 생각 및 이데올로기를 고양시키려는 목적을 가지고 있다.

기능 진술서

원문과 번역문의 분석을 통해 담화장, 담화매체 특히 담화관계에서 불일치가 발견되었다. 이에 따라 원문 기능의 대인관계적 기능 요소가 상당히 변화하였다. 담화장 차원에서는 여러 경우에서 결속구조가 손실되면서 잘 구성되어 있는 텍스트에서만 느낄 수 있는 미학적이고 정서적인 즐거움을 손상시켰다.

담화관계 차원에서도 구문적 단순화와 주인공의 이름 및 호칭의 변화를 통해 어린아이 취급하는 듯하고 감성적인 어조가 번역문에 더해지면서 원문의 은은하고 따뜻한 유머가 없어졌다. 하지만 원문과 번역문에서 나타나는 사회적 역할 관계의 변화가 가장 두드러진다. 원문에서의 긍정적이고 안심시켜 주는 듯한 분위기가 번역문에서는 부정적인 것으로 변했다.

'Schadenfreude(남의 불행에 대해 갖는 쾌감)'이 안락하고 우호적인 감정을 대체했다. 아이들은 일반적으로 어른과는 다른 존재고 함축적으로는 좀 더 권위주의적인 관계가 형성되어야 하는 대상으로 묘사되고 때문에 이 이야기에 등장하는 모든 캐릭터 간 역할 관계에서 일반적으로 '부정화'와 '문제화'가 내포되어 있다. 이는 '평화로움이 느껴질 수 없는' '재미있는' 상황이 될 수는 있지만 번역문을 원문과 대조해 본다면 정반대의 상황이 되어 버린다.

독일어와 영어로 작성된 아동도서로 구성된 크기가 큰 코퍼스를 분석한다는 측면에서 봤을 때 상기 결과를 해석해 본다면 두 언어로 된 아동도서 사이에서는 장르를 실현하는 과정에서 문화적 요소들에 의해 달라지고 이데올로기에 의해 특징지어진 차이를 반영한다. 이러한 차이점들은 독일어 번역문에 존재하는 다른 구조화 속에서 아주 명백하게 드러난다. 예를 들어, 독일어 번역문의 제목과 마지막 대목을 통해 독자/청자들은 원문에서 제시하는 길과는 다른 길을 따라가게 된다.

또한 이러한 차이는 이문화 연구를 통해 설정된 의사소통 선호도와 규범의 차이점이 반영되는 것처럼 해석될 수도 있다(House 2006b와 8장 참조). 하지만 문화에 따라 달라지는 차이점을 완전히 이해하기 위해서는 더 많은 데이터와 함께 두 문화권에 존재하는 지적·예술적·경제적·법적·사회정치학적 요인과 해당 요인들이 텍스트의 생산과 수용에 어떤 영향을 끼치는지에 대한 전반적인 비교 분석이 필요하다. 이와 같은 광범위한 민족지학적 접근과 상세한 언어 분석이 함께 진행된다면 예상했던 것만큼 이상적이지 않을 수는 있지만 맥락과 텍스트를 연관 짓고 텍스트와 맥락을 연관 지을 수 있는 가장 촉망받고 유익한 방법이다.

위에서 분석했던 독일어 번역문은 내재적 번역이며, 이를 위해 문화적 필터가 적용되었다. 하지만 어떤 사람들은 왜 번역사 혹은 출판사에서 외현적 번역을 선택하지 않았는지 궁금해 할 수 있다. 아동 도서의 번역사들은 그들이 적절하다고 생각하는 경우마다 변화를 만들어 냄으로써 아이들이 원문의 표현에 다가가지 못하도록 내재적 번역문을 생산할 것을 허가 받은 것처럼 보이는 현실은 슬프다. 아이들은 가끔 창의력이나 학습 능력을 완전히 과소평가 받는다. 그리고 아이들의 천성적인 호기심과 낯설고 외래적이며 다른 세상과 규범에 노출되고자 하는 욕구는 무시당하기도 한다. 원문을 수용 문화의 지배적인 장르에 적응시키려는 경향에 대한 원인은 아마도 현재의 편파적이고 어떤 경우에는 독단적이기도 한 수용 지향적인 분위기 때문일 수 있다. 필자는 견고한 텍스트 겸 맥락 기반 언어학 분석으로 이 분위기에 대응해야 된다고 본다.

8

대조 화용론, 문화 간 의사소통 및 이해
번역품질평가 시 문화적 필터링을 위한 서로 간의 관련성

대조 화용론

　오리지널 모델에서 제기되었던 가장 흥미로운 '미결 문제' 중 하나는 번역 과정에서 의사소통 선호도(communicative preferences), 사고방식, 가치 등이 다른 것을 고려해야 하는 **내재적** 번역에서 문화적 필터가 어떤 특성을 가지고 있느냐 하는 것이었다. 오리지널 모델에서는 테스트 사례들 중 일부에서 문화적 필터가 '적절하게' 적용되지 않았다고 가설을 세웠다. 이러한 가설, 즉 번역이 이루어지는 두 개의 언어 문화권(이 책에서는 영어와 독어)에서 사회·문화적으로 결정되는 의사소통 선호도에 있어 유사점 및 차이점에 대한 실증적 연구를 통해 문화적 필터의 개념에 본질을 부여하게 됨으로써 결과적으로 **내재적** 번역 시 문화적 필터를 적용할지 여부에 대한 타당성(legitimacy)을 판단하는 좀 더 견고한 근거를 제시하게 된다는 가정에 대한 좀 더 면밀한 연구가 필요했다. 8장에서는 필자가 과거에 시행했던 대조 화용론 분석에 대해 우선 살펴본 후 문화 간 의사소통 및 이해에 대한 관련 문헌들을 한 번 살펴볼 것이다.

대조 화용론 분석 예시: 독일어-영어

7~80년대에 필자는 독일어와 영어 원어민의 담화를 비교하는 대조 화용론 분석을 수차례 시행했었다. 분석 대상은 독일 및 영국 대학의 학생들이었다(House 1996; Blum-Kulka *et al.* 1989 비교). 데이터 수집 방법은 본인이 주도하는 개방형 2인 역할극으로, 극이 끝난 후 가끔 회상 인터뷰와 담화 완성 테스트 및 메타 화용 평가 테스트가 함께 시행되기도 했다. 또한 영어와 독일어 원어민 간 상호작용에서 자연적 방법으로 데이터(naturalistic data)를 수집하기도 했다. 다음 섹션에서는 분석한 담화 현상을 간단하게 설명하고 분석 결과를 요약해서 번역품질평가 모델에서 (영어와 독어 간) 문화적 필터에 대한 관련성을 알아보고자 한다. Edmondson(1981)이 제시한 담화 분석 모델, Edmondson and House(1981)가 제시한 상호작용 문법(interactional grammar)과 '문화 간 화행 실현 프로젝트(Cross-Cultural Speech Act Realization Project, CCSARP)'에서 발전된 분석 범주를 기반으로 분석이 진행되었다. 앞으로 구체적으로 설명하게 될 두 가지 프로젝트를 기본 틀로 해서 데이터를 유도했다. 첫 번째 프로젝트는 영어를 배우는 독일인의 의사소통 능력 습득을 다루고 있다(Edmondson *et al.* 1984 비교). 이 프로젝트는 독일어 원어민, 영어 원어민, 영어를 배우는 독일인이 진행하는 개방된 역할극에서 만들어지는 대화체의 담화를 수반하고 있다. 담화 유형은 복잡한 상호작용으로 구성된 매일매일의 상황에서 두 사람이 얼굴을 마주보고 주고받는 대화다. 역할극은 여러 가지 추상적 상호작용 기반을 바탕으로 하며, 두 명의 참가자 간 역할 관계는 '+/- 권위'와 '+/- 친근함'이라는 두 개의 변수에 따라 여러 사회적 집단에서 다양한 화행을 생성하는 주체로 설정된다. 이러한 틀 하에서 필자는 독일어와 영어 원어민이 생산해내는 데이터를 이용해 다양한 대조적 담화 분석을 실시했다. 이러한 대조 화용 분석의 주된 목적은 영어와 독일

어 사용자들이 말을 할 때 화용적 차이가 존재하는지 여부를 알아보는 것이다.

아래에 나오는 영역에서 비교가 이루어졌다.

담화 구문

담화 구문, 즉 말을 시작하고 끝내는 문구들은 여러 가지 구조적 요소, 배열(sequencing), 해당 구문에서의 상호작용적 기능, 언어적 실현(linguistic realizations) 측면에서 분석되었다(House(1996)에 요약).

담화 전략

담화 전략에 대한 분석(House(1996)에 요약), 즉 예측이나 예방을 위해 사용되는 보조 수단(예를 들어 시간이 있냐는 질문으로 '오늘 밤에 한가해요? (Are you free tonight?)', 미리 도움을 받을 수 있냐는 의도로 '부탁 하나 해도 될까요? (Can you do me a favour?)', 대화 상대편의 마음을 누그러뜨리기 위해 '불필요한 설명으로 당신을 지루하게 만들고 싶지 않아요 (I don't want to bore you with unnecessary details.)', 어떤 주제를 장황하게 나열해서 상대방을 혼란스럽게 만들기 등)의 경우 영어와 독일어 담화에서 차이점을 보였다.

언어 책략

현재 진행되고 있는 담화를 다양한 방법으로 더욱 '윤기나게' 해 주고 말을 할 때 시간을 버는 방법으로도 사용되는 'well', 'you know', 'you see', 부가의문문 등의 담화 요소, 즉 언어 책략에 대한 분석(House(1996) 비교) 역시 영어와 독일어 담화 간 차이가 나타났다.

화행

체면을 손상시킬 가능성이 있는 화행 특히, 요청이나 불만 표시의 경우(House(1996), House and Kasper(1981) 비교)에 대한 분석은 필자의 연구에 있어 가장 중요한 부분 중 하나다. 화행 시 직접성(directness)과 공손성(politeness) 등의 현상을 분석했고 '직접성 여러 가지 단계' 예를 들어, 요청하는 경우 가장 직접적인 단계인 노골적인 명령형에서부터 화자가 본론을 회피하는 가장 간접적인 '힌트'에 이르기까지를 제시했다.

두 번째 프로젝트로써 좀 더 광범위하고 세계적으로 시행된 '문화 간 화행 실현 프로젝트(Blum-Kulka et al. (1989))는 7개의 언어 및 언어 변이 사이에 일어나는 문화 간 화용론적 대조를 수반한다. 이 프로젝트에서 필자는 여러 차례 독일어-영어 대조 화용 분석을 시행했다(House(1989), Blum-Kulka and House(1989)). 데이터는 일상생활 속 16개의 대화 상황 중 각 상황마다 특정한 화행이 일어나는 부분을 빈칸으로 둔 (서면) 담화 완성 테스트를 사용하는 방법으로 수집되었다. 해당 텍스트는 설문지 형태로 설문 대상자(대학생)들에게 제공되었다. 데이터는 회상 인터뷰, 메타 화용적 평가 테스트(테스트에서 응답자들은 주어진 상황 내의 특정한 발화에 대한 적절성이나 발화 시 공손성 및 직접성 정도에 대한 질문을 받음), 사회적 역할 관계나 주어진 상황 내에서 유지되는 대화 참가자들의 권리 및 의무, 이렇게 세 가지 측면으로 구성되어 있다.

200명의 독일어 사용자와 100명의 영어 사용자에 대한 분석 결과는 이전 프로젝트 작업에서 기본적으로 확인이 되었다. 간단히 요약하면, 독일어를 사용하는 참가자들은 누군가에게 요청할 때 영어를 사용하는 사람들(대인관계를 중시하고 규칙화된 전략을 선호)보다 좀 더 직접적으로 표현하려는 경향이 있었고 내용 지향적인(content-oriented) 담화 전략으로 본인들의 요청을 포장하는 것을 선호했다. 사과하는 경우, 독일어 사용자들은 자기 자신에 대한 언급을 하는 전략을 선택하는 반면 영어 사용자들은 관습적으로 변화에 대한 염려를 표현하는 쪽을 더 빈번하게 선택한다. 예를 들어, '속상하지 않죠? (You're not upset, are you?)'와 '*Ich wollte Dich nicht kränken*(나는 당신이 아프지 않기를 바랍니다.)'는 직장에서 경솔한 발언을 들은 동료에게 가장 일반적으로 사용하는 영어 및 독일어 사과 표현이다.

독일어를 사용하는 사람들은 주제를 명시적으로 소개하고 요청에 대한 이유를 정당화시키고 그에 대해 설명하는 담화 전략을 영어 사용자보다 더 자주 사용하는 것으로 나타났다. 영어 원어민들은 사과를 할 때 독일어 사용자들보다 좀 더 정형화된 표현을 쓰려는 경향이 있었다. 그래서 이번 프로젝트 내에서 피실험자들에게 주어진 사과 상황에서 영어 원어민들은 'sorry'라는 문구에 담겨 있는 발화수반력을 이용했다. 반면 독일어 사용자들은 놀라울 정도로 다양한 여러 표현들 (*(Oh) Entschuldigung, Entschuldigen Sie bitte, Verzeihung, Tut mir leid, Pardon, Sorry*)뿐 아니라 이 표현들을 여러 개로 조합해서 사용했다.

최근에는 독일어와 영어 사용자들 사이에서 벌어지는 문화 간 오해가 발생하는 현상과 그에 대한 원인을 조사해 보았다(House(2003a)). 실제로 일어나는 대화, 인터뷰, 자기 보고, 현장 기록에서 데이터를 수집하였다. 지금까지 나온 결과는 독일어-영어에서 문화 간 발생하는 오해의 많은 부분이 위에서 강조했던 화용론적 영역에서 나왔음을 보여준다.

문화 간 차이의 다섯 가지 관점: 영어—독일어

서로 다른 응답자, 데이터, 방법론을 기반으로 한 일련의 문화 간 화용론적 분석의 결과를 보면 하나의 패턴이 나온다. 바로 매일매일 일어나는 너무나 다양한 상황 속에서 독일어 사용자들은 더 직접적이고 더 명료하고 더 자기에 대한 언급을 많이 하며 내용 지향적이다. 또한 독일어 사용자들은 영어 사용자들에 비해 형식적인 표현에 얽매이지 않았다. 독일어-영어의 대조 화용론 분석에서 나온 문화 간 차이점에 대한 패턴은 그림 8.1과 같이 다섯 가지 관점에 따라 나눌 수 있다.

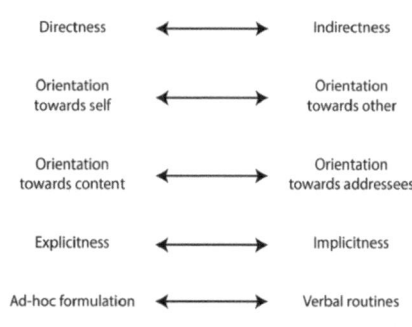

그림 8.1 차원에 따른 문화 간 차이(독일어-영어)

이러한 관점에 따라 독일어 사용자들은 그림에서 왼쪽 편에 위치한 요소들을 선호함을 알 수 있다. 이 시점에서 우리가 절대적인 구분 혹은 경향을 명확하게 구분하는 이분법적 접근법보다는 연속체나 연속선상의 변이를 다루고 있다는 사실을 다시 한 번 강조해야 할 필요가 있다. 이러한 논의의 단계에서 혹자는 상기에서 언급한 관점, 특히 분석 결과로부터 일반화시켜 다섯 가지 차원이라는 가설을 세움으로써 이미 존재하는 선입견과 고정관념을 더 견고하게 만들 수 있지 않느냐고 반문할 수도 있다. 실제로 그러한 위험이 존재한다는 사실을 인정한다. 하지만 위험을 최소화할 수 있는 방법이 적어도 세 가지 존재한다.

1. 좀 더 광범위한 실증적 문화 간 화용론 연구를 실시한다. 이 경우 다양하고 크기가 큰 표본을 수집하고 지금까지 얻은 분석 결과를 조작하기 위

해 설계한다.
2. 데이터를 해석하고 평가하는 과정에 두 문화 모두에 정통한 전문가들을 관여시킨다.
3. 두 문화 간 대조 연구를 다문화 간 대조 연구로 확대시킨다. 이를 통해 이(二)문화에 대한 대조 연구를 상대화할 수 있다.

문화 간 차이점이 의사소통 패턴에 끼치는 영향에 대해서는 체계적인 연구가 필요하며, 의사소통 패턴을 경험적으로 성립된 문화 간 의사소통 차이점들과 연관하기 위한 체계적인 시도도 필요하다. 필자는 문화 간 차이에 대해 정립한 다섯 가지 차원을 바탕으로 일련의 상세한 대조 화용언어론적 분석을 시행해서 영어와 독일어의 상호작용적 규범의 차이점을 제시하고, 이로부터 담화 지향성에 차이가 존재한다는 가설을 세웠다. 이러한 과정을 거쳐 언어 사용이 문화 및 사고방식과 연관되어 있고 담화 현상을 실현할 때 언어적으로 차이가 발생해서 문화적 선호 및 기대 유형에서 개념-인지적, 정서적 차원에서 '더 심오한' 차이를 반영할 수 있다고 암묵적으로는 주장한다. 이러한 유형의 '심오한 차이'는 번역 과정에도 중요한 결과를 낼 수 있다. 왜냐하면 이러한 문화적 차이가 원문에 변경을 가할 때 번역사의 결정에 영향을 끼칠 수 있기 때문이다. 번역사는 관여되어 있는 두 문화에 존재하는 기대 규범 간 문화적 차이를 설명하기 위해 내재적 번역을 할 때 문화적 필터를 의식적이든 무의식적이든 적용할 수 있다.

이제 영어에서 독일어, 독일어에서 영어로 옮기는 내재적 번역에서 발생할 수 있는 문화적 변이의 몇 가지 유형에 대해 살펴보자.

첫 번째 예시는 명료한 의미 전달을 위해 소위 말하는 '무심코 내용을 다 말해 버리는' 독일어 성향에 대한 것이다. 영화 제목의 번역에서 이를 보여 주는 예시를 많이 찾을 수 있으며, 이 책에서 몇 개를 나열하고 영어로 역번역(BT)을 해서 다시 제시했다.

예시 1

① 영어: Where are the Children? (내 아이들은 어디에?)
   독어: *Grenzenloses Leid einer Mutter* (어머니의 무한한 고통)
   역번역: Limitless suffering of a mother (어머니의 무한한 고통)

② 영어: Jack the Bear (잭 더 베어)
   독어: *My Dad-ein ganz unglaublicher* (매우 믿기 어려운 아버지)
   역번역: My, Dad, a totally incredible father (매우 믿기 어려운 아버지)

③ 영어: A Gunfight (건파이트)
   독어: *Duell in Mexico* (멕시코에서의 결투)
   역번역: Duelling in Mexico (멕시코에서의 결투)

④ 영어: Trapped and Deceived (갇히고 속다)
   독어: *Wenn Eltern ihre Tochter verraten* (부모가 딸을 배신한 경우)
   역번역: When parents betray their daughter (부모가 딸을 배신한 경우)

⑤ 영어: Mommie Dearest (존경하는 어머니)
   독어: *Meine liebe Rabenmutter* (나의 까마귀엄마²)
   역번역: My dear cruel mother (나의 잔인한 어머니)

영화 제목에 대한 독일어 번역 전체에서 영화가 표현하고자 하는 주제는 사라졌다. 대신 영화의 제목을 보고 어떤 내용의 영화인지가 명확하게

---

2 아이들을 빈 집에 두고 일하러 가는 어머니를 빗대어 하는 말.

드러난다.

예시 2

다음 예시는 Smith and Klein-Braley(1997: 173)의 연구에서 가져왔다. 영어와 독일어 버전 모두 프랑스어를 출발어 텍스트로 번역했다.

① 영어

(아름다운 여성의 그림)

에어프랑스

아름다운 여성이 여러분의 옆자리에 앉게 될 기회가 거의 없기 때문에 여러분은 좌석 공간이 좀 더 있었으면 하고 후회할 일은 없을 것입니다.

L'Espace Europe

비즈니스 여행객들에게는 팔걸이를 차지하기 위해 끝나지 않을 것 같은 전쟁을 하느라 고군분투하지 않고 업무에만 집중하는 것이 얼마나 어려운 일인지 아실 것이다. 그래서 에어프랑스에서는 *L'Espace Europe* 좌석 간 공간을 재배치했습니다 세 개의 좌석이 있던 공간에 이제는 작은 테이블로 구분되는 두 개의 좌석이 놓여 있습니다. 여러분의 좌석은 훨씬 넓어졌고 더 안락해 졌으며 그나마 약간 존재하는 프라이버시를 유지하기에 좋은 공간이 되었습니다. 이제 에어프랑스의 비행기에 앉게 된다면 우주에 앉아 있는 느낌을 받을 것입니다(테이블이 딸린 좌석 그림).

프라이버시를 보장 받을 권리. 에어프랑스에서는 승객의 권리를 도입했습니다.

② 독일어

에어 프랑스

그녀가 당신 옆에 앉을 기회가 거의 없습니다. 당신의 편의를 위해 우리는 좌석들 간의 거리를 현저하게 늘렸습니다.

L'Espace Europe

업무상 출장을 가는 사람들은 서류를 보거나 신문을 읽거나 조용히 회의를 준비하고 싶어 합니다. 가급적이면 옆에 앉아 있는 남성 혹은 여성과 몸이 닿지 않기를 원합니다. 그 때문에 *L'Espace Europe*는 근본적으로 새롭게 만들었습니다. 좌석들 사이에 위치한 크고 예쁘고 안락하며 무엇보다도 매우 환영받는 식판. 책을 읽고 음식을 먹고 휴식을 취하기에 매우 자유로운 엘보우 룸(식탁에서 팔꿈치를 움직일 수 있을 만한 공간, 자유행동을 할 수 있는 범위)에 딱 알맞은 간격. 그리고 활기찬 대화를 위한 간격. (탁자가 딸려 있는 좌석 그림)

간격에 대한 당신의 권리. 에어프랑스에서 당신은 당연히 항공기 승객이십니다.

③ 역번역

에어프랑스

아름다운 여성이 여러분 옆에 앉게 될 확률은 낮습니다. 안락함을 위해 에어프랑스에서는 좌석 간 거리를 눈에 띄게 넓혔습니다.

L'Espace Europe

비즈니스 여행객들은 서류를 검토하거나 신문을 읽거나 평화롭게 회의를 준비하고 싶어 합니다. 남성이든 여성이든 옆 자리에 앉아 있는 승객과 직접적인 접촉 없이 말입니다. 그래서 에어프랑스는 *L'Espace Europe*을 완전히 개조했습니다. 좀 더 크고 아름답고 안락하며 결국에는 물건을 두기 위해 좌석 사이에 환영의 공간을 만들었습니다. 여러분의 팔꿈치가 독서, 식사, 휴식을 할 때 적절한 간격을 두고 자유로워집니다. 또한 대화를 유도하기도 합니다(탁자가 딸려 있는 좌석 그림).

여러분의 간격에 대한 권리. 에어프랑스로 비행하시면 여러분은 권리를 가진 승객이 됩니다.

Smith and Klein-Braley(1997)는 독일어로 되어 있는 광고가 영어 광고보다 좀 더 세밀한 사양까지 제공한다고 주장했다. 영어 광고 속에 등장하는 승객들은 일반적으로 '업무에 집중하는(concentrate on their work)' 반면 독일어 광고 속에 등장하는 승객들은 서류를 검토하거나 신문을 읽거나 평화롭게 회의를 준비하는(examining files, reading newspapers or preparing for a meeting in peace) 데 좀 더 명백하게 관여한다. 반면 승객들에게 왜 공간이 필요한지에 대한 이유가 영어 광고를 보는 독자들에게 제공되지 않았고, 독일어 광고를 보는 독자들은 해당 공간이 독서, 식사, 휴식(read, eat and relax)을 위해 필요하다는 점을 알 수 있다. 게다가 Smith and Klein-Braley 역시 그들의 관점에서 분석을 진행했으며, 그 결과 영어로 되어 있는 광고에서는 독자를 직접적으로 '여러분(you)'과 '여러분의(your)'라고 반복적으로 언급하면서 잠재 고객으로 인식한 반면 독일어 광고에서는 제목과 슬로건에서만 이러한 대인관계적 호소가 존재한다.

마지막 예시는 루프트한자 비행기의 화장실에 붙어 있는 표지판에서 가져 온 문구다. 출발어는 아마도 상공에서의 표준 언어인 영어인 듯하다.

① 영어
다음 승객을 위해 사용하신 타월로 세면대를 닦아주시기 바랍니다.

② 독일어
다른 승객들에 대한 우호적인 제스처의 일환으로 사용한 타월로 세면대를 닦아주실 것을 요청 드립니다.

③ 역번역
다른 승객들에 대한 우호적인 제스처의 일환으로 여러분이 사용하신 타월로 세면대를 닦아주실 것을 요청 드립니다.

이 예시에서 우리는 직접성-간접성과 명료성-함축성이라는 변수를 볼 수 있다. '*bitten wir Sie*(우리는 당신에게 요청합니다)'에서도 알 수 있듯이 원문에 비해 독일어 번역본에서는 좀 더 직접적으로 고객들에게 요청하고 있다.

이를 종합해 보면 대조 화용론 연구는 번역학 연구에 있어 중요한 한 연구 분야이며 내재적 번역에서 사용된 문화적 필터의 효과와 타당성을 판단하는 데 있어 고려해야 할 부분이다.

문화 간 의사소통 및 문화 간 이해

지난 수십 년 동안 진행된 필자의 연구에서 나온 예시들을 활용해 앞서 설명했던 대조 화용론 연구의 유형과 더불어 번역품질평가에서 중요한 부분은 문화 간 연구 및 이문화 연구 영역의 풍부한 자료들이다. 또한 이 책에서 필자는 문화 간 연구를 통합함으로써 번역품질평가가 어떻게 혜택을 받을 수 있는지에 대해서도 설명할 것이다. 우선, 번역이란 지식, 가치, 신념, 역사, 전통, 사회적·지역적·현지적 특성이 다양하게 존재하는 다른 문화권 내의 사람들 간에 발생하는 문화 간 의사소통이다.

문화 간 의사소통이란 다른 문화권에 사는 사람들 간의 의사소통이라고 간단하게 특징지을 수 있다. 이 사람들은 말하기 등의 행동을 할 때 서로 다른 사회문화적 규칙을 따를 것이고 국가적 차원에서 다양한 계층 예를 들어, 언어적 소수 집단(독일의 터키 혹은 레바논 국민)에서부터 사회 계층이나 나이 성별에 따라 구분되는 계층에 이르기까지 다양하다. 또한 서로 다른 역사적 배경, 전통, 법률 체제, 경험, 태도, 정서 등도 차이가 존재한다.

과거에는 문화 간 의사소통에 대한 많은 연구들이 주로 문화 간 의사소통 실패 사례, 상호작용 시 상대방을 이해하지 못해서 성공적으로 의사소통을 구현하지 못한 사례와 관련된 것이었다. 이러한 현상이 발생하는 원인은 문화권 구성원들의 가치, 신념, 행동 등 '문화 간 차이' 때문이다 (Gumperz(1982); Thomas(1983), Tannen(1986), Scollon and Scollon

(1995); Spencer-Oatey(2000); House et al.(2003) 비교). 위와 같은 문헌들에서 우리는 본질주의자들이 일반화시킨 내용을 찾아볼 수 있다. 즉, 문화는 인종이나 국가, 종교와 관련되어 있기 때문에 문화적 고정관념, 사고방식, 국민성으로 이어질 수 있다는 것이다. 번역을 서로 다른 지식, 가치, 역사, 전통, 법률 체제, 태도, 사회적·지역적 배경 등이 다른 언어 문화권의 사람들 간에 발생하는 문화 간 의사소통 중 가장 중요한 형태라고 간주하는 경우, 우리는 문화 간 의사소통이라는 영역에서 진행된 주요 연구들을 간단하게 살펴볼 필요가 있다. 혹자가 '문화 간 의사소통에 관한 예전 생각'이라고 말하는 사고방식하에서 문화적 고정관념이나 사고방식, '국민성'이 전파되는 것을 종종 볼 수 있다. 신자유주의적 자본주의나 글로벌 비즈니스, 군사 개입('인도주의적 지원'으로 불리기도 함) 등을 확장하기 위해 평화, 진보, 안보라는 이름으로 문화는 단순화되고 도구화된다. 이러한 현상은 언어의 평범화 및 주변화라는 비참한 결과가 따라오기도 하고 사고방식에 있어 극복할 수 없는 차이점이 존재한다는 의미로 행동 예절의 피상적인 차이에 초점을 두는 결과가 따라오기도 한다. 이러한 의식구조의 근원은 식민지화, 무역, 외교, 무력 침략 혹은 소위 말하는 '평화연구(peace research)'에서 찾아보거나 지배를 위한 쉬운 길로 가기 위해 '타자(the other)'를 이해해야 했던 여러 다른 영역에서 찾아볼 수 있다. 이러한 맥락에서 문화 간 의사소통은 신자유주의적 자본주의, 관광, '인도주의적' 무력 개입을 확대하기 위해 진보, 평화, 안보, 원조, '이해'의 이름으로 단순화되고 도구화된다. 이러한 전통에 대한 문헌들은 방대하고 아주 인기 있어서 소위 '지능적 방식(intellectual style)'이나 '문화적 사고 유형(cultural thought pattern)', 즉 사고를 언어로 전환하는 방법에 대해 비교한 사례가 다수 존재한다. 따라서 Kaplan(1966)은 '문화적 사고 유형'이라는 그의 논문에서 유전적 언어 유형을 바탕으로 다섯 가지의 담화 유형이 존재한다고 주장했다. 1) 영어에서는 선형적이고 논리적인 전개가 나타난

다, 2) 셈어에서 글쓰기를 할 때는 처음 등장한 아이디어와 유사한 문장구조로 두 번째 아이디어가 완성된다, 3) 동양 언어권에서는 각기 다른 관점에서 한 가지 주제를 바라보는 순환성(circularity)이 나타난다, 4) 로망스어에서는 주제에서 벗어나거나 '관계없는' 내용을 전개하려는 자격(licence)이 나타나고, 5) 마지막으로는 로망스어 담화와 유사한 러시아어에서는 주제에서 벗어나는 담화를 삽입된 어구로 구성된 확장된 담화와 종속된 요소를 사용해서 장황하게 나열하려는 자유(freedom)가 나타난다. Kaplan이 세운 가설에서 전형적인 독일어 담화 유형과 전형적인 영어 담화 유형 간 차이가 실제로 뚜렷하다는 점을 고려해 보았을 때 독일어는 로망스어와 러시아어 사이 어딘가에 위치하고 있을 것이다. 또한 Kaplan의 가설은 부분적으로는 필자의 독일어-영어 대조 연구도 증명해 주고 있다.

텍스트 생산과 관련된 연구들 중 언어학 지향적인 연구들과는 반대로 작문 시 문화 간 차이점을 살펴보는 좀 더 추측성이 강하고 비실증적인 접근법이 Galtung(1985)의 연구에서 잘 드러나고 있다. 다양한 문화적 배경을 가진 학자들과의 친분을 바탕으로 Galtung은 지능적 방식을 색슨족(Saxonic) 방식, 프랑스 특유의(Gallic) 방식, 일본(Nipponic) 방식, 게르만족(Teutonic) 방식의 네 가지로 분류하면서 각각의 배경에 대해 규정했다. Galtung은 패러다임의 분석, 논문 작성, 이론 형성, 다른 지능적 방식에 대해 논평할 수 있는 능력의 관점에서 이 네 가지 방식과 각각의 장점 및 단점을 연관 짓는다. 예를 들어, 색슨족의 지능적 방식은 가설(혹은 이론)을 만드는 데 매우 강한 반면 게르만족의 지능적 방식은 약하다. 색슨족의 지능적 방식에서는 이론을 세우는 데 취약하지만 게르만족의 지능적 방식에서는 이론을 세우는 데 강하다. 또한 게르만족의 지능적 방식은 패러다임 분석에서는 색슨족의 지능적 방식에 비해 강한 면모를 보인다. Galtung에 따르면 상대방의 약점을 공격하는 것과 관련해서 게르만족의 지능적 방식은 엘리트주의가 강하고 개인주의적이고 독백 지향적이며 양극화되어 있는 반면 색슨족의 지능적 방식은 더 '민주적'이고 양극화되어 있지 않으며 대화와 다른 관점 사이의 조화에 좀 더 목적을 둔다. Clyne는 Galtung의 가설에 대해 '분류법을 통해 독일어로 적혀 있는 학술적 담화에 대한 여러 측면을 고려해 보는 데 도움을 주긴 하지만 '색슨족'의 지능적 방식이 '민주적'이라고 해서 변화나 문화 및 기타 요인에 대한 관용을 꼭 수반하는 것은 아니다'라고 주장했다(1994: 28). 이러한 일반화를 지지할 수 없을 뿐 아니라 일반화를 통해 선입견이 만들어지거나 더 강화될 수도 있다.

가치 지향(value orientation)에 있어 문화적으로 차이가 난다는 입장을 취하는 또 다른 관점으로는 Hofstede(1984, 1991)가 제시한 '업무 관련' 비교 가치에 대해 심리사회적 지향성을 띠는 이문화 연구와 Hall의 특정한 차원에 따른 문화 분류(Hall(1976)과 Hall and Hall(1983) 연구 비교)가 있다. Galtung의 생각과 마찬가지로 이 두 학자의 접근법은 오늘날 아주 많은 비판을 받고 있다.

Hofstede는 40개국에 위치하고 있는 대규모 다국적 기업에서 일하는 10만 명 이상의 직원들을 대상으로 실시한 설문 조사를 바탕으로 문화 가치에 대한 차이점을 분석했고, 삼각검증법을 위해 다른 실증 연구도 함께 진행했다. Hofstede는 각 문화마다 다른 이문화 차원을 개인주의 대 집단주의, 권력 거리, 남성성 대 여성성, 불확실성에 대한 회피성향(uncertainty avoidance)의 네 가지로 제시했다. 모든 국가에 이러한 특정 성향 예를 들면 강한 남성성 등을 부과하는 것은 현재의 관점에서는 선입견을 만들어 내는 것뿐만 아니라 터무니없는 행위처럼 보인다.

인류학의 관점에서 본다면 Edward T. Hall(1976)은 '고맥락과 저맥락', '단일(monochronic) 시간과 복합(polychronic) 시간'에 대한 선호도와 관련된 '숨겨진 차이(hidden differences)'에 따라 문화 그중에서도 특히 사고

방식을 분류하려고 시도했다. 고맥락의 의사소통에서는 대부분의 정보가 물리적인 맥락 속에 들어있거나 화자의 말 속에 내포되어 있고 아주 적은 정보만이 명시적 코드 속에 드러나 있다(1976: 79). 반면 저맥락 의사소통에서는 정보 대부분이 명시적 코드 속에 들어 있다(1976: 79). Hall은 단일 시간 문화와 복합 시간 문화를 구분한다. 단일시간(M-time) 문화권에 사는 사람들은 '한 번에 한 가지 일'만을 하려는 경향이 있어서 스케줄이나 계획된 시간 약속을 잡을 때 매우 신중한 태도를 취하는 반면 복합 시간(P-time) 문화권에 사는 사람들은 한 번에 많은 일을 처리하기 때문에 계획이나 스케줄, 날짜 등을 쉽게 정한다. 다시 한 번 말하지만 이러한 아이디어들은 오늘날에 와서는 다소 진부하다고 느껴진다.

　Hall의 저서에서는 실제 사회 문화적 다양성, 초다양성, 복잡성, 혼종성, 개성은 대부분 간과되고, '문화 간 의사소통에 대한 새로운 사고' 하에서는 이러한 복잡성이 고려되고 문화를 다양하고 동적이며 유동적이고 혼종성을 띠며 구조적이고 새로운 것이라고 간주되며, 전 세계의 국경의 경계가 점점 모호해지고 절충 가능하다고 인식된다. 이 때 '문화'는 다양한 상호작용과 교류를 통해 상호 연관된다(Blommaert(2005, 2010), Piller(2011) 비교). '작은 문화(small culture)(Holliday 1999, 2013)', '실천공동체(Community of Practice)(Wegner 1998)' 등의 개념은 문화 간 의사소통이 변화하고 있는 사회적 관행이라고 오늘날 간주되면서 단일(monolithic) '문화'라는 개념보다 좀 더 유용하다고 여겨지고 있다. '문화'가 각 개개인 및 집단에 끼치는 영향, 그리고 번역에 끼치는 영향이 어떠한지에 대한 질문들은 좀 더 일반적인 내용으로 다듬어져 누가 문화를 그들과 관련되도록 만들었는가? 어떤 목적으로? 어떤 맥락에서? 등의 질문들이 된다. 따라서 문화 간 의사소통은 이전부터 존재해 오던 것들에 기반을 두고 있는 것이 아니라 특정한 맥락 내에서 아무런 규칙 없이 만들어진 현상이라고 간주되고 있다.

이러한 대응법은 문화 간 이해를 평가하는 것을 도와줌으로써 번역을 검정할 때 매우 중요한 전제 조건이 된다. 이전에 시행되었던 문화 간 이해 연구들에서는 실패(failure), '문화 충격(culture shock)', '문명 충돌(clashes of civilization)'이나 오해에 초점을 두었음을 알 수 있다(Agar 1994; Huntingdon 1997; Coupland et al. 1991; House et al. 2003 비교). 최근 문화 간 의사소통에 대한 새로운 사고가 등장하면서 특정한 실천공동체 내에서 어떻게 서로 다른 문화에 대해 이해를 하는지를 검토하는 쪽으로 변화가 일어나고 있음을 알 수 있다(Bührig et al. 2009; House 2012).

오늘날의 많은 학자들은 상호작용하는 문화권에 거주하는 사람들끼리 어떻게 서로 다른 문화에 대해 이해를 하는지 쪽으로 연구를 진행하고 있다(Sarangi 1994; Bührig and ten Thije 2006 비교). 물론 번역에 있어 가장 중요한 개념, 즉 기능적 등가를 설명하기 위한 근거 역시 바로 문화 간 이해다. 기능적 등가란 다른 맥락 내에서 비슷한 기능이 달성된 상태를 말한다. 그래서 문화 간 이해는 언어 문화적 전환(transposition)이 성공적으로 발생했다는 사실을 반영한다.

번역의 기반이 되는 기능적 등가와 (문화 간 의사소통의) 기반인 문화 간 이해 간 관련성은 '확장된 발화 상황'이라는 개념을 고려할 때 강조된다(Ehlich 1984). Ehlich는 '텍스트' 기능의 주요 특징은 '전달(transmission)의 행위자'로서 동일한 시간과 장소에 있지 않는 화자와 청자를 연결시켜 주는 것이라고 주장한다. 연설을 하고 그 연설을 수용하는 상황에 차이가 발생해도 청자가 화자의 언어적 행위를 받아들이는 것을 가능하게 해 주는 '메신저'로서의 역할을 텍스트가 하는 것이다. 텍스트의 이러한 전달 기능을 통해 원래의 연설 상황은 '확장'된다. 연사는 본인의 메시지가 전달될 것을 알고 있기 때문에 자신의 표현 방식을 그에 맞게 조정한다. 즉, '텍스트'를 언어적 행위로 변환하는 것이다. 따라서 텍스트는 서면 형식에 국한되지 않고 구두 형태(oral form)로 존재할 수도 있다. 이와 같이 '확장된 연설 상황'이라는 개념은 구두 및 서면 형태의 문화 간 의사소통이나 번역, 통역과 관련성이 매우 높다. 하지만 번역은 좀 더 복잡한 현상이다. 텍스트는 확장되기도 하지만 파열될 수도 있기 때문이다. 원래의 연설 상황 중 특정 부분이 파열되는 것이 텍스트의 특징이 될 수 있다. 이러한 상황은 저자와 독자 간 혹은 화자(1 문화권)와 청자(2 문화권) 간 언어 장벽의 결과로 나타났으며 번역 및 통역 행위가 그 가교 역할을 할 수 있다. 번역사는 L1(상황 1)에서 L2(상황 2)로 언어적 행위를 전달하고, 이러한 절차는 언어적 행위 전달의 결과다. 단일 언어로 되어 있는 텍스트가 전달을 목적으로 준비되었다는 징후를 보여 주었기 때문에 이러한 언어적 행위는 번역된 텍스트에도 적용된다. 즉, 번역 텍스트는 이중 전달 과정을 거치게 된다.

연설 상황이 확장된다는 특성 외에 번역의 또 다른 특징은 '보통의' 단일 언어로 구성된 의사소통 행위보다도 번역 활동이 근본적으로 더 반영적(reflective) 활동이라는 점이다. 여기에서 '반영'의 목적은 기능적 등가를 달성하는 것이다. 번역이 고유하게 가지는 이러한 반영적 특성 때문에 번역은 문화 간 의사소통 및 문화 간 이해가 가능해지는 잠재력을 많이 가지고 있는 것이다. 이상적으로 이러한 반영적 특성은 번역사가 윤리적 문제에 대해 가지고 있는 민감성을 고조시킨다. 번역이 가지는 반영적 특성은 번역사가 텍스트의 상황성(situatedness)에 초점을 두는 행위로 발현된다(House 2006a). Blommaert(2005)는 맥락 내에서 텍스트를 분석하는 것은 '텍스트를 분석하는 유일한 방법'이라고 주장했다. 텍스트가 시간과 공간을 초월하고 번역 행위 내에서 지표성(indexicality)의 순서가 다른 점을 감안했을 때 텍스트는 재맥락화되어야 한다. 재맥락화되는 과정을 기술하고 설명하고 평가하기 위해서는 재맥락화, 문화 간 의사소통, 문화 간 이해의 관점에서 접근하는 번역 이론이 필요하다.

8장에서는 내재적 번역을 할 경우 문화적 필터링에 대한 연구를 위해 대조 화용론 연구가 관련성이 있다는 사실을 보여 주기 위해 시행된 필자의 대조 화용론 연구에 대해 우선 설명했다. 필자는 번역사들과 번역 평가자들이 서로 다른 언어쌍을 다룰 때 이용 가능한 경우 언제든지 이와 유사한 연구를 활용할 필요가 있다고 본다. 이와 동시에 번역사와 번역 평가자들이 문화적 필터링에 대한 필요성을 좀 더 이해하기 위해 혹은 실제로는 필요성이 부재한 상황을 이해하기 위해 문화 간 의사소통 및 문화 간 이해 분야의 최신 동향에 대해 비판적인 인식을 가질 필요도 있다.

9
번역품질평가 시 세계화와 문화적 필터링과의 관련성

9장에서는 세계화의 과정과 그로 인해 일상, 기관, 직장에서 나타나는 사회적·정치적·경제적·언어적 결과에 대해 살펴볼 것이다. 세계화로 인한 발전이 번역 및 번역품질평가에 어떠한 의미를 가지는지에 대해서도 알아볼 것이다. 또한 링구아 프랑카로서의 영어의 역할과 그에 따라 영어가 전 세계 번역의 특징 및 빈도에 어떻게 영향을 끼치는지에 대해서도 논할 것이다. 9장의 결론은 번역에 대한 수요와 번역의 보급에 해를 끼치는 내용이 아니라 오히려 번역 수요가 급격히 증가하는 원인이 된다고 결론짓고자 한다. 특히나 번역 수요가 지대하게 증가한 분야를 확인하고, 이것이 번역품질평가 모델에서 어떠한 의미를 가지게 될 것인지에 대해서 살펴보도록 하자.

번역에 대한 새로운 수요는 개인, 집단, 언어, 문학 간 근본적으로 동등하지 않은 권력 관계에 의해 규정되는 맥락을 포함하고 있다. 번역사들은 기존의 권력 구조에 대해 의문을 가지거나 저항하는 중요한 역할을 해야 한다는 요구를 받기도 한다(Baker and Pérez-González 2011: 44). 이러한 맥락하에서 번역은 행위를 중재하고 해결하는 상충의 장소로서의 역할뿐 아니라 갈등 요소들이 표현되고 권력 투쟁이 진행되는 장소로서의 역할도

맡고 있다. 이러한 갈등 관계를 잘 보여 주는 극단적인 사례가 전쟁 지역에서 번역사의 지위를 결정하는 일이다. 번역 학자들은 전쟁이라는 상황하에서 번역사의 업무 수행이 전쟁 지역의 서로 다른 당사자들에게 끼치는 영향에 대해 조사해 왔다. 예를 들어, 번역사들이 그들의 고용주와 의견을 같이 하는지 혹은 반대하는지 여부 및 그 방법, 개인적으로 번역사들이 갈등과 폭력의 상황에서 어떻게 관여하는지 등의 연구가 있다(Baker 2006; Maier 2007; Inghilleri 2009 비교).

오늘날 세계화라는 용어는 상품이나 사람, 자본, 상징물이나 이미지 등이 전 세계적으로 이동하는 현상을 설명하기 위해 사용하는 유행어가 되어버렸다. 대중 매체와 정보 분야의 현대적인 기술 발전과 비즈니스 및 문화 분야의 전 세계적인 이동성과 대규모 역외 이전(de-localization), 집단 이주, '전 세계 테러리즘' 등의 현상이라는 결과를 가져 온 의사소통 기술의 발전에 의해 세계화는 쉽게 이루어졌다.

담화의 세계화

담화란 사회 내 언어(language-in-society)처럼 맥락화된 언어로 정의될 수 있고, 세계화란 현대에서 담화가 발생하는 맥락으로 간주될 수 있다. 세계화된 맥락에서는 컴퓨터를 매개로 한 언어적 현상이 중요한 역할을 담당한다. 세계화된 담화의 언어적 측면은 어휘적·의미론적·화용 담화론적·사회 기호론적 차원 등 다양한 언어적 차원에서 발견될 수 있다. 어휘적 차원에서 보면 세계화된 담화는 영어식 어구를 차용하는 것과 같이 소위 국제주의(internationalism)의 특성을 가진 것으로 간주된다(Braun *et al.* 2003). 이러한 차용은 표현적이고 기능적인 잠재력을 가지고 있는 지역 언어를 손상시킨다는 이유로 강력하게 비난을 받기도 하고 차용을 통해 공통의 어휘군을 만들어 냄으로써 문화 간 의사소통 과정을 용이하게 해 준다는 이유로 긍정적으로 간주되기도 한다.

의미론적 차원에서는 '제발(please)', '미안합니다(sorry)', '감사합니다(thank you)' 등과 같이 정형화된 문구와 발화수반력 표시 장치(Illocutionary Force Indicating Device, IFID)가 의미론적으로 발전하는 과정 속에서 세계화된 추세가 확인된다. 이와 같이 겉으로 보기에 고정되어 있는 항목이 가지는 의미론적 유연성은 문화 간 맥락에서는 가끔 과소평가되기도 한다. Terkourafi(2011)가 주장하는 바와 같이 이러한 차용은 수용 언어 체계 내에 이미 존재하는 기능들을 활용하는 동시에 영어 내의 원래 기능에 추가될 새로운 기능들을 개발하는 데 기여를 한다(언어 접촉을 통한 언어 변화와 관련해서 유사한 관점을 가지고 있는 Heine and Kuteva 2005의 연구와 비교).

화용 담화론적 차원에서는 다양한 장르의 문어 담화(written discourse)가 가지는 세계화된 규범이 영어 기반의 수사적 구조로 '이동'하고 있는 것처럼 보인다. 영어를 기반으로 하는 수사적 표현 양식도 여러 다른 언어 내에서 학문적·과학적·경제적 담화에 스며들고 있는 것으로 관측된다. 문화 간 수사법에 대한 최근 연구들(Canagarajah 2007 비교)에서는 문화란 것이 원칙적으로 혼종되어 있고 역동적이기 때문에 텍스트를 생산할 때 협상이나 수용 절차가 이뤄지는 경향이 있다고 지적한다.

사회 기호론적 차원에서 세계화된 문화 간 담화를 두고 세계화된 다중언어경관(linguistic landscape)을 새롭게 만들어 가는 '세계화된 언어 기호'의 집합체로 설명된다(Gorter 2006 비교). 언어경관이란 문화 간 화용론 분야에서는 중요한 신 연구 분야로서, 문화 간 화용론 연구를 통해 글로 표현된 언어가 지금까지는 사용되지 않은 방법으로 공적인 공간, 가끔은 도시 지역에서 어떻게 가시화되는지를 밝혀낼 수 있다. 대부분의 연구가 동아시아 지역의 대도시 예를 들어, 서울, 상하이, 홍콩, 싱가포르, 도쿄

등지에서 시행되었고 세계화가 이루어진 도시 지역에서 다중 언어 및 다문화적 기호의 사용이 증가했다는 사실을 밝혔다.

세계화된 문화 간 담화 연구에서 중요한 영역은 현대 기술의 사용과 관련된 부문이다. 컴퓨터를 활용한 의사소통이나 인터넷 도메인을 영향력이 큰 새로운 의사소통 관행으로 보는 연구가 급격히 인기를 얻고 있다. 이러한 패러다임하에서의 많은 연구들에서는 영어 단어가 다른 언어권의 블로그나 텔레비전 광고에 유입되는 현상을 관찰한다. 이러한 영어 단어의 수입 현상은 주목할 만하다. 왜냐하면 영어 단어를 수입한다고 해서 수용 언어권에서의 어휘적 격차를 메우지는 못하기 때문이다. 극히 단순한 용어는 수용 언어에서 대개 쉽게 찾아 쓸 수 있지만 전략적으로 어떤 특정한 효과를 달성하기 위해 영어 단어로 대체된다. 예를 들어, 블로그에서 영어 단어인 'car'를 사용함으로써 컴퓨터 매개 의사소통에서 자동차의 '세계적인 아이덴티티', 현대적인 특성, 반항적인 이미지를 광고하는 등의 특정한 화용적 기능을 추가할 수 있다. 이 사례에서는 영어라는 언어는 자국어에 문화 간 영향력을 끼치도록 하는 자원으로서 도구화된다. 하지만 인터넷이 정치적·사회적·언어적 경계가 존재하지 않는 평등한 유비쿼터스 사회를 만들 수 있는 '가상 세계'에서 '모든 것을 평등하게 만드는' 힘을 갖게 되면서 모든 것을 아우르는 '전 세계 언어', 즉 보편적인 문화 간 의사소통 형태가 되어 가고 있는지, 아니면 인터넷은 가진 자들과 가지지 못한 자들 사이의 불평등을 심화시킬 수 있는 엘리트 집단의 도구인지에 대해서는 미결의 문제로 남아 있다.

Blommaert는 '지표성의 순서(orders of indexicality)'라는 중요한 개념을 도입했다(2005: 73). 그에 따르면 지표적 의미, 즉 언어 기호와 맥락 사이의 연관성은 체제를 이루고 있고 사회적 집단 간에 서로 다른 사회적·문화적 특성과도 밀접하게 연관되어 있다. 이 개념을 통해 우리는 구체적이고 경험적으로 관찰할 수 있는 미시적 과정으로서의 기호적 수단뿐 아니라 좀 더 광범위한 영역에서 발생하는 사회문화적·정치적·역사적 현상들에도 집중할 수 있다. 세계화는 이미지, 상징물, 사물이 이동하는 집약적인 흐름을 급격히 이끌어냄으로써 접촉과 차이라는 형태를 만들어낸다. 이는 '언어공동체(speech community)'와 같은 고전적인 사회언어학적인 개념이 더 이상 정당하게 진실인 채로 유지될 수 없다는 것을 의미한다. 이제 우리는 언어가 계속 움직이고 있고 다양한 시공간적인 프레임을 가지고 있으며 동시에 서로 상호작용하고 있다는 사실에 관심을 기울여야 한다. 점점 더 문제가 되는 사실은 기능의 유지에 대한 생각이다. 언어 항목이 시간과 공간, 지표적 순서를 뛰어 넘어 움직이게 되는 경우, 국경을 초월한 흐름 속에서 이 언어적 항목들이 번역에서 항상 그랬던 것처럼 특정 지역에서만 유효한 기능들을 맡게 될 수도 있다. Blommaert는 다음과 같이 주장한다.

> 담화들이 전 세계를 이동할 때 담화는 그 형태가 이동하게 된다. 하지만 담화의 가치나 의미, 기능이 함께 이동하지 않기도 한다. 가치나 의미, 기능은 지배적인 지표성 순서를 바탕으로, 그리고 갈수록 더 문화 상품으로서의 실제적인 혹은 잠재적인 '시장 가치'를 바탕으로 타자에 의해서 **부여받아야** 하는 것이다.
>
> (2005: 72)

이는 담화의 세계화로 인해 언어 내에서 혹은 언어를 통해 전달되고 표현되는 기본적인 문화 가치 및 지향성을 문제화하고 상대화할 필요가 있다는 것을 의미한다. 세계화가 담화에 어떤 영향을 끼쳤는지를 조사하기 위해 우리는 여러 사회 내에서 언어가 어떻게 기능하는지 알아 볼 필요가 있다. 이 때 언어는 각 사회 내에서 충분히 맥락화된 형태로 세분화되어야 한다. 이러한 형태들은 복잡하고 다양하며 언어 사용자들의 언어

레퍼토리에 따라 달라진다. 그렇다고는 해도 이러한 언어적 레퍼토리는 이제 더 이상 하나의 국가 사회로 향하는 독립적인 방법에 속한다기 보다는 전 세계 시스템이라는 구조의 영향을 받는다(Blommaert 2005: 15). 이는 여러 사회 간 관계와 그 관계가 언어 사용자의 레퍼토리에 미치는 영향도 감안해야 함을 의미한다.

현대 사회에서 세계화된 담화라는 현상의 중요한 특성은 담화가 가지는 '다층적 동시성(layered simultaneity)'이다(Blommaert 2005: 237). 물론 이러한 특성은 현대 사회의 기술 수단에 의해 가속화되며, 상호연결성이 증가하고 있다는 징후이기도 하다. 우리가 오늘날 직면하고 있는 세계화된 담화의 유형을 이해하고자 한다면 상황적인 사회의 사건들을 면밀히 분석하여 지표성 순서가 어떻게 동시에 작용하고 있는지를 밝혀내야 한다. 이는 영어 같은 세계 언어의 역할과 다른 지역에서는 다른 특별한 형태의 담화를 사용하게 되는 결과를 낳게 하는 세계 언어의 사용에도 영향을 끼친다. 이 현상을 이해하려면 사회·문화적, 역사적인 거시적 절차를 조사하여 미시적 절차 수준에서 무슨 일이 발생하는지 알아보아야 한다.

오늘날 세계 언어 사용에 있어 가장 크게 영향을 미치는 발전 사항으로는 영어가 파급됐다는 것과 영어가 갖가지 맥락과 장르에서 그 어느 때보다도 중요한 역할을 한다는 점을 들 수 있다. 이는 번역에도 크게 영향을 미친다. 최근 유럽연합 집행위원회의 번역부(Directorate-General for Translation, DGT)에서 발표한 출발 언어 세분화 작업(European Commission 2009)에 따르면 (위원회 외부에서 이루어진 번역물을 포함하여) 번역부가 번역한 문서 중 72.5퍼센트가 영어로 번역되었다(프랑스어는 11.8퍼센트, 독일어는 2.7퍼센트). 이러한 영문 텍스트는 원어민이 아닌 링구아 프랑카로서의 영어(English as a Lingua Franca, ELF)를 구사하는 사람들이 작성한 경우가 빈번했다. 하지만 급증한 ELF 텍스트가 번역과 번역사들에 있어 무엇을 뜻하는지는 아직 거의 밝혀지지 않았다.

링구아 프랑카 의사소통의 1차 목표는 쉽고 효율적으로 의사를 전달하여 상호 명료성을 달성하는 것이기 때문에 정확성은 중요한 기준으로 삼지 않는 경향이 있다(Cogo and Dewey 2012: 59의 논의와 비교). 이것만큼이나 ELF 사용 시 중요하게 여기지 않는 것이 있다면 바로 수세대의 영어 학습자들이 두려워하기도 하고 따라하는 데도 실패한 것, 즉 문화적으로 배태된 것, 국가 전통, 관습, 계층을 기반으로 하는 내부자의 문화적·역사적 지시로 가득한 관례화된 구문이나 숙어와 같은 전형적인 영어 형식이다.

종합해 보면 오늘날 ELF의 가장 중요한 특징은 기능적 유연성, 무한대의 가변성, 서로 다른 언어·지리·문화 영역에 걸친 파급성, 그리고 다른 언어 항목이 영어에 통합될 수 있는, 아니 사실 이미 통합되고 있음을 일컫는 준비성이다(Firth 2009의 연구와 비교). ELF는 국제적으로든 국내적으로든 문화 간 의사소통의 특수한 유형으로도 간주될 수 있다(House 2011a). 영어의 비원어민, 다시 말해 ELF 화자의 수가 영어권 원어민의 수를 크게 웃돌기 때문에(약 5:1의 비율이며 증가하는 추세) 글로벌 링구아 프랑카로서의 영어는 더 이상 원어민이 소유한다고 말할 수 없다(Widdowson 1994; Seidlhofer 2011 비교).

ELF는 분명 특수한 목적으로 사용되는 언어도, 피진어나 크리올어 등의 부류도 아니다. 더욱이 '외국인의 말'이나 학습자 언어에 속하지도 않는다. 더욱이 BSE, 즉 '서툴고 간단한 영어(Bad Simple English)'도 아니다. 외국어나 제2언어 학습자들의 언어적 결핍을 걷어 넘겨 원칙적이고 습득하기도 힘든 원어민의 규범과 견주는 중간언어(Interlanguage) 패러다임도 더 이상 유효하지 않다. ELF 화자들은 영어 학습자가 아니라 언어·문화적으로 '복수의 능력(multicompetence)'을 가진 다언어 사용자로 간주되어야 한다. 그리고 이 능력이야말로 ELF 화자들이 어떻게 '말하기, 쓰기, 번역하기'와 같은 의사소통 행위를 수행하는지를 기술하고 설명하는 규범으로 간주되어야 한다. 서로 다른 국가, 지역, 현지, 개별 문화에 대한 정체성에 중요성을 부여할 수단인 '의사소통을 위한 언어'로서의 ELF를 사용하는 ELF 화자들은 이미 그 자체로 다언어적이고 다문화적 화자들이다. '의사소통을 위한 언어(House 2003b)'로서의 ELF는 감성적인 정체성을 드러내지는 않는다. 왜냐하면 ELF 사용자들은 감성적인 정체성을 표현할 때는 그들의 모국어(L1)를 사용하기 때문이다.

ELF가 전 세계적으로 사용되는 것을 반대하는 사람들은 다언어 화자가 '수용적 이중언어주의(receptive bilingualism)'를 갖추기 위한 선천적 역량이 있다고 가정하고(ten Thije and Zeevaert 2007; Rehbein et al. 2012 비교), 소위 말하는 '링구아 리셉티바(lingua receptiva)' 또는 '역내 의사소통 언어(language of regional communication)'를 사용하자고 주장하곤 한다. 다양한 언어들이 만나는 곳에서 각 상호작용자는 대화 상대가 메시지를 추론하여 이해할 것이라고 가정하고 각자의 모국어를 사용한다는 개념이다. 링구아 리셉티바를 사용하는 현상은 전 세계적으로 오래된 전통이지만 19세기와 20세기 유럽권 국가들의 언어 균질화 정책으로 인해 무시와 억압을 받았다. 그러나 다국어 틈새시장에서는 아직 링구아 리셉티바가 건재하며, 대개 국경 지역이나 제도권 내의 담화(직장, 텔레비전, 교육 배경, 의료 담화, 영업 대화, 회의 등), 세대 간 커뮤니케이션이 어족 내 혹은 어족 간에 이루어질 때 링구아 리셉티바가 발생한다.

ELF와 화자의 모국어 간 상호 보완적 분포를 볼 때 ELF가 세계적으로 널리 쓰인다고 해서 다른 언어가 사라질 것 같지는 않다.

번역의 경우는 어떠한가? ELF 사용이 늘어나는 것이 번역에 위협으로 작용하는가? 딱히 그렇진 않다. ELF 사용을 증가시킨 바로 그 현상이 번역에도 영향을 주고 있다. 즉, ELF 사용을 증가시킨 세계화로 인해 전 세계적으로 번역의 수요도 엄청나게 늘었다. 세계화 추세가 세계 경제, 국제적인 의사소통, 정치에 영향을 미치면서 번역이 그 어느 때보다도 중요해졌다.

오늘날 번역을 통한 정보 전달은 세계의 번역 산업 부흥의 주역인 신기술에 크게 의존한다. 언론, 텔레비전 채널, 인터넷, 월드 와이드 웹, 소셜미디어, 블로그, 위키 등 다언어 뉴스 기사에서 번역이 필수로 간주되며 그 역할이 커지고 있다. 현재 BBC, 알자지라 인터내셔널(Al Jazeera International), 러시아 투데이(Russia Today), 독일의 소리(Deutsche Welle), 프레스 티비(Press TV)를 비롯해 전 세계에 다언어로 방영되는 텔레비전 채널은 메시지를 여러 언어로 내보낼 때 번역에 크게 의존하고 있다. 여러 언어로 된 정보를 세계 곳곳에 신속하게 전파하기 위해서는 번역이 필수다. 번역은 세계 여행 정보나 국제적 기업의 정보 흐름에도 반드시 필요하다. 번역 업무 지원을 받는 기업의 경우 영업력을 향상시키기 위해 모국어가 ELF로 대체되기도 한다(Bührig and Böttger 2010; Lüdi et al. 2010).

게다가 로컬라이제이션 업계의 번역 수요도 늘어나고 있다. 소프트웨어 로컬라이제이션은 CD 제작, 소프트웨어 어플리케이션 개발 및 검증에서부터 복잡한 팀 프로젝트를 여러 국가에서 다언어로 동시에 관리하는 업무에 이르기까지 다양한 산업, 상업, 과학 활동을 아우르고 있다. 이 모든 부문에서 번역 수요가 발생하고 있는 것이다. 참으로 번역은 세계에서 일어나고 있는 로컬라이제이션 및 글로컬라이제이션 과정의 본질이라 할 만하다. 여러 언어로 상품 사용을 가능하게 하려면 반드시 번역을 통한 로컬라이제이션 과정을 거쳐야 한다. 그리고 당연하지만 이 과정은 내재적 번역의 필수 단계인 '문화적 필터'와 유사하다. 제품 정보를 직접 그 지역 언어로 접할 경우 제품의 수요가 증가하기 때문에 새로운 시장을 개척하려면 로컬라이제이션 과정을 거친 버전의 결과물, 즉 문화적 필터를 거친 번역물이 필수다. 따라서 번역은 전 세계 경제의 중심에 있다고 해도 과언이 아니다. 왜냐하면 글로컬라이제이션 과정에서 번역을 통해 지구촌 어느 곳에서든 해당 제품이 지역 시장에 맞게 조정되기 때문이다.

월드 와이드 웹의 개발로 인해 전자상거래 분야에서 번역 수요가 창출되면서 또 다시 번역이 추진력을 얻게 된다. 비영어권 웹 사용자가 꾸준히 증가하는 것도 번역 수요가 증가하는 원인이 된다. 번역의 비중이 커지게 된 또 다른 요인 중 하나는 이러닝이다. 여러 다른 언어로 제작되어 웹상에서 전파되는 이러닝을 비롯한 여러 교육 형태를 중심으로 하는 디지털 산업의 팽창은 번역과 오늘날 글로벌 경제 간의 친밀한 연결고리를 잘 보여준다(Cronin 2003: 8-41 비교).

요컨대 세계화로 인해 번역 수요가 폭등했다. 따라서 번역은 단순한 세계화의 부산물이 아니라 필수 불가결한 요소다. 번역이 없다면 글로벌 자본주의라는 소비자 및 성장 중심 경제가 성립하기가 어렵다. 따라서 ELF가 번역을 위협하거나 번역의 중요성을 해쳤다고 할 수 없다. 그러나 ELF와 번역의 긍정적 평가에 대해 모두가 공감하는 것은 아니다.

Snell-Hornby는 최근 『The Linguist』의 지면을 통해 '글로벌 언어를 받아들임으로써 나타나는 번역 연구의 폐해'를 개탄했다(2010: 18). Snell-Hornby는 자신의 주장을 뒷받침하기 위해 '영어임을 표방하여 세계 곳곳에서 게시 및 출판'한 수백만 개의 텍스트 중에서 결함이 있는 사례를 선정하여 발표했다(2010: 18). Snell-Hornby는 '영어 지시이 얕은 이들도 평이하게 이해할 수 있는 낮은 수준의 영어 규칙 중 최소공통분모를 바탕으로 하여 축소되고 간섭을 기반으로 하는 구두 의사소통 체계를 지칭하기 위해 'GAB(Globish/American/British)', 'EU 관료 영어(Eurospeak)', '맥언어(McLanguage)', 심지어는 '글로벌 영어(이 책에서는 특이하게도 부정적인 함축으로 쓰임)'와 같은 용어를 사용한다(2010: 18).

Snell-Hornby에 따르면 단순한 의사소통(예: SMS, 채팅, 블로그 등)에 ELF를 사용하는 것은 문제가 되지 않는다고 한다. 그러나 과학 지식의 출판 및 보급 등 복잡하고 정교한 형태의 의사소통 시에는 ELF가 아무

소용이 없다는 것이다. 지난 수십 년 간 영어가 학계에서 두각을 드러내 왔기 때문에 비원어민 ELF 화자들이 관련 학술 출판물이나 학회 발표 자료를 처음부터 영어로 작성하거나 영어로 번역할 필요성이 대두되었다. Snell-Hornby의 견해에 따르면 ELF로 작성하도록 요구하는 학계나 ELF 번역을 하는 번역사 모두 영어와 다른 언어 사이의 의사소통적 관습의 차이를 항상 간과해 온 것이 된다. 그 결과 비원어민 ELF 화자가 작성했거나 발표한 서면 및 구두 텍스트가 이따금씩 영어의 표준 어휘-문법적 선택이나 통용되는 수사적 관습에 부합하지 않기 때문에 ELF 의사소통의 효과가 떨어지고 이해하기 어렵게 된다는 것이다.

Snell-Hornby는 ELF를 비판하는 관점에서 영어가 회의와 출판 분야에서 계속 우위를 점하는 것이 학문 분야 간 학제적 의제를 형성할 때 어떤 역할을 하는지에 대해 논한다. Snell-Hornby의 주장에 따르면 영어가 우위를 가지면서 나타나는 가장 큰 영향은 영어 지식이 부족한 학자들 다수가 학술 담론에서 배제된다는 데 있다. 이렇듯 '하나의 언어가 대단히 복잡한 문화와 언어 자료를 독점하는 멍청스러운 효과'를 극복하기 위해(2010: 19) Snell-Hornby는 번역학자들이 다른 언어 화자들의 온전함을 존중하고 이문화에 대한 식견을 넓혀 현재의 추세에 맞설 것을 제안했다. 우리는 ELF에 반대하는 주장을 전반적으로 어떻게 받아들이면 좋을 것이며, 특히 번역에서는 ELF가 어떤 역할을 한다고 생각해야 할까? Snell-Hornby의 주장에 대응하여 House(2010)는 ELF는 결함이 없으며 온전히 기능하는 의사소통 수단이고 ELF에 반대하는 주장이 원어민의 구시대적 영어 규범을 호소하는 데 가깝다고 주장한다. 더욱이 ELF 화자들이 학술지, 회의 등에 기여한 서면·구두 자료가 이해하기에 '극도로 어렵다'라는 주장은 실증적 분석을 바탕으로 펼쳐진 것이 아니라고 이야기한다. 반면 Snell-Hornby가 영어 비원어민의 기여는 주류의 학제 담론에 의해 인정받기 어렵다는 이유로 ELF를 사용하는 것이 지적인 성장에 해롭다고 주장한 사실에 대해서는 번역학 학자들에 의해 문제가 제기되고 있다. Tymoczko(2005)가 최근에 실시한 번역학 연구에 대한 궤도 조사에서 그녀는 영어가 부흥하고 있는 원인은 유럽 중심의 관점을 넘어 켜져 가는 국제화의 중심에 영어가 세계 언어로 존재하기 때문이라고 보았다. 그녀는 국제화 과정으로 인해 '그 어느 때보다 개발도상국의 학자들이 전문성을 갖고 학제에 활발히 참여하고 있으며 출판과 회의에 기여할 뿐 아니라 모국에서 번역을 가르치고 있다'라고 말한다(2005: 1086).

House(2010)는 Snell-Hornby가 ELF 사용의 부정적 영향을 번역 사례를 들어 비판한 것에 대해 더 실용적인 관점에서 반문한다. House의 입장에서 '나쁜 번역(bad translation)'이라고 언급한 사례(예: 'Mind your head (머리 조심하세요)' 대신에 'Please bump your head carefully(머리를 조심히 부딪치세요)'라고 번역한 것)는 ELF 번역의 역할에 반하는 주장을 뒷받침한다기보다는 번역사 개인의 역량이 부족하다는 것을 보여 주는 사례일 뿐이다. 이처럼 사례를 서로 달리 해석하고는 있지만 Snell-Hornby와 House의 견해는 둘 다 ELF 번역과 번역 품질 및 번역 능력과 관련된 문제들이 가지는 애증의 관계를 전면에 드러낸다. 최근 ELF 분야의 학문 연구를 통해 영어를 매개어로 사용하는 의사소통 활동에 대한 부정적인 인식을 개선하려는 움직임이 있어 왔으나 여전히 번역 교육자나 번역 산업 관계자들은 ELF 번역을 미심쩍은 형태의 중재법 정도로 간주한다. 이러한 견해의 중심에는 두 가지 가정이 놓여 있다. 하나는 비원어민 화자들의 영어가 품질이나 생산성 측면에서 영어 원어민 전문 번역가의 결과물을 따라올 수 없다는 것이고, 나머지 하나는 유럽권 대학에서 흔히들 견지하는 입장으로, 번역 프로그램은 학생들의 순방향 번역(direct translation) 능력, 다시 말해 모국어를 도착어로 하는 번역능력을 함양하는 데 집중해야 한다는 것이다. 결국 ELF 번역의 전문성이나 학술적 인정 여부를 둘러싼 논의는 대체로 방향성, 즉 순방향 번역 대 역방향 번역이라는 논리를 통해 그 틀이 갖추어져 왔다.

  Beeby Lonsdale(2009)은 1950년대부터 번역의 방향성 논의를 둘러싼 복잡한 요인을 연구했고, '비모국어로 옮기는 번역(Pokorn 2005)'이 지정학적 맥락에 따라 불균등하게 나타난다는 것을 설명하는 데 일조했다. 지정학적 맥락의 예로는 첫째, 언어 문화권 간의 근접성 정도로, 이는 번역 훈련생들이 서로 다른 언어 문화권 사이에서 중재하는 법을 배워야 하는 대상이 된다. 둘째, 번역 언어의 조합과 해당 조합에서의 번역 방향에 따라 기존 번역 시장에서 활동할 수 있는 전문 번역사 인력 풀의 규모도 지정학적 맥락의 한 예가 될 수 있다. 마지막으로는 흔한 현상은 아니지만 공식적으로 인정받은 통역사가 외국어 번역을 해야 한다는 독특한 이데올로기적 상황이다. 그래야만 번역을 통해 국제 사회에 자국에 대한 인식을 형성시키는 역할을 담당하고 있는 번역사에게서 정치적인 충성심을 확인할 수 있다는 것이다.

  하지만 비모국어로 번역하는 것에 대한 전통적인 관점이 최근 수십 년간 세계화와 편재하는 신 의사소통 기술이라는 새로운 요인에 영향을 받아 왔다. 이러한 현상을 잘 보여주는 예가 '영어를 국제 언어로 사용한다든지, (인도나 남아프리카공화국과 같은) 다언어 국가에서 영어가 행정 언어로 쓰인다든지, 고등교육 및 비즈니스에 영어가 사용되는 경우(Beeby Lonsdale 2009: 86)'가 늘고 있는 현상 등이다. 실제로 타 언어 사용자들이 영어로 번역을 하는 것을 보편화시키는 데 이와 같은 새로운 시나리오가 여러모로 도움을 주고 있다.

  우선 경제적 세계화와 문화적 세계화가 일어나는 과정에서 '재설계를 거치지 않고도 복수 언어와 문화적 관습을 다룰 수 있도록 상품을 일반화하는 국제화 절차(Esselink 2000:25)'가 자리 잡았다. 오늘날 글로벌 경제에서 기업들이 세계에 상품과 서비스를 내놓으려면 먼저 브로슈어나 웹사이트를 영어로 번역해야 한다. 텍스트를 영어로 번역하는 주목적이 국제적 소비에 있는 한, 번역사가 도착어 문화권의 원어민 화자 수준의 능력을 가지고 있지 않을 수도 있다는 사실은 상대적으로 덜 중요하다는 것을 알 수 있다.

둘째, 디지털 경제에서 번역 프로젝트는 대개 그 프로젝트를 성공적으로 완수 및 전달할 목적으로 프로젝트의 특수한 요건을 규명하고 계획을 주관하며 기술 및 인적자원을 지키고 관리하는 프로젝트 매니저의 감독하에 전문가 집단이 수행하고 있다. 팀으로 번역을 할 때는 몇몇 번역사가 원어민 수준의 도착 언어 능력이 없더라도 '마무리 작업'이나 최종 단계에서 번역을 수정할 수 있기 때문에 비모국어 화자가 영어로 번역하는 경우가 갈수록 흔해진다. 특히 번역에 참여하지 않는 자로서 최종본을 개선할 목적을 가진 원어민 감수자가 번역물을 '화용적으로 감수'한다든지, 영어 원어민 감수자가 번역물을 독립적인 텍스트로 보고 도착어 독자의 기대에 부합하는 정도를 확인하는 품질 감수를 하는 새로운 접근방법의 경우에는 특히나 더 비원어민 영어 번역사가 더 빈번하게 공동 프로젝트에 참여하게 되었다. Pokorn(2005: 28-29)은 교육학적 관점에서 번역사가 자신의 번역물이 언어 및 문화적으로 수용되도록 하려고 모국어로만 번역을 할 필요는 없다고 주장했다. 능력 있는 비원어민 전문가와 언어와 문체를 조언할 자격을 갖춘 원어민이 개입한 공동 번역 프로젝트라면 모국어가 아닌 언어로 옮기는 번역물도 도착어 원어민 화자가 쓴 것만큼이나 성공적일 수 있다.

셋째, 기업 조직과 공공 기관의 번역 비용 증가에 따라 일부 고객은 원어민 수준의 도착어 능력을 요구하지 않는 새로운 형태로 번역을 의뢰하고 있다. 유럽위원회의 사례가 이에 해당한다. 번역물을 어떤 목적으로 사용할 것인지 번역 의뢰인들에게 명시하도록 권하고 있다(Wagner 2003). 의뢰인들이 선택할 수 있는 번역 목적의 다섯 가지 유형('기본적인 이해', '정보 습득', '출판', '위원회 의사결정에 활용', '법률') 중에 적어도 첫

두 가지는 영어가 비모국어인 전문 번역사들도 모국어에서 영어로 충분히 옮길 수 있다. Wagner는 이 같은 방법을 다른 전문 분야에 확대 적용하고 번역사 교육 활동의 중심에 둬야 한다고 주장한다. 그녀는 번역을 의뢰하거나 수행하는 데 있어 목적 지향적인 접근법을 취하도록 더 널리 알리는 것이 번역사와 고객 간의 착오를 없애는 데 도움이 된다고 여긴다(Wagner 2003: 99).

비록 비모국어인 영어로 수행하는 번역이 전문 영역에서 자리를 굳히기는 했으나 이러한 유형의 번역을 논할 때는 번역사들이 ELF를 쓰는 독자들이 아닌 영어 원어민 독자들의 기대에 부응해야 한다고들 가정한다. 하지만 출발어를 영어로, 혹은 도착어를 영어로 하는 번역에 대한 수요가 폭발적이고 번역이 오늘날 글로벌 경제의 중추적인 지위로 자리매김한 것을 볼 때, 이와 같은 사고방식은 분명히 바뀔 수 있다. 현대 생활에 큰 부분을 형성하는 세계화로 말미암아 여러 언어 및 문화 수신자들이 동시에 접할 수 있는 텍스트의 수요가 더불어 증가했다. 최근까지는 번역사와 텍스트 생산자들이 정기적으로 문화적 필터를 적용했다. 그러나 영어가 세계적인 링구아 프랑카가 된 영향으로 인해 상황이 변하여 텍스트 규범과 관습 내에서 문화적 특수성과 보편성 간 갈등이 야기될 수 있다. 여기에서 '보편성'이란 실질적으로 앵글로 색슨 규범을 대변한다. 영어가 어휘 측면에서 다른 언어에 주는 영향은 오랫동안 알려져 왔으나 통사, 화용, 담화 차원에서 주는 영향은 연구가 거의 이루어지지 않았다. 담화 규칙과 텍스트화 관습은 종종 의식의 깊은 층위에서 은밀히 구현되기 때문에 번역 검정을 어렵게 만드는 요소가 된다.

10장에서 더 상세히 다루게 될 함부르크의 '내재적 번역(Covert Translation)' 프로젝트에서 앞서 개괄한 평가 모델을 기반으로 세 가지 통시적 코퍼스(원문, 번역문, 비교할 만한 도착어 텍스트)와 더 큰 규모의 참조 코퍼스를 활용하여, 영문으로 된 과학 및 경제 텍스트를 독일어, 프랑스어, 스페인어로 내재적 번역을 수행할 때 글로벌 영어가 어떤 영향을 미치는지에 대해 살펴봤다. 이 번역 검정 작업을 통해 도출한 가장 중요한 결론은 다음과 같다. 영어를 출발어로 한 내재적 번역에서 문화적 필터가 더 이상 일어나지 않아 그 결과 우위를 점하고 있는 앵글로 색슨 규범이 '지배'함으로써 문화적으로 낯선 장르 혹은 혼합된 장르가 생기게 된다면 번역에서 버전에 이르기까지 서로 다른 번역 양식을 만들기 위해 새로운 유형의 번역이 필요하게 될지도 모른다. 지금까지 문화적 필터링 과정에서 번안 과정이 필요한 텍스트를 외현적으로 번역한다면 '외현적 번역'이라는 개념을 달리해야 할 것이다. 다른 언어에 앵글로 색슨 규범을 덧붙여 만들어 낸 유형의 외현적 번역 결과물은 원문과 도착어 담화 세계의 상호 활성화를 바탕으로 '혼종 텍스트(hybrid text)'로 나타나는 전통적인 외현적 번역 결과물과는 뚜렷이 다르다. 기존의 내재적 번역 대신에 새로운 유형의 외현적 번역으로 대체하는 것은 지배의 결과이자 정복의 결과다. 이는 앞서 언급한 혼종과는 다른 유형의 '혼종'이고 검증되지 않은 방법으로 만들어졌으며 담화 세계 간 공존을 허락하지 않는다. 아직 우리는 번역이나 다언어 텍스트 생산 시 발생하고 있는 혁명적인 변화의 시작 지점에 있으므로 확정적으로 결론을 내리기 전에 더 방대한 코퍼스와 언어쌍을 연구할 필요가 있다.

9장에서는 세계화 과정이 번역이나 번역품질평가에 어떤 결과를 가져다 줄 수 있는지 논의했다. 이 같은 절차는 8장에서 개괄한 대조 화용론과 함께 고려해야 한다. 다시 말해 앞서 언급한 '내재적 번역' 프로젝트에서 수행했듯이 문화적 필터 과정에 반영해야 하는 담화 관습 간 이(異)문화적 차이를 현재 일어나고 있는 세계화 관점에서 확인해야 한다.

10
번역품질평가 모델에서 코퍼스 연구와 장르라는 개념과의 연관성

번역학에서 최근 들어 가장 중요한 발전 중 하나는 컴퓨터에 저장할 수 있는 대규모의 언어 코퍼스가 제공된다는 것이다. 번역학 학자들, 번역 평가자들, 번역 업계 종사자들은 이제 대규모의 데이터를 저장하고 다루는 데 있어 급속도로 발전하는 기술의 혜택을 엄청나게 누릴 수 있게 되었다. 10장에서는 번역에서 코퍼스 연구의 역할에 대해 간략하게 설명하고(최근에 발표된 자세한 논의를 알아보려면 Zanettin 2014 참조) 번역품질평가의 질을 높이는 데 코퍼스 연구가 어떤 역할을 할 수 있을지에 대한 가능성을 살펴보고자 한다.

코퍼스는 경험에 의거한 상호주관성(intersubjectivity)이라는 요소를 등 가라는 개념에 부여할 때 유용하게 사용될 수 있다. 특히 해당 코퍼스가 다양한 번역사들을 대변하는 경우에는 더욱 그러하다(Altenberg and Granger 2002: 17). 최대한 유용하게 활용되기 위해 코퍼스는 신중하게 설계되어야 하고 적절하게 맥락화된 데이터가 제공되어야 한다(유용한 코퍼스에 대한 예시를 보고 싶으면 Cologne Specialized Translation Corpus (CSTC)를 참조(Krein-Kühle 2013)). 이와 같은 코퍼스는 실제 예시를 기반으로 하는 번역 검정, 예를 들면 House 모델이 제공하는 각 개별 텍스트에 대한 분석의 한계를 뛰어넘는 데 유용하다. 코퍼스는 각 개별 텍스트의 분석 결과를 좀 더 일반적인 차원으로 끌어올릴 수 있다. 즉, 코퍼스를 통해 분석 결과가 상호주관적으로 좀 더 신뢰할 수 있고 유효해질 수 있다.

번역 코퍼스는 번역품질평가의 중요한 자원이다. 왜냐하면 등가 성립에 대한 가설을 명확하게 해 주고 번역의 규칙적인 패턴에 대해 신뢰할 수 있는 양식을 확립할 수 있는 믿을 만한 방법론적 도구를 제공하기 때문이다(번역에서 코퍼스의 역할에 대한 최근 논의는 Zanettin 2014 참조). 코퍼스를 적절하게 사용하기 위해서는 등가를 가장 중요시하는 이론적·방법론적 기본 틀을 바탕으로 해야 한다. 달리 말하면 번역에서는 등가가 병렬(번역)코퍼스와 비교 코퍼스(도착어로 작성된 단일 언어 텍스트 보유)를 활용해서 일반화 및 상호 주관적 검증의 대상이 될 수 있다.

번역학에서 코퍼스는 과학적 탐구 활동을 위한 여러 가지 도구 중 하나로서 유용한 기능을 담당하고 있다. 코퍼스 데이터의 빈도 및 대표성(representativeness)과는 상관없이 코퍼스 데이터는 생각을 통해 우연히 얻은 데이터보다 더 양호한 경우가 존재하기 때문에 유용하다. 그리고 조동사 사용의 전반적인 활용 등과 같은 특정 문제를 다루는 연구의 경우 코퍼스 데이터는 실제로 유일하게 이용 가능한 데이터다. 하지만 코퍼스를 활용해서 코퍼스가 가진 잠재력을 최대한으로 이끌어 내기 위해서는 내성법(introspection), 관측, 텍스트 분석, 민족지학적 분석 등 다른 연구방법들도 활용해야 한다. 다른 학문 분야와 마찬가지로 번역학 역시 상대적인 가치를 평가해야 한다. 이미 존재하는 가설(및 범주)을 확인하거나 거부하고 여러 변수들을 설명하고 조작하는 분석적·법칙적 패러다임이 한 쪽 끝에 있고, 새롭게 등장한 현상을 정확하게 이해하기 위한 범주를 개발하려는 목적으로 심도 있는 사례 연구가 시행되는 탐구적·해석적 패러다임이 다른 한 쪽 끝에 있다. 연구 활동의 양 극단에 있는 양적 연구와 질적 연구를 상호 배타적으로 간주하지 않고 상호 보완적 관계로 인식하는 것이 중요하다.

  코퍼스 자료 특히나 겉으로 보기에 매우 인상 깊어 보이는 통계 자료의 경우 자료 자체를 최종 단계라고 인식하기보다는 사람들이 흥미를 느끼는 가치를 가진 (재)맥락화된 양적 연구를 계속하기 위한 시작이라고 간주해야 한다. 이 때 연구 주제가 꼭 매우 자주 발생하는 현상일 필요는 없으며, 가끔 일어나는 현상일지라도 사람들의 관심을 끌 수 있다. 최종 분석에서 코퍼스 번역학의 목적은 코퍼스 내에 어떤 내용이 들어있는지에 대해 설명하는 것이 아니라 번역을 이해하는 것이다. 코퍼스의 지향점은 해당 데이터를 대표하는 예시로 제한하려는 것이 아니라 번역 및 다른 방법으로 사용된 언어에 대해 어떤 종류의 질문이 있어야 하는지에 대한 답을 찾기 위한 기본 틀을 제공하는 것이다. 코퍼스 번역학은 코퍼스를 활용하는 방법에 그 가치가 있다. 코퍼스 번역학은 번역학의 새로운 한 분과가 아니라 번역 연구를 수행하기 위한 방법론적 기반이라고 볼 수 있다. 원칙적으로 코퍼스 번역학은 다른 전통적인 방법의 번역 연구와 결합하는 것이 쉬워야 한다. 만약 그러하다면 번역학이 굉장히 풍요로워질 수 있기 때문이다.

  번역품질평가에서 코퍼스를 활용하게 되면 실제 예시를 기반으로 하는 양적 사례 연구 분석의 범위를 확대하거나 해당 사례를 검증할 수 있을 뿐 아니라 코퍼스가 양적 연구와 질적 연구 사이의 연결점으로서의 역할도 할 수 있다. 이제 House의 모델을 바탕으로 하는 질적 연구와 양적 분석을 효과적으로 연계하는 코퍼스 기반 프로젝트 예시를 제시할 것이다. '*Verdecktes Übersetzen*(가려진 번역)-내재적 번역' 프로젝트는 1999년부터 2011년까지 함부르크에 위치한 독일 과학 재단 다언어주의 연구 센터에서 실시되었다(Becher *et al.* 2009). 이 코퍼스 주도 프로젝트의 일반적인 가설에 따르면 오늘날 여러 영역을 영어가 주도하면서 영어에서 독일어 방향으로 진행되는 내재적 번역과 원문 모두에서 독일어 고유의 의사소통 규범이 변형되거나 변경됨에 따라 점차 영어권의 규범에 적응되어

갔다고 한다. 좀 더 구체적으로 설명해 보면, 영어권 의사소통 규범으로의 적응 정도는 영어에서의 선호도나 독일어에서의 선호도 등과 같이 실증적으로 만들어진 의사소통 선호도에 따라 달라질 수 있다(8장의 '문화 간 차이의 다섯 가지 관점: 영어-독일어' 참조). 대중적인 과학, 비즈니스 등 영어권의 우세가 특히 뚜렷한 장르의 독일어 번역본과 비교 가능한 독일어 텍스트를 살펴보면 영어가 독일어 텍스트에 끼치는 영향이 특정한 언어 항목의 사용에 대한 양적 및 질적 변화의 형태로 나타날 것이다.

이 프로젝트의 가설을 검증하기 위해 약 650여 편의 영어-독일어 원문 및 번역문과 불어 및 스페인어로 된 대조군 텍스트로 이루어진 다중어 코퍼스를 준비했다. 사회·문화적으로 영향력이 있는 텍스트의 생산 및 수용 범위를 반영하고 있는 자료가 선택되었다. '대중 과학(popular science)'이라는 장르에서는 일반적인 사회적·정치적 관련성을 가지고 있는 주제를 다루고 있는 기사(1978~1982년과 1999~2002년이라는 기간에서 공시적/통시적으로 선별)를 발췌하였다. 총 700,000개의 단어로 구성되어 있는 이들 텍스트들은 공식적인 기관(예를 들어, 사이언티픽 아메리칸(Scientific American)과 뉴사이언티스트(New Scientist), 해당 잡지의 외국어 버전 등)의 발간물에서 선별하였다. '경제 텍스트' 장르에서는 전 세계의 기업에서 2002~2006년간 업데이트된 주주들에게 보내는 서신, 기업 강령, 비전, 회사 방침, 제품 홍보자료 등을 (공시적/통시적으로) 선별하였으며, 이들은 약 300,000개의 단어로 이루어져 있다. 역번역과의 관계를 분석한 연구인 독일어-영어, 불어/스페인어-영어 연구는 장르와 관련해서 특히 흥미롭다.

아래에 나와 있는 그림 10.1은 다양한 하위 코퍼스인 '영어 원문(E-ORI)', '독일어 번역본(G-TRA)', '독일어 원문(G-ORI)'의 기능 및 상호 관계를 나타내는 프로젝트 내 코퍼스의 구조를 보여준다.

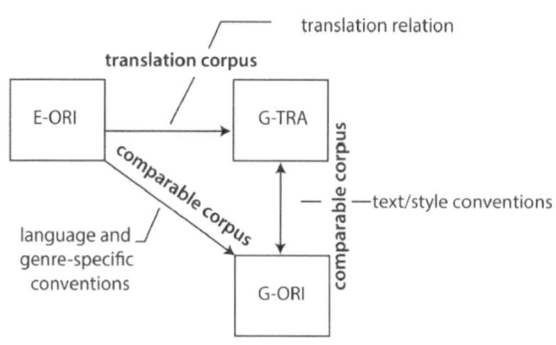

그림 10.1 번역과 비교 코퍼스(예: 영어-독일어)

해당 연구는 질적 분석, 정량화, 양적 분석 결과를 토대로 한 재맥락화의 세 가지 단계로 분류할 수 있다.

질적 분석에서는 '과학적인 접근법의 고정관념'이 만들어지거나 유지되는 것을 방지하기 위해 통제된 절차로서 House의 번역품질평가 모델을 사용했다. Baumgarten *et al.*(2004)에서는 영어로 작성된 대중 과학 기사에서는 독자와의 상호작용을 시뮬레이션하려고 시도했다는 점을 밝혀냈다. 이 때 독자는 아래에 나오는 사이언티픽 아메리칸의 예시처럼 직접 개입하기도 하고 텍스트 내에 기술되어 있는 장면 속으로 들어가기도 한다.

예시 1

① 영어

1998년 7월호 『사이언티픽 아메리칸』에 실린 Susan Buchbinder의 'HIV 노출 후 감염 피하기(Avoiding Infection after HIV- Exposure)'

② 독일어

1998년 10월호 『*Specktrum der Wissenschaft*(학문의 스펙트럼)』에 실린

'에이즈 접촉에 대한 예방(Prävention nach HIV-Kontakt)'

> 1(a) 현재 **당신은** 응급실에 근무하는 의사이고 어떤 환자 한 명이 두 시간 전 강간당한 사실을 **당신에게** 말했다고 가정해 보자. 환자는 AIDS를 야기하는 바이러스인 HIV에 노출이 되었을지도 모른다는 두려움에 사로잡혀 있고, '사후 피임약'을 쓰면 HIV 감염을 예방할 수 있다는 말을 들은 적이 있다. 실제로 **당신은** 바이러스가 복제되어 감염이 일어나는 것을 막기 위해 어떤 일을 할 수 있을까?

위에 나와 있는 HIV 감염을 주제로 하는 기사의 도입부가 독일어판 잡지인 『*Specktrum der Wissenschaft*(학문의 스펙트럼)』에 실리기 위해 독일어로 번역되었다.

> 1(b) 병원 응급실에 한 여성 환자가 보고되었으며, 그녀는 두 시간 전에 강간을 당했고 에이즈 병원균에 노출되었을까 걱정하고 있으며 에이즈 감염을 예방하는 '사후 피임약'이 있다는 사실을 들었다고 한다. 일반적으로 의사가 경우에 따라 존재할 수 있고 계속 증식하며 몸속에 견고히 달라붙어 있는 바이러스를 억제하는 것이 가능한가?

(역번역) 한 병원의 응급실에서 한 환자가 자신은 두 시간 전에 강간당했고 지금 AIDS 바이러스에 노출되지 않았는지 걱정하는 중이라고 말했다. 또한 자신이 들은 바로는 '사후 피임약'이 있고, 이 약을 먹으면 HIV 감염을 방지할 수 있다고 한다. 실제로 이 말을 들은 **의사는** 존재할 가능성이 있는 바이러스가 신체 내에서 복제되거나 영구적으로 존재하는 것을 방지할 수 있는 어떤 일인가를 할 수 있을까?

번역문을 보면 미국식 영어 원문을 독일어 독자의 독서 습관에 맞추기 위해 텍스트가 변화했음을 알 수 있다. 특히 독자의 개입 정도에서 변화가 발생했다. 즉, 독일어 독자는 더 이상 제시된 장면 속 행위자(agent) 중 한 명이라고 상상하지 않아도 된다. 대신 병원 내의 장면이 '외부인의 입장에서' 독일어 버전으로 제시되어 있다. 그 속에서 독자는 활발하게 해당 상황에 관여하지 않아도 된다(Baumgarten et al. 2004). 이 프로젝트에서 양적 분석에 대한 또 다른 예시를 살펴보자.

예시 2

① 영어

1998년 7월호『사이언티픽 아메리칸』에 실린 David Baltimore와 Carol Heilman의 'HIV 백신: 가능성과 도전과제(HIV Vaccines: Prospects and Challenges)'

② 독일어

1998년 10월호『*Specktrum der Wissenschaft*(학문의 스펙트럼)』에 실린 '에이즈 접종 얼마나 가까이 있나(*Wie nahe ist ein HIV-Impfstoff*)'

2(a) 대부분의 백신은 면역 체계의 체액성 지류(humoral arm)라고 불리는 것을 활성화시킨다.

2(b) 대부분의 백신은 면역 체계의 이른바 체액성(라틴어 humor, 액체) 지류를 활성화한다.

(역번역) 대부분의 백신은 소위 말하는 면역 체계의 체액성 지류를 활성화시킨다(액체를 뜻하는 라틴어 humor에서 유래).

2(b)에서는 번역사가 어원에 대한 설명을 추가함으로써 해당 내용을 어떻게 자유롭게 상세히 설명하는지 볼 수 있다.

예시 3

① 영어

1998년 7월호 『사이언티픽 아메리칸』에 실린 Susan Buchbinder의 'HIV 노출 후 감염 방지(Avoiding Infection after HIV-Exposure)'

② 독일어

1998년 10월호 『*Specktrum der Wissenschaft*(학문의 스펙트럼)』에 실린 '에이즈 접촉에 대한 예방(*Prävention nach HIV-Kontakt*)'

3(a) 위험한 접촉 후 치료를 통해 HIV에 감염이 되는 확률을 낮출 수 있다.
3(b) 감염원과 접촉 후 즉각적인 치료는 상황에 따라서는 인체에 면역결핍바이러스가 발생할 위험을 줄인다. 게다가 증가되는 위험도 없음을 보장한다.
(역번역) 감염원과의 접촉 후 즉각적으로 치료가 이루어지는 경우 어떠한 환경하에서도 인체면역결핍 바이러스가 체내에 생성되는 위험을 줄일 수 있다. 하지만 항상 이에 대해 보장할 수 없으며, 새로운 위험 요소가 발생하는 경우도 있다.

3(b)를 보면 독일어 번역문이 어떻게 정보를 추가해서 텍스트를 명료하게 만드는지를 보여 준다. 영어 원문 문장의 내용은 '분석'의 대상이 된다. 이에 따라 세부적인 내용들이 자유롭게 추가되고 독자가 궁금해 할 수 있는 가설적인 질문들에 대한 해답이 제시된다. 예를 들어 독자는 '어떤 치료?'라고 물을 수 있다. 그러면 독일어 텍스트에서는 '즉각적인 치료'라는 답을 제시한다. 또 '치료가 어느 정도로 안전한가?'라는 질문에 대한 답으로 독일어 독자들은 치료의 성공을 보장할 수는 없으며 새로운 위험

이 나타날 수 있다는 사실을 알게 된다.

프로젝트에 대한 질적 분석에 따르면 영어로 작성되어 있는 대중 과학 텍스트에서 독자들은 다양한 언어 수단을 통해 텍스트의 담화 세계에서 묘사된 인물과 동일시된다. 심리적 과정(말하기와 생각(verba dicendi and verba cogitandi))을 통해 독자와의 개인적인 관계가 성립되며, 시뮬레이션 된 대화, 반복, 구조적 유사성, 구조화(framing)를 비롯한 여러 서술 기법들을 활용해서 과학을 개인에게 맞추고 각색한다. 영어 원문과는 반대로 독일어로 작성된 대중 과학 텍스트에서는 심리적 과정을 거치는 것을 회피한다. 독일어 번역본은 개인 지향적 및 설득적인 성격이 덜하며 좀 더 기술적이고 '굉장히 과학적'이다. 또한 어떠한 구조화나 기타 서술 기법도 사용되지 않는다. 어느 정도 수준의 '설교적 담화관계(didactic tenor)'가 독일어 텍스트에서 관측되기도 한다. 즉, 텍스트 생산자가 독자의 측면에서 지식이 부족하다고 가정하고 텍스트 생산자가 상황을 바로 잡는 것이다. 물론 이러한 설교적 개입 및 설명 덕분에 독자들은 추론 과정을 겪지 않아도 된다. 이러한 설명은 독자들이 즐기기보다는 배우고 싶어 한다는 가정에 그 기반을 두고 있다.

프로젝트에 대한 양적 분석은 우선 사용자들의 영향력하에서 시간에 따른 변형 및 변화에 취약한 언어적 수단의 발생 빈도가 통사적으로 발전하는 현상에 대한 양적 분석 결과를 검증하는 역할을 한다. 둘째, 이렇게 취약한 언어적 수단, 즉 '주관성', '수신인 지향성', 다양한 연어(collocation), 동시 발생 패턴뿐 아니라 정보의 구성에 관한 구문적이고 텍스트적 위치를 표현하는 언어적 수단에 대한 사용 선호도를 알아내기 위해 양적 분석이 설계되었다. 우리의 질적 분석을 통해 발견된 독어와 영어에서 나타나는 '주관성', '수신인 지향성'을 표현하는 언어적 형태 및 현상은 다음과 같다. 법조동사(modal verb), 준법조동사(semi-modal), 서법 단어(modal words), 서법조사(modal particles), 심리적 과정, 지시어(deixis), 연결 조사(connective particles), 부사구(sentence adverbials), '~ing'형, 진행형(progressive aspect), 문장의 법(sentential mood), 문장 구조, 프레임 구조, 설명을 추가한 괄호, 상하위절 구조(matrix construction) 등이다. 각각의 개별적인 코퍼스가 단어 수에서 많은 차이를 보이기 때문에 우리는 백분율과 정규화된 빈도를 제시하는 것으로 우리 연구를 제한했다.

앞서 언급했듯이 필자의 양적 분석은 House 모델을 활용해서 질적 연구 결과를 검증하기 위해 시행되었다. 이러한 목적을 가지고 저자-독자 간 상호작용과 관련 있는 언어적 현상을 조사했다. 예를 들면, 텍스트에서 상호성(interactionality)을 증진시키기 위한 기본적인 언어적 수단으로 인칭대명사나 연결사를 사용하거나 인식 양태 표지가 의도가 좀 덜 확실한 텍스트 내에서 말하고자 하는 의견을 제시하는 것을 도와줌으로써 독자들이 스스로 판단할 여지를 남겨 주기 때문에 인식 양태(epistemic modality)를 사용하기도 한다.

또한 우리 연구의 기본적인 가정은 대중 과학 분야의 영어-독일어 간 번역에서 시간이 흐르면서 출발어인 영어로부터 관습 및 규범을 받아들이려는 경향이 나타나지만 몇몇 경우에만 비교 가능하고 단일 언어로 구성되어 있는 (번역되지 않은) 독일어 텍스트가 되는 방법을 찾기도 한다는 것이다. 필자의 연구 코퍼스(1999~2002)에 포함되어 있는 후자 경우에 해당하는 텍스트들은 영어와의 접촉으로 인한 융합 현상을 보이기 때문에 우선 그 보다 앞선 시기인 1978~1982년 당시의 코퍼스에서 비교 가능한 독일어와 영어 텍스트를 분석한 결과에서 양적으로 뽑아낼 수 있는 기본적인 차이점을 파악할 필요가 있다.

결론적으로 1978년에서 1982년까지의 대중 과학 텍스트에서 인칭대명사(우리(we, *wir*)), 문장 첫 단어(and와 *und*, but과 *aber/doch*), 인식 양태 표지 사용에 대한 대조적인 분석 결과는 표 10.1과 같이 요약될 수 있다.

표 10.1 선별된 언어적 항목의 사용 빈도로 알 수 있는 대중적인 과학 텍스트의 영어본과 독어본 간 화용론적 차이(1978~1982)

	인칭대명사 we(wir)	문장 첫 단어 and(und)	문장 첫 단어 but(aber/doch)	인식 양태 표지
영어 원문	27.5	3.1	32.6	22.8
독일어 원문	17.7	0.9	9.0	7.1
결론	영어 텍스트가 좀 더 개인적이다.	영어 텍스트가 구어 상황의 상호작용을 더욱 잘 시뮬레이션한다.	영어 텍스트가 구어 상황의 상호작용을 더욱 잘 시뮬레이션한다.	영어 텍스트에 문답식 표현이 더 많다.

* 빈도는 10,000단어를 정규화했다. 단, but(aber/doch)의 경우에는 1,000문장 단위로 정규화했다.
* 출처: Kranich et al. 2012: 323.

번역 관계 분석

표 10.2에서는 프로젝트의 병렬 코퍼스 및 비교 코퍼스에서 발견된 언어적 현상의 활용이 두 기간 동안 어떻게 변했는지에 대한 결과를 요약했다.

표 10.2를 보면 투영하기(shining-through)는 대중 과학 텍스트에서 영어-독일어 번역 시 나타나는 흔한 현상임을 알 수 있다. 관찰된 네 가지 현상 중 세 경우에서 출발어 투영하기에 대한 명확한 근거가 발견되었다. 번역사들이 무비판적으로 줄발어의 표현을 사용하지 않고 어느 정도 각색을 해서 사용하고는 있지만(예를 들면 문장 첫 단어를 'but'으로 사용하는 대신 문장 내부에 연결사를 넣는다거나 서법성이 낮은 인지 양태 표지를 서법성이 높은 단어로 번역) 단일어로 되어 있는 도착어 텍스트와는 다른 성격을 띠는 번역 텍스트를 만드는 선택을 여전히 많이 하고 있다. 따라서

영어에서 번역된 대중 과학 텍스트 독어본은 실제로 이 장르에서는 독일어 원문들에 비해 좀 더 상호작용적이라고 결론지을 수 있다.

표 10.2 대중적인 과학 텍스트의 독일어 번역본 및 비번역본에서의 투영하기와 접촉 유도

	인칭대명사 we(*wir*)	문장 첫 단어 and(*und*)	문장 첫 단어 but(*aber/doch*)	인식 양태 표지
번역본에서의 투영하기 효과	있음	불명확	있음	있음
독일어 원문에 끼치는 영향력	없음	없음	있음	없음
결론	독일어 원본이 좀 더 개인적이지만 변화는 번역 때문에 발생한 것이 아니다.	독일어 원본이 좀 더 상호작용적이지만 이유는 명확하지 않다.	저자들이 번역문으로부터 영어권에서 사용되는 패턴을 채택하기 때문에 독일어 원본이 좀 더 상호작용적이다.	독일어 원본이 좀 더 대화체이지 않다.

* 출처: Kranich *et al.* 2012: 331

주요한 프로젝트 가설과 관련해서, 즉 독일어 원문이 대중적인 과학 장르에서 점점 더 영어권의 관습을 채택하게 될 것이라는 가설에 대해서는 이러한 관점을 지지하는 근거가 그다지 강하지 않다는 사실을 알았다. 문장 처음에 사용하는 양보 접속사('but' *aber/doch*)에 대한 사례 연구에서만 이 가설을 명확하게 지지하는 결과가 나왔다(Becher 2011). 이 경우 실제 영어-독일어 번역 때문에 독일어로 작성되는 대중적인 과학 장르에서 전반적으로 관습이 변하는 상황이 조성되어 독일어 원문에 상호성을 높인 것으로 보인다. 인식 양태 표지와 관련해서는 독일어 원문이 좀 더 대인관계적인 문체를 채택한다는 어떠한 증거도 없었다.

문장 첫 단어로 'and(*und*)'를 사용하거나 인칭대명사인 'we(*wir*)'를 사용하는 것에 대한 결과는 다소 명확하지 않다. 실제로 독일어 원문은 상호적이 되면서 점점 더 많이 문장 첫 단어로 *und*와 인칭대명사 *wir*를 사용했다. 하지만 이 두 가지 언어적 항목이 가지고 있는 기능이 영어의 'and'와 'we'의 기능과는 확연히 다르다. 따라서 영어-독일어 번역을 통해 영어가 독일어 텍스트 관습에 영향력을 끼친다고 할 수는 없다. 좀 더 간접적인 유형의 영어권 영향력이 더 타당한 설명이 될 수도 있다. 영어(영국과 미국 모두)에서의 최근 경향은 텍스트가 형식에 얽매이지 않고 구어체로 점점 변하면서 상호적으로 된다는 사실이다(Mair 2006 비교). 이러한 추세는 지식의 민주화(democratization)나 상호작용 시 형식에 얽매이지 않는 성향이 증가하는 등의 일반적인 문화적 과정과도 연관될 수 있다. 영국이나 미국에서 사회 전반에 걸쳐 발생하는 과정이 독일사회에서도 동일하게 발생하고 있다고 가정하는 것이 합리적일 것으로 보인다. 이러한 문화적·사회적 추세는 아마도 영어권 (특히 미국의) 문화의 권위에 의해 영향을 받을 수도 있다. 따라서 이번 연구에서 사용된 코퍼스 내 독일어 원문에서 볼 수 있는 추세는 다소 간접적인 방법으로 권위 있는 영어권 모델에 의해 야기된다고 말할 수 있다. 하지만 영어-독어 번역문이 독일어 장르 관습의 변화에 끼친 영향과 관련해서는 그 영향력이 미미하다라고밖에 설명할 수 없을 것 같다. 왜냐하면 조사 대상이었던 4가지 요소 중에 한 가지 요소에서만 그 영향이 명확하게 설명 가능했기 때문이다.

어느 곳에서나 볼 수 있는 영어의 영향력 때문에 다른 언어(예를 들면 독어)들의 의사소통 규범이 영어권의 규범을 채택한다는 가설에 대해서는 간단하게 대답할 수는 없을 듯하다. 하지만 아래와 같이 세 가지 모델을 제안해 본다.

모델 1) 영어 지배의 중재자로서의 번역 : 번역 과정을 통해 변화가 발생한다. 이 경우 번역은 사실상 변화의 중심이다. 즉, 언어 간 접촉 수단으로서의 번역은 원문이 번역에 영향을 끼치는 것을 돕는다. 이 경우 예전에는 내재적 번역에 적합했던 텍스트가 더 이상 문화적 필터를 거치지 않고 영어식으로 바뀌면서 본연의 규범과 관습이 가려지고 적절한 형태로 변하게 된다.

모델 2) 세계화라는 보편적인 영향 : 번역이 변화를 반영하는 수단이긴 하지만 **변화의 선동자는 아니다.** 번역 과정은 세계화 및 국제화라는 시대정신을 실현하는 동인으로써 변화를 반영한다. 언어 접촉의 중심적인 통로라는 역할에도 불구하고 도착어 규범의 변화가 번역을 통해 일어나기 보다는 지배적인 영향력을 가진 영어가 어느 곳에나 존재하기 때문에 텍스트 관습에 변화가 일어난다.

모델 3) 문화 보존을 위한 번역 : 번역 과정은 **변화에 저항한다.** 세 번째 모델은 필자가 대부분의 질적 사례연구와 관련해서 이전에 제안했던 가설이다. 필자의 가설에 따르면 내재적 번역이라는 의식에서는 변화가 없다. 즉, 번역사는 언어 간 차이점과 대조점을 너무 잘 알고 있는 언어 전문가이기 때문에 도착어 텍스트 장르의 규범을 보존한다.

결론적으로 상기에서 논의되었던 연구 프로젝트의 결과를 기반으로 전 세계에서 사용하고 있는 영어와 세계화 과정이 다른 언어, 특히 독어의 의사소통 규범에 번역을 통한 언어 접촉을 통해 영향을 끼치는지 여부와 그 방법에 대해서는 간단하게 답할 수 없다. 더 많은 연구를 통해 번역을 통한 언어의 변형 및 변화에 영향을 비칠 수 있는 다양한 요인을 고려해 볼 필요가 있다.

10장에서는 필자의 번역품질평가 모델이 코퍼스 기반 연구 프로젝트에 유용하게 통합되는 과정을 보여 주었다. 사실상 이 평가 모델은 코퍼스의 양적 분석과 그에 따른 번역 관련 분석 모두에 기반이 되는 역할을 한다.

11

인지적 번역 관련 연구와 번역품질평가와의 관련성

11장에서는 번역 과정에 대한 연구 분야 예를 들어, 사고발화법 연구, 회상 과정 연구, 다양한 심리언어 및 행동 실험 등의 최근 발전 동향을 논의하고자 한다. 번역사의 머릿속에서 어떠한 일이 발생하는지에 대해 알아보고 일반적으로 번역학을 연구하고 번역품질모델에 대한 통합 모델을 개발하는 데 이러한 인지적 연구들이 얼마나 많은 잠재력을 가지고 있는지에 대해서도 객관적으로 논할 것이다.

O'Brien(2013: 6)이 지적한 바에 따르면 번역 과정 연구는 여러 학문 분야에서 다루는 주제들과 아주 많이 연관된다. 예를 들면, 언어학, 심리학, 인지과학, 신경과학, 독서 및 작문 연구, 언어 기술 등이다. 이러한 학문들과 그에 따른 특정한 연구 방향 및 방법론이 번역학에 끼치는 영향력은 일방적이지만, 시간이 지남에 따라 학제 간 상호 연구가 진행되면서 번역학이 언젠가는 영향을 받기만 하는 분야가 아니라 다른 학문에 영향을 주는 학문 분야가 될 것이다.

1장에서 본 것처럼 번역을 인지적 과정으로 간주할 수 있기 때문에 번역사가 '이중언어 모드(bilingual mode)'에 있을 때 어떤 일이 발생하는지를 탐구해 볼 필요가 있으며(Grosjean 2001), 번역사로 하여금 일련의 텍스트를 한 가지 언어에서 다른 언어로 이해하고 전환하고 재구성하게 해주며 그에 따라 번역 품질을 평가하게 하는 힘이 정확하게 무엇인지에 대해서도 연구가 필요하다. 번역사가 텍스트 자료를 다룰 때 번역사의 이중언어 사고 과정에서 텍스트의 이해, 문제 해결, 의사 결정 전략이 어떻게 도출될 수 있는지에 대해 타당하고 이론을 기반으로 하는 설명이 필요하다. 이러한 접근법에서 굳이 사회적, 문화적 요소를 제외할 필요는 없다. 도식, 문자, 구성, 문장 구조, 판에 박힌 표현 등의 형태로 언어적·인지적 표상으로 굳어진 사회·문화적 공유 지식은 특정 문화 내에서 언어라는 매체를 통한 관습화 과정에 기인한다(Sperber 1996; Cook and Bassetti 2011 비교).

보통은 독백의 과정, 가끔은 대화의 과정을 다루기도 하고, 순위를 매기거나 결정과 관련된 과업을 다루는 내성적, 회상적 연구(Göpferich and Jääskeläinen 2009; Jääskeläinen 2011 비교)는 30년 전 도입된 이후로 생산적인 연구 패러다임으로 자리 잡고 있다. 번역품질평가에서 반응에 기반한 관점을 볼 때는 번역사 및 수용자들의 반응과 그 인지 과정을 고려하는 것은 매우 중요하다.

내성적, 회상적 연구에서 도출된 구두 보고서 데이터들은 실제로 그 내용이 명확하지 않더라도 유효성(validity) 및 신뢰도(reliability)가 있다고 당연시해 왔다. 사고발화법 실험 대상자들이 더 나은 전략을 펼칠 수 있도록 사전에 집중 교육을 실시하는 등 지난 수십 년 동안 사고발화법 데이터의 품질을 개선하기 위해 여러 가지 시도를 해 오면서도 이와 같은 연구 유형의 기저에 깔린 일반 가정에 의문을 제기하지는 않았다. 번역 행위에 관여하는 사람들이 정신적 과정을 부분적이라도 통제할 수 있고 그 과정 중 일부라도 이해할 수 있다는 것이 내성적·회상적 번역학의 근간을 이루는 믿음이다. 이는 다시 말해 의식을 분석하여 구두화할 수 있음을 의미한다. 하지만 이 가정이 유효하다고 말하기에는 명쾌하지 않은 점이 상당히 많다. 더욱이 연구 방법론적 측면에서는 이 가정이 옳은지 아니면 오류가 있는지 밝혀낼 수 있을지도 명확하지 않다.

내성(introspection)을 기반으로 하는 모든 연구에서 이와 같은 현상이 발생하는 주요 원인은 현재 인지과학에서 가장 중요하고 논란의 여지가 많은 주제 중 하나인 의식의 특성을 다루고 있기 때문이다(Cohen and Stemmer 2007; Eagleman 2011 비교). 실제로 가장 최근의 신경과학 문헌들에서도 비의식(non-conscious)의 중요성을 강조하고 있으며, 이는 번역 과정 연구들에게는 맥 빠지는 연구 결과다. 하지만 위에서 언급한 번역 과정 연구에서 방법론적 문제를 점점 더 인식하는 경향은 다행스럽다. Jääskeläinen(2011)은 번역 과업이 가진 특성을 고려하여 8장에서 논의했던 번역 관련 언어쌍의 대조 화용론적 분석을 포함시켜 구두 보고서 데이터가 가지고 있는 문제를 체계적으로 검토하는 것에 대한 중요성을 강조했다.

최근 번역학자들은 원리를 이해할 수 없는 '블랙박스'를 피하고 번역 과정에 대한 개별적인 단계를 직접 추적하기 위해 행동 실험을 고안하고 있다. 이와 같은 실험을 통해 경과 기간별 진척도, 번역사가 수정을 한 빈도와 유형, (측정 가능한) 노력의 정도, 주의 초점 및 이동 횟수, 번역사가 번역 도중 느끼는 스트레스 반응 등을 측정할 수 있다. 이처럼 야심찬 계획이 가능하게 된 이유는 컴퓨터를 이용한 기술이 최근 발전하면서 키로깅(keyboard logging), 스크린 레코딩, 아이 트래킹(eye-tracking)을 비롯해 다양한 생리학적 방법을 활용한 실험이 가능해졌기 때문이다. Shreve and Angelone(2010), O'Brien(2011)은 다양한 도구(키로깅이나 아이 트래킹)를 접목한 번역 관련 행동 연구에 대한 개요를 제시하고 있다. 그러나 이러한 행동 실험의 유효성과 신뢰도를 여전히 비판적으로 보는 시선도 존재한다. 예를 들면, (키로깅이나 아이 트래킹 등을 통해) 관측 가능한 행동을 측정해서 번역사의 머릿속에서 벌어지는 근본적인 인지 과정을 밝힐 수 있다는 사실이 입증되었나? 혹은 관측 가능한 행동을 측정해서 두 언어에 대한 인지적 표상(cognitive representation)의 특성을 설명하고, 번역사의 메타 언어적·대조 언어적 지식에 대한 정보를 제공하며, 번역 시 발생되는 이해·전이·재구성 과정을 분명히 할 수 있을까? 실제로는 그렇지 않다! 이러한 실험들은 단지 관측 가능한 행동들에 대한 몇 가지 정보를 알려주는 것이 전부이고, 그것이 이러한 실험들이 고안된 목적이기도 하다.

인지과학 연구의 또 다른 최근 추세는 이중언어에 대한 신경영상 (neuro-imaging) 연구다. 신경영상 연구에 대한 결과는 연구에 사용된 과업의 종류에 따라 그 결과가 달라진다. 최근 들어 드물기는 하지만 개별 문장을 활용한 사례를 제외하고는 기능적 자기 공명 기록법(fMRI), 양전자 방사 단층 촬영(PET), 사건 관련 전위(ERP) 연구는 대개 단어를 기반으로 하고 있다(Price et al. 1999; Klein et al. 2006; Hernandez 2009 비교). 하지만 1장과 2장에서도 언급했듯이 번역은 본질적으로 텍스트를 기반으로 한다. 이중언어에 대한 신경영상 연구에 내재되어 있는 과업의 인위성 때문에 이러한 연구들은 생태학적 타당도가 부족하다. 유명한 신경과학자인 Paradis의 말을 인용해 보면 다음과 같다.

> (자연스러운 전환이나 조합 등) 자연스러운 언어를 사용하는 것이 아닌 다른 과업을 활용한다면 낱말을 사용하는 과업과 같은 결과를 낳게 된다. 즉, 그런 과업에는 화용론이나 신경적 기반처럼 자동적으로 언어를 자연스럽게 유지시켜 주는 절차가 없다는 뜻이다.
>
> (2009: 157-58)

편측성(laterality)이나 언어 전환·언어 혼용을 다루는 신경영상 연구는 대개 낱말을 자극원으로 쓴다. 대상자들에게 지령에 따라 그림 이름을 맞추게 하는 실험을 예로 들 수 있다. Paradis(2009: 160)에 따르면 자연스러운 상황에서 언어를 구사할 때와 큐 신호에 따라 언어를 구사할 때는 우리 뇌가 심히 다르게 활동하며, 각 상황이 상반된 절차에 대응한다는 점에 주목해야 한다. 낱말은 여타 언어와는 실로 다르다. 낱말은 언어의 의식적인 용어에 속하지, 어휘 목록에는 들지 않는다. 어휘 목록은 통사·형태론적 특징을 포함하며 이중언어 구사자는 이를 뇌의 각 언어 하부 체계 신경망에 쌓게 된다. 일반적·자연적 언어 사용의 기저에는 절차 기억(procedural memory)이 깔려 있는데 반해 낱말 자극원은 형태·의미적 연계가 분명히 알려져 있고 서술 기억(declarative memory)이 보조하게 된다. 각 기억 체계는 별도의 신경기능적 구조에 의존한다. 또 일반적·자연적 언어 사용의 경우 발화의 화용적 양상을 처리할 때 뇌 우반구의 대뇌피질이 관여하지만 맥락이 결여된 낱말을 처리할 때는 이 대뇌피질이 관여하지 않는다.

신경영상 데이터가 남기는 증거의 특성에도 문제가 있다. 즉, 데이터를 통해 주기적으로 얻는 혈류 및 그 외 혈행 동태 반응이 신경활동의 직접적인 척도라고 볼 수 없다. 게다가 신경영상 연구의 대부분은 재현되지 않는다. 보고된 신경 활성화 사례는 과업 의존적이거나 적용된 특정 기술에 의존하는 경우가 많아 재현하기 어렵다. 그리고 이 과업 의존성 및 기술 의존성 때문에 우리는 뇌 활성화 보고 사례가 언어 표상, 처리, 전환 자체의 증거라고 하기 보다는 특정 과업이나 기술이 적용되었음을 나타낸다는 것을 알 수 있다. 이 같은 문제를 감안할 때 현 단계에서 실험적 신경영상 연구가 번역학 연구에 얼마나 쓰임새가 있을지는 불투명하여 성과를 기대하기 전에 이를 잘 묘사하고 설명할 만한 이론을 찾아야 한다.

Paradis는 이중언어 구사자의 마음을 분석한 신경언어 이론을 만들어 냈다. 그림 11.1은 이중언어 구사자의 신경기능적, 언어인지적 체계를 묘사한 Paradis의 모델을 보여준다.

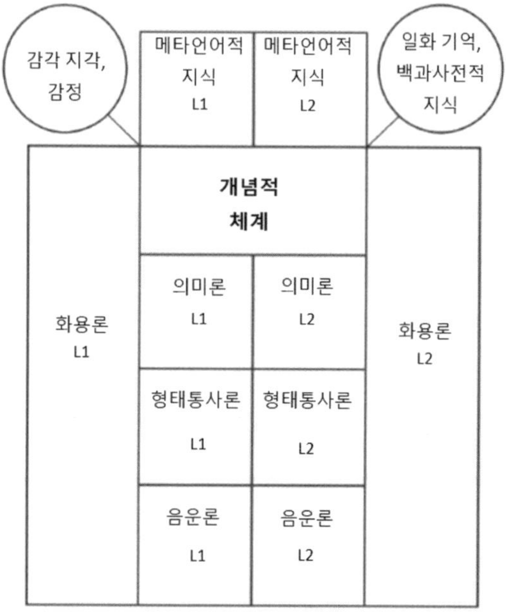

```
     ┌──────────┬──────────┐
감각 지각,│메타언어적 │메타언어적 │일화 기억,
  감정  │  지식    │  지식    │백과사전적
         │   L1     │   L2     │  지식
  ┌──────┼──────────┴──────────┼──────┐
  │      │      개념적          │      │
  │      │      체계            │      │
  │      ├──────────┬──────────┤      │
  │      │  의미론  │  의미론  │      │
  │ 화용론│   L1     │   L2     │화용론│
  │  L1  ├──────────┼──────────┤  L2  │
  │      │형태통사론│형태통사론│      │
  │      │   L1     │   L2     │      │
  │      ├──────────┼──────────┤      │
  │      │  음운론  │  음운론  │      │
  │      │   L1     │   L2     │      │
  └──────┴──────────┴──────────┴──────┘
```

그림 11.1 언어적 의사소통의 구성요소를 나타낸 도해 (출처: Paradis 2004: 227)

그림 11.1은 이중언어 구사자가 사용하는 두 언어 L1과 L2의 명시적 메타언어 지식의 서로 다른 층위를 보여준다. L1과 L2는 공동의 개념적 체계를 가지면서 각 언어는 서로 다른 의미적, 형태통사적, 음운적 언어 특정 층위를 가진다. Paradis는 (번역사를 포함하여) 이중언어 구사자들의 신경 연결점의 부분집합이 언어 당 하나씩 두 개이며 (이를테면 번역 과정에서) 서로 독립적으로 활성화되고 제약을 받는다고 가정했다. 하지만 더 큰 크기의 집합도 있어서 언제든지 양쪽 언어로부터 항목을 뽑아낼 수 있다. 선택은 모두 자동적으로 활성 층위에서 무의식적으로 이루어진다. Paradis는 특히 번역을 언급하면서 두 가지로 구분되는 번역 전략을 운용하자고 제안한다. 하나는 개념적 체계를 통해 번역하여 원문 자료를 언어적으로 디코딩(이해)하고 도착어 텍스트 자료를 인코딩(생산)하는 전략이며, 다른 하나는 규칙을 자동 적용하여 출발어 언어 항목에서 등가를 이루

는 도착어 항목으로 바로 옮기는 직접 트랜스코딩 전략이다. 다시 말해 출발어 형식이 도착어 형식을 즉각 촉발시키므로 개념적·의미적 절차를 우회하게 된다.

Paradis의 이론은 두 언어의 표상적 모드(representation modi)가 디코딩, 이해, 전이, 재구성, 재구두화라는 핵심 번역 절차의 열쇠 역할을 한다고 설명하고 있기 때문에 번역과 밀접한 관련이 있으며, 결과적으로 번역품질평가와도 관련이 있다. 개념적 체계와 다른 언어 층위에 영향을 끼치는 L1과 L2의 화용적 요소가 무엇보다 중요하다고 설정한 점에 특히 주목하자. 이 모델에서 별도의 개념적 체계가 L1과 L2에 공동으로 적용된다고 설명하는 부분에서 숙련된 번역사들이 이따금씩 개념적 체계를 거치지 않고 출발어에서 도착어로 직접 옮기는 것을 설명해 낼 수 있다.

Paradis가 화용적 요소를 중요하게 다룬다는 점에서 이중언어 구사자(번역사)의 뇌를 연구한 이 모델과 필자가 만든 '언어 텍스트 분석·번역·번역평가를 위한 기능·화용적 번역 이론'을 결합할 가능성을 엿볼 수 있다. 필자 모델의 두 가지 번역 유형인 외현적 번역과 내재적 번역은 앞서 논의했듯이 번역사가 질적으로 다른 인지적 요구사항이 있을 경우 서로 다른 유형의 재맥락화 절차를 활용해 결과를 내는 것으로 정의한다. 외현적 번역은 심리언어적이나 인지적으로 복잡하고, 내재적 번역은 간단하다. 외현적 번역에서 원문과 번역문의 화용적 요소는 정신적으로 상호활성화되기 때문에 외현적 번역이 심리언어적으로도 인지적으로도 복잡하다. '진정한' 기능적 등가는 얻을 수 없고, 원하는 바도 아니며, 오직 2차적인 기능적 등가만 얻을 수 있다. 내재적 번역에서는 원문과 번역문의 화용적 요소가 상호 활성화되지 않는다. 이와 같은 정신적 상호 활성화의 부재가 내재적 번역이 심리언어적으로도 인지적으로도 간단하다는 것을 설명한다. 내재적 번역은 종종 언어/텍스트, 사용역, 장르에 크게 개입하며, 적합한 기능적 등가를 얻기 위해 번역사는 도착어 텍스트의 화용적 요소를 감안해야 한다. 이는 언어문화적으로 결정된 통념이나 규범이 원문 수신인과 번역문 수신인 간에 어떻게 다른지 포착하는 '문화적 필터'의 개념을 통해 얻을 수 있다. 8장에서도 언급했지만 서로 다른 언어쌍의 사용역이나 장르가 얼마나 다른지를 밝히는 대조 화용적 연구가 개탄스러울 만큼 부족하여 관련된 번역 연구의 단단한 이론적 토대를 다지기가 사실상 불가능에 가깝다. 따라서 정성적·정량적 연구, 사례 기반 연구, 코퍼스 기반 연구, 실험적 이문화 연구를 조합하는 것이 꼭 필요하다(이와 같은 조합에 있어 유망한 제안으로서 Halverson 2010과 Alves et al. 2010 참조).

Paradis의 모델은 내재적 번역에서 등장하는 L2의 화용적 규범으로 완전히 전환한다는 가정하에 문화적 필터라는 개념이라든지 외현적 번역에서 등장하는 L1과 L2의 화용적 요소가 상호활성화된다는 가설 등과 관련해서 House의 번역품질평가 모델의 기저에 깔려 있는 가정들을 뒷받침하고 있기 때문에 번역학 및 번역품질평가와 관련이 깊다. Paradis의 모델에서는 외현적 번역을 수행하는 과정에서 두 개의 화용적/언어학적 표상망(representational network)을 통해 더 넓은 영역의 신경망이 활성화되기 때문에 심리언어적으로 더 복잡하다는 필자의 가설을 분명하게 뒷받침한다(그림 11.1 참조). Paradis의 모델은 내재적 번역을 수행하는 과정에서는 L2에 해당되는 하나의 화용적/언어학적 표상망만이 활성화되기 때문에 심리언어적으로 단순하다는 필자의 가설도 뒷받침한다.

요컨대 내성 및 회고적 연구, 행동실험, 신경영상 관련 현행 연구를 비판적으로 바라보면 번역품질평가 분야의 인지언어학적 방향을 제시하거나 더 넓게는 새로운 번역 이론을 세워볼 수도 있을 것이다. 이 점에서 필자는 Paradis의 이중언어주의에 대한 신경언어학 이론이 번역품질평가에 있어 특히 더 유용하고 적합하다고 본다.

번역품질평가를 새롭게 바라보는 관점에 연관될 만한 또 다른 접근법으로는 최근에 발표된 Halverson(2014)의 연구가 있다. Halverson은 다언어

인지(multilingual cognition) 특성을 고려한 새로운 인지 기반 체계를 주장한다. 다언어 인지는 단일 언어 인지와는 구별되며, 다언어 구사자의 '다중언어능력(multicompetence)'의 개념으로 요약될 수 있다(예: Bassetti and Cook 2011; House 2011b).

　Halverson에 따르면 이제는 인지적으로 실행 가능한 접근법을 이용해 텍스트 기반 접근법을 보조할 때라고 한다. 이 경우, 다언어 구사자이자 다중언어능력을 가진 화자로서의 번역사는 단일 언어를 구사하는 번역사와는 근본적으로 다른 유형의 언어능력을 가지기 때문에 번역사에 대한 재정립이 불가피하다고 Halverson은 주장한다. 또한 번역사들이 둘 이상의 언어를 활성화하여 (적어도 전체 과정 중 일부라도) 동시에 (하나의 언어로) 이해하고 (다른 언어로) 생산하는 경향이 있으므로 번역 과정이 흔히들 생각하는 것만큼 이중적인 작업은 아니라고 가정하면서 반드시 번역사 개인에 대한 새로운 관점을 가져야 한다고 주장한다. 따라서 번역사 고유의 이중언어능력은 대단히 중요한 의미를 지닌다. 이러한 능력을 시작점으로 둔다면 출발어와 도착어 텍스트를 연구하는 데 중요한 보조 역할을 할 수 있을 것이다.

　언어, 지식, 규범, 문화 등의 개념은 인지적 측면과 사회적 측면에서 재편성되어야 한다. 여기서 중요한 질문은 인지와 사회성이 어떻게 연관되어 있는가 하는 것이다. Halverson이 주장하듯이 Searle의 '배경(background, 1995)'이라는 개념과 Bourdieu의 아비투스(habitus, 1977)라는 개념은 특히 관련이 있다. 인지와 세계를 경험적 수준에서 통합하는 것을 인지라고 간주하는 상황적 인지(situated cognition)도 관련이 있는 개념이다. Searle에게 있어 Bourdieu의 아비투스와 유사하면서 '튼튼하고 교환 가능한 특징의 체제(Bourdieu 1977: 72)'로 정의되는 '배경'이라는 개념은 인과관계에 따라 그 기능을 한다. 왜냐하면 인간은 사회 구조를 대변하지 않고도 적합하게 반응할 수 있도록 지식 구조를 발전시키면서 자신이 사는 세계의 사회 구조에 주기적으로 적응하기 때문이다. 따라서 '배경'은 인류가 몸담고 있는 사회세계를 만들고 지속시킬 수 있도록 하는 인지적인 개념이다.

Halverson(2004, 2008)은 Searle의 관념을 번역 현실과 연결 지었다. 또한 그녀는 개인이 (인지적으로 현실에 기반을 두고 있는 사실을) 알아가는 것(knowing)과 행하는 것(doing)을 그 두 행위를 가능하게도 또 제약을 가하기도 하는 인과적 힘의 사회영역과 연결하는 수단으로서 아비투스라는 관념을 번역 이론에 통합시킬 필요가 있다고 강조한다(Inghilleri 2003). 배경과 아비투스라는 두 개의 개념은 사회적 세계와 인지하는 개인 간의 통합을 아우르고 있다. 사회성은 집단 내에서 발견되는 추상적인 체제나 패턴을 지향한다기보다는 예시된 것처럼 인간 지향적이라는 것을 알 수 있다.

최근 몇몇 다른 학설들은 인지의 '배태성'의 역할을 강조하고 있다. 예를 들어, Shore(1996), Sperber(1996), Enfield and Levinson(2006)의 연구가 있고, 후자의 경우 사회와 인지의 접점에서 민족지학적이고 다학제적인 관점을 제시했다. 여기서 인지는 배태성과 확장성을 띠고 있다고 간주되고 있으며, 이러한 아이디어는 Risku(2010)나 취리히 응용과학대학의 '번역절차포착(Capturing Translation Processes, CTP)' 프로젝트 등의 최근 번역 연구를 통해 근거를 찾기도 했다. CTP 프로젝트의 다양한 유형의 데이터(작업장 관측, 인터뷰, 설문지, 컴퓨터 로깅, 스크린샷 기록, 아이트래킹, 회상적 구두화)는 상황적 번역(situated translation)을 새롭게 이해하기 위한 기반이 될 수 있다.

사회와 인지를 통합하려는 시도는 Clark의 '공통점(common ground)' 개념에서도 찾아볼 수 있다. Clark은 자신의 관념에 대해 "두 사람의 공통점은 사실상 두 사람이 상호 간에 공통적 혹은 공동으로 가진 지식, 믿음, 가정들의 합이다(1996: 93)"라고 서술한다. 이와 같은 관념은 Clark이 언어사용을 '함께 하는 활동(joint action)'으로 간주하는 데 있어 필수적이다. 필자가 선택한 두 가지 개념이 더 포괄적인 존재론적 주장에 속하는 반면 Clark은 언어사용 측면에 더 집중하고 있으므로 번역학과 번역품질평가 측면에서 분명 중요하기는 하지만 여기서는 상세히 다루지 않았다.

종합해 볼 때, 오늘날 인지의 경계는 확장되었다. 인지와 사회는 더 이상 분리된 것이 아니고, '상황적 인지'는 '체화'되고 '확장'되며 '배태'된 것으로 비춰진다(Robbins and Aydede 2009: 3). 만약 사회적 세계가 인지 과정에 의존하고 인지가 사회적 세계에 위치한다면 그 둘이 만나는 곳은 인지의 주체인 개인이라는 사실을 받아들여야 한다.

11장에서는 다양한 인지 과정으로서의 번역 접근법을 설명했다. 번역품질평가 측면에서는 Michel Paradis가 제안한 신경언어학 이론이 가장 연관성이 크다고 결론지었다. 왜냐하면 House의 번역품질평가 모델에서 제시한 두 가지 근본적인 번역 유형이 가정하는 인지적 차이를 뒷받침하고 있기 때문이다. 11장에서 다룬 번역에 대한 인지적 관점과 관련되는 흥미로운 제안 사항은 Sandra Halverson이 제시했다. 번역품질평가에 대해서 Halverson은 배태된 사회 상황적 인지의 중요성을 강조하는 사회인지적 접근법들(socio-cognitive approaches)과 번역이 관련이 있다고 주장한다. 이 제안은 필자 모델에서 제시하고 있는 가정들, 즉 사회적 맥락 내 텍스트가 가지고 있는 배태성, 서로 다른 외현적 번역과 내재적 번역의 복잡성에 대해 상황적 인지 절차를 고려할 필요성, 그리고 문화적 필터링에서의 공통되는 기반의 가정을 지지한다. 하지만 Halverson이 번역학에서 번역사라는 사람이 가장 중요하고 중심에 있다고 한 명제는 필자의 번역품질평가 모델에서는 이전 버전이든지 다음 장에 소개할 새로운 버전에서든지 간에 이를 합리적으로 수용할 수 없다. 필자의 모델은 예나 지금이나 텍스트를 기반으로 하는 모델로 장르, 코퍼스 연구, 복잡성 등의 범주 및 통찰력을 이들과 구별되는 인지 화용적 절차에 통합함으로써 일반화시킨다.

12
번역품질관리의 새로운 통합 모델을 향하여

12장에서는 번역품질평가에 대해 새롭게 수정된 모델을 제시할 것이다. 이 모델에는 앞서 언급했던 여러 가지 학문 분야와 관점들이 가능한 광범위하게 고려되었고 통합되었다. 그래서 필자가 던지게 될 질문은 아래에 다시 제시된 모델이 8~11장에서 설명된 여러 학문 분야와 그들과 품질관리평가와의 연관성을 고려해 봤을 때 어떻게 수정되어야 하는지다. 또한 12장에서는 원문과 번역본에 대한 또 다른 분석 사례를 제시할 것이다.

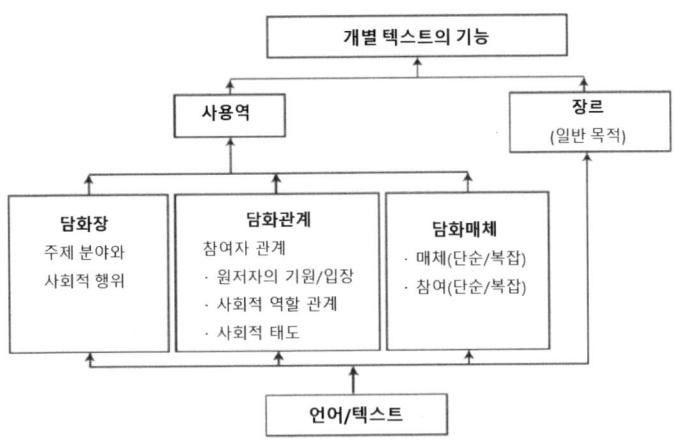

그림 12.1 원문과 번역문의 분석 및 비교 체제

우선 8장에서 다루었던 대조 화용론, 문화 간 의사소통 및 이해와 관련한 문제들이 상기에 제시된 번역품질평가 모델과 어떻게 관련성을 가지며, 해당 모델을 수정하고 업데이트하는 데 어떻게 사용될지에 대해서 생각해보자.

두 개의 서로 다른 언어 문화권과 각자의 유사한 혹은 다른 관습, 규범, 가치에 초점을 맞추고 있는 대조 화용론이 번역품질평가와 여전히 관련이 있을까? 필자의 모델에서는 대조 화용론에 대한 연구 결과들이 내재적 번역에서 '문화적 필터'를 입증하고 번역사들에게 내재적 번역 시 도착어 문화의 규범 중 어떤 부분에 어떤 방법을 통해 각색이 이루어지는지를 알려주며 대조 화용론 연구의 결과물을 바탕으로 번역 전이를 정당화하는 것과 관련이 있다고 나왔다. 현재까지도 필자는 대조 화용론 연구와 번역품질평가가 관련성이 있다고 입장을 유지하고 있으며, 내재적 번역에서 문화적 필터의 범위가 가능한 한 많은 수의 언어쌍을 활용한 대조 화용론 연구를 통해 확장되어야 한다고 계속해서 권장할 것이다. 독일어-영어를 다룬 필자의 연구에 대한 후속 연구로 다른 언어에서의 의사소통 스타일 간의 유사점과 차이점에 대해 알아보는 많은 수의 연구들이 최근 들어 완성되고 있다. 예를 들어, 영어-불어(Küppers 2008), 영어-스페인어-독일어(Kranich and González-Díaz 2010), 영어-페르시아어(Amouzadeh and House 2010), 아랍어-독어(Harfmann 2009), 일본어-독일어(Yamamori 2013), 일본어-영어(Junge 2011), 영어-중국어(Liu 게재 예정) 간 연구가 있다. 하지만 8장에서 나온 '새로운 사고'에 대한 논의처럼, 서로 다른 언어권 문화에 속해 있는 사람들이 점점 더 서로 의사소통을 하고 어울려 지내면서 다른 문화적 규범의 경계선을 정하기가 어려워지면서 문화 간 의사소통 및 이해라는 부문에 대한 과도한 일반화를 하기에 앞서 좀 더 주의를 기울이고 의사소통 규범이나 스타일의 차이에 대해서 세심하게 지속적으로 살펴보아야 한다. 국제화 및 세계화, 내부적 다양화 등이 더 많이 진행되면서 번역품질평가는 좀 더 복잡해지고 평가자들은 자신을 둘러싸고 있는 세계에서의 의사소통 스타일이 역동적으로 변하고 있다는 사실을 인지하고 있어야 한다.

요약하자면 문화적 필터라는 개념은 번역품질평가 시 변함없이 매우 중요하다. 하지만 8장과 9장에서의 논의들로 인해 언어·문화적 규범의 변형 및 변화의 가능성이 대두되면서 번역 및 번역품질평가 시 세계화 및 국제화 과정 때문에 발생할 수 있는 의사소통 규범 변동을 주의 깊게 고려해야 한다. 이러한 현상은 번역을 하는 사람들이나 번역을 평가하는 사람들 모두에게 또 다른 부담감을 지우게 된다. 어디에도 쉽게 모든 경우에 적용되거나 영원히 타당한 일반화는 없다. 그보다는 개별적인 사례마다 문화적 필터링이 적용되었는지, 적용되었다면 어떻게 적용되었는지에 대해 신중하게 고려해 보아야 한다.

10장에서 논의되었던 번역품질평가 시 코퍼스 연구와의 관련성을 살펴보자. 코퍼스 기반 번역 연구는 각 개별 테스트에 대한 평가를 하나의 전형으로써 한층 일반적인 단계로 끌어 올리는 것과 연관이 있다. 이는 코퍼스 연구가 필자의 모델에서 장르라는 관념에 주로 영향을 끼치는 것을 의미한다. 코퍼스 연구는 장르라는 모호한 관념에 실증적인 실체를 제공해 주는 역할을 한다. 코퍼스 연구가 평가자들에게 어떤 번역의 특성이 도착어 문화 장르의 규범 및 관습을 따르고 있는지, 따른다면 어느 정도로 따르고 있는지에 대한 정보를 제공해 주기 때문에 서로를 보완해 주는 이 두 가지 개념과 함께 문화적 필터라는 관념과 명백하게 연관성이 있다고 할 수 있다.

마지막으로 11장에서 나온 번역학에서의 인지 연구는 Paradis의 신경언어 이론이 두 가지 형태의 번역과 필자의 모델이 기반으로 삼고 있는 문화적 필터라는 관념 사이에 나타나는 절차적 복잡성에 차이가 날 것이라는 가정에 중요한 근거를 제시한다는 점에서 필자의 모델과 통합될 수 있다.

번역사, 번역사의 능력, 적용된 맥락, 과업의 특수성, 자료 등이 어느 정도로 고려될 수 있는지는 여전히 해결되지 않은 문제로 남아 있다. 필자의 모델은 기본적으로 텍스트와 맥락을 기반으로 하고 있으며, 이 모델이 제공하는 비교 분석과 장르라는 관념을 반영하고 있는 코퍼스 연구가 제공하는 일반화라는 결과는 적어도 현재로서는 각 개인 번역사의 지식이나 경험, 작업 환경 등을 고려하지 못하는 것처럼 보인다.

8장~11장까지 논의되었던 선택된 영역의 연구를 통해 필자는 담화장, 담화 관계, 담화매체라는 내부 요소들을 수정하기로 결정했다. 이러한 수정 작업은 함부르크의 '내재적 번역' 프로젝트(10장 참조)의 모델과 함께 광범위하게 연구를 진행한 것에 대한 결과다. 이 연구에서 담화장, 담화 관계, 담화매체라는 범주를 따라 불필요하게 중복되는 부분이 있다는 사실을 알게 되었다. 따라서 담화장 내에서는 어휘, 어휘의 입자성, 어휘장, Halliday식의 과정(물질적, 정신적, 관계적)에만 초점을 둔다. 담화 관계에서는 입장(Stance), 사회적 역할 관계(Social Role Relationship), 사회적 태도(Social Attitude), 참여(Participation) 등의 하위 범주에 따라 어휘적·구문론적 선택이 고려된다. 담화매체에서는 이전 모델과 마찬가지로 매체(구어체 vs. 문어체), 테마-레마, 연결성(결속성, 결속구조)에 초점을 두게 될 것이다.

이와 같이 새롭게 수정된 모델이 그림 12.2에 나와 있다.

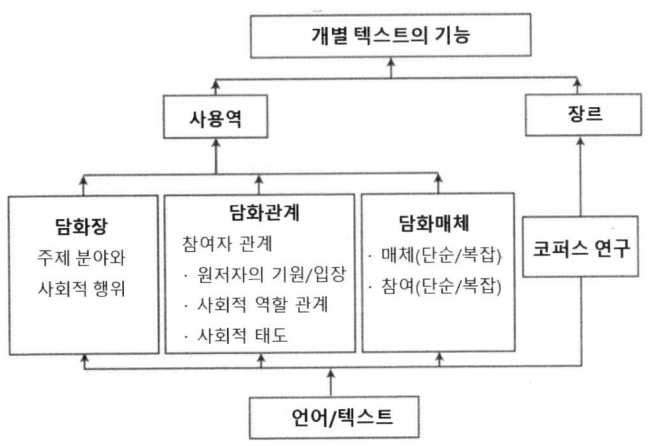

그림 12.2 원문과 번역문의 분석 및 비교 체제 수정

새롭게 업데이트된 모델의 실행 가능성을 증명하기 위해 원문과 그 번역문에 대한 모델 분석을 시행할 것이다. 원문과 그에 대한 독일어 번역문은 '내재적 번역' 프로젝트에서 사용된 코퍼스로 함부르크 대학의 언어자료센터(Zentrum für Sprach Korpora, 언어 포커스 센터) 웹사이트에서 이용할 수 있다.

유니레버 연간보고서(2000)에서 인용

① 영어
유니레버 기업용(2000)

> I 1 Our purpose in Unilever is to meet the everyday
> 2 needs of the people everywhere—to anticipate the
> 3 aspirations of our consumers and customers and to

4 respond creatively and competitively with branded
　　5 products and services which raise the quality of life.
(유니레버의 목표는 어느 곳에서나 매일매일의 사람들의 필요를 충족시켜 주는 것입니다. 즉, 우리 소비자 및 고객들이 원하는 바를 예상해서 삶의 질을 높이는 유니레버의 상품과 서비스를 가지고 창조적이고 경쟁력 있게 대응하는 것입니다.)

Ⅱ　1 Our deep roots in local cultures and markets
　　2 around the world are our unparallel inheritance
　　3 and the foundation for our future growth. We will
　　4 bring our wealth of knowledge and international
　　5 expertise to the service of local consumers—a truly
　　6 multi-local multinational.
(유니레버가 전 세계 지역 문화 및 시장에 내리고 있는 깊은 뿌리들은 그 무엇과도 비교할 수 없는 유산이고 미래를 위한 근간입니다. 다양한 지역에 기반을 가지고 있는 진정한 다국적 기업으로서 우리의 풍부한 지식과 전문 기술을 지역 소비자들을 위한 서비스에 도입할 것입니다.)

Ⅲ　1 Our long term success requires a total commitment
　　2 to exceptional standards of performance and
　　3 productivity, to working together effectively and
　　4 to a willingness to embrace new ideas and learn
　　5 continuously.
(우리 회사가 장기간에 걸쳐 성공하기 위해서는 실적과 생산성에 대한 높은 표준을 따르고 효율적으로 함께 일하며 새로운 아이디어를 수용하고 계속 배우려는 의지에 대한 전면적인 헌신이 필요합니다.)

Ⅳ 1 We believe that to succeed requires the highest
   2 standards of corporate behavior towards our
   3 employees, consumers and the societies and
   4 world in which we live.

(성공하기 위해서는 직원, 소비자, 사회, 우리가 살고 있는 세계를 향한 기업의 행동 방식이 최고 수준의 표준을 따라야 한다고 생각합니다.)

Ⅴ 1 This is Unilever's road to sustainable, profitable
   2 growth for our business and long term value
   3 creation for our shareholders and employees.

(이것이 바로 우리 주주들 및 직원들을 위해 지속가능하고 이윤을 창출할 수 있는 성장으로 나아가는 동시에 장기간 가치를 만들어내기 위해 유니레버가 향하고 있는 방향입니다.)

② 독일어

유니레버의 기업철학(2000)

Ⅰ 1 Wir als Unilever konzentrieren unsere Anstrengungen
   2 weltweit darauf, den täglichen Bedarf der Menschen zu
   3 befriedigen. Hierbei ist es wichtig, die künftigen Wünsche
   4 unserer Verbraucher und Kunden zu erkennen, um kreativ
   5 mit wettbewerbsfähigen Marken- und Servicekonzepten
   6 ihre Lebensqualität zu verbessern.

(우리는 유니레버가 전세계적으로 사람들의 일상적인 수요를 만족시키려는 우리의 노력에 집중하고 있습니다. 이 때 소비자와 고객의 향후 욕구를 인지하고 경쟁력 있는 브랜드 컨셉 및 서비스 컨셉으로 그들의

삶의 질을 창의적으로 개선하는 것이 중요합니다.)

Ⅱ 1 Wir sind in allen Teilen der Welt mit denjenigen Kulturen
    2 und Märkten tief verwurzelt. Dies ist ein großes Kapital,
    3 auf dem unser künftiges Wachstum fußt. Unser Wissen und
    4 unsere internationale Expertise kommen allen Kunden
    5 an allen Orten dieser Welt zugute. Damit sind wir ein
    6 multinationales Unternehmen mit multi-lokaler Ausrichtung.

(우리는 그와 같은 문화와 시장을 가지고 있는 세계의 모든 곳에 깊게 뿌리 내리고 있습니다. 이것이 우리가 향후 성장할 수 있는 거대 자본입니다. 우리의 지식과 국제적인 전문 기술이 전 세계에 살고 있는 모든 고객들에게 도움이 됩니다. 그래서 우리는 여러 지역에서 성공한 다국적 기업입니다.)

Ⅲ 1 Unser langfristiger Erfolg ist nur möglich, wenn wir uns
    2 außergewöhnliche Standards hinsichtlich Leistung und
    3 Produktvität setzen, und wenn wir effizient und mit aller
    4 Bereitschaft zusammenarbeiten, neue Ideen durchzusetzen
    5 und immer wieder neu hinzuzulernen.

(우리의 장기적인 성공은 오직 우리가 성과와 생산성에 대한 비범한 기준들을 정하고 있을 경우에 가능할 것이며, 우리가 능률적이고 협력할 것을 각오하며 새로운 아이디어를 관철하고 계속해서 더 배울 경우에만 가능할 것입니다.)

Ⅳ 1 Wir sind davon überzeugt, daß wir als Unternehmen
    2 nur dann erfolgreich sind, wenn wir uns gegenüber unseren
    3 Mitarbeitern, Verbrauchern, unserem Gemeinwesen und

4 der Welt, in der wir leben, vorbildlich verhalten.
(우리는 우리 회사가 직원과 소비자, 커뮤니티, 그리고 우리가 살고 있는 세상에 대하여 모범적인 태도를 취할 경우에만 기업으로서 성공할 수 있다고 확신합니다.)

Ⅴ 1 Unilevers Weg führt über nachhaltiges, profitables
   2 Wachstum zur langfristigen Stärkung unseres Unternehmens
   3 und seiner Substanz. Dies tun wir für unsere Kapitalgeber
   4 und unsere Mitarbeiter.
(유니레버의 방향은 지속적이고 수익성 있는 유용한 성장을 넘어서 우리 기업과 그 자산의 장기적 강화를 가져 옵니다. 우리는 우리의 투자자와 직원들을 위하여 노력하고 있습니다.)

③ 역번역: 유니레버의 회사 철학
Ⅰ 유니레버로서 우리는 매일매일의 사람들의 필요를 충족시키기 위한 노력에 초점을 두고 있습니다. 이러한 측면에서 경쟁력 있는 브랜드와 서비스라는 개념을 가지고 소비자 및 고객들의 삶의 질을 창의적으로 향상시키기 위해 그들이 향후 무엇을 원하는지를 인식하는 것이 중요합니다.

Ⅱ 유니레버는 각각의 문화와 시장을 자지고 있는 전 세계 모든 지역에 깊이 뿌리내려 있습니다. 이는 큰 자산으로, 우리의 미래 성장이 근간을 두고 있기도 합니다. 우리의 지식과 전문 기술은 전 세계 모든 지역에 있는 소비자 모두에게 유익할 것입니다. 이 때문에 우리는 다양한 지역에 초점을 두고 있는 다국적 기업입니다.

Ⅲ 우리 회사의 장기간에 걸친 성공은 우리 스스로 실적과 생산성에

대해 높은 표준을 설정하고 새로운 아이디어를 추진하고 항상 새롭게 배우기를 지속한다는 의지를 가지고 효율적으로 협력하는 경우에만 가능해질 수 있습니다.

Ⅳ 우리는 하나의 기업으로서 우리의 직원, 소비자, 지역 사회, 우리가 살고 있는 세계를 향해 모범적인 방법으로 행동할 때에만 성공할 수 있다고 확신합니다.

Ⅴ 유니레버의 방향은 지속가능하고 이윤을 창출할 수 있는 성장을 통해 장기간에 걸쳐 회사와 회사의 본질이 강해지는 쪽으로 향하고 있습니다. 이것이 주주 및 직원들을 위해 우리가 하는 일입니다.)

새롭게 수정된 모델을 기반으로 한 영어 원문 문장 분석

담화장

위 텍스트는 다국적 기업이자 전 세계에서 운영되고 있는 회사인 유니레버의 가치와 원칙을 보여 주고 있다. 텍스트 내에서 유니레버는 자신들의 회사가 지역뿐 아니라 전 세계의 이익, 정체성, 초점, 목적, 전략을 고려하고 있다고 이야기하고 있다. 이 텍스트는 단순한 설명문이기도 하지만 회사 조직원들에게 그들이 회사 내에서 준수해야 하는 믿음과 신뢰에 대한 원칙 및 공언에 대해 인지하게끔 한다는 점에서 권고적인 문서라고도 할 수 있다. 따라서 이 텍스트는 유니레버 '가족' 내의 다양한 상황을 단순히 기술하려는 것이 아니라 기업 정체성을 창출하고 유지하기 위한 조치 및 행위가 필요하다고 인지시키기 위해 제작되었다고 볼 수 있다.

담화장은 다음에 나오는 언어적 수단을 통해 실현된다.

어휘적 수단

단순하고 쉽게 비교할 수 있는 단어와 상투적인 연어를 사용했으며, 이들 모두는 긍정적 내포(positive connotation) 혹은 긍정적으로 평가하는 내포를 포함하고 있다. 주관적인 평가를 표현하는 기능을 하는 비교급 형태와 최상급 형태를 통해 형용사들이 강조되는 사례도 있다.

I_1 - everyday needs; I_2 - the people everywhere; I_4 - creatively and competitively; I_5 - the quality of life
II_1 - deep roots; II_2 - unparalleled; II_3 - growth; $II_{4,5}$ - wealth of knowledge and international expertise; $II_{5,6}$ - a truly multi-local multinational
III_1 - long term success; total commitment; III_2 - exceptional; III_3 - effectively; $III_{4,5}$ - new ideas and learn continuously
$V_{1,2,3}$ - sustainable, profitable growth for our business and long term value creation for our shareholders and employees

어휘적 담화장

인간 행위, 신념, 지식

과정

관계적 과정(I_1, II_1, III_1, IV_1)과 정신적 과정($I_{2,4}$, III_1, IV_1)이 대부분인 반면, 물질적 과정(I_4, II_4)은 거의 나타나지 않았다.
이러한 분포의 텍스트에서는 사람들의 구체적인 행위에 초점을 두기보다는 사람들의 감정, 의도, 신념뿐 아니라 각기 다른 상황 간에 존재하는 추상적인 관계를 표현할 수 있다.

담화 관계

작가의 시간적·사회적·지리적 기원

작가의 지역적·사회적·시간적 기원에 관해서는 비유표화되어 있다.

작가의 개인적인(정서적이고 지적인) 입장

위 텍스트에서 저자, 즉 유니레버 전직원이 선출한 회장 두 분은 회사가 성공할 것에 대한 낙관론, 희망, 신념을 보여주고 있다. 주목할 만한 사실은 텍스트의 수신자, 즉 전 세계에 있는 유니레버 직원들에게 이러한 낙관론을 선전하고 전달할 각오가 되어 있다는 것이다. 이러한 유형의 선전을 통해 이 텍스트는 정서적인 성격을 띠게 된다.

어휘적 수단

긍정적 내포를 지닌 단어와 연어를 자주 사용하고 있다. 명사와 형용사(형용사의 경우 최상급 사용)를 자주 사용하면서 텍스트에 정서적인 특성이 생겨나게 된다.

I_1 - everyday; I_2 - everywhere

II_2 - unparalleled; II_4 - wealth of knowledge; II_5 - expertise, truly

III_1 - total commitment; III_3 - effectively; III_5 - continuously

$IV_{1,2}$ - the highest standards

V_2 - growth, long term

구문적 수단

문장의 길이가 매우 길고 복잡하게 이루어져 있으며, 문장 하나가 한 문단을 이루는 경우도 있다. 하지만 매우 정교하고 병렬 구문이 추가되어 있는 구조이기 때문에 쉽게 해독 및 처리, 이해가 가능하다. 문단 Ⅰ은 문장 1개, 문단 Ⅱ는 문장 2개, 문단 Ⅲ은 문장 1개, 문단 Ⅳ는 문장 1개다.

사회적 역할 관계

위 텍스트의 작가들은 다국적 기업인 유니레버의 직원이다. 텍스트의 수신인은 다른 유니레버 직원들과 이 텍스트를 읽고 확신을 가지게 될 회사 외부의 독자들이다. 이러한 역할 관계는 대칭적이다. 강한 소속감과 목적의식이 텍스트 속에 드러나 있다. 이 텍스트를 읽는 수신자들은 무엇인가를 하거나 믿으라고 직접적으로 지시를 받기 보다는 유니레버의 아주 긍정적인 성명에 의해 '설득 당하게' 된다.

어휘적 수단

긍정적인 내포만을 포함하고 있는 단어와 언어를 자주 사용해서 수신인들을 확신시키고 설득시키고자 했다. 텍스트를 생산한 사람과 수신인 간의 평등한 관계를 주장하려 했으나 확실하게 계급을 나타내는 명사인 'employee'를 사용하면서 그 의도는 무산되었다(Ⅳ, Ⅴ).

구문적 수단

모두를 포함하는 인칭대명사인 'our'과 'we'가 다섯 문단 전부에서 자주 사용되었다. 의도 및 설득적 행위가 덜 공격적이면서 간접적인 요청이나 진술이 되도록 문법적인 은유를 사용했다.

예시는 아래와 같다.

- I_1 - '우리는 X를 한다(We do X)'라는 표현 대신에 '우리의 목적은 X다 (Our purpose ... is to X)'를 사용한다(이는 간접성을 표현하기 위해 고안된 대인관계에 대한 문법적 은유다). 이러한 전략은 다음에 나오는 두 문단에서도 반복된다.
- IV_1 - '성공하기 위해 필요한 것(to succeed requires)'도 또 다른 문법적 은유다. 비슷한 표현인 '우리는 ~가 필요하다(We need)'와 비교해 보라.
- I_1 - 명사후치 비정형 to 부정사를 사용했다. 이로 인해 해당 절의 의미가 덜 명백하고 구체적으로 번역되기 때문에 해당 문장의 발화수반력 및 발화효과력(perlocutionary force)이 약해진다. 행위 주체도 함축적이 된다. 왜냐하면 '유니레버의 목표(Our purpose in Unilever)'라는 명사구의 앞부분에서 행위 주체를 추론할 수밖에 없기 때문이다.
- II_1 - 한정 용법의 절(identifying clause) 내의 명사구 주어에서 문법적 은유가 사용되면서 해당 절의 의미가 덜 구체적이고 명백하게 번역이 된다.
- III_1 - 두 개의 명사구내에서 문법적 은유가 사용되면서 함축성이 높아졌다.
- I_5 - '삶의 질(the quality of life)'이라는 명사구가 사용되었다. 이 때 해당 절의 맥락상 예상되는 대로 소유대명사인 'their'이 사용되지 않았다. 이로 인해 더 일반화되고 수신인과 관련된 간접성이 더 커졌다.

사회적 태도

위 텍스트의 스타일은 회사 내 모든 직원이 쉽게 이해할 수 있는 텍스트에 적합한 일상에서 사용되는 구어체 영어다.

어휘적 수단

일상적인 구어체의 영어에 속하는 단어 및 연어를 선택해서 비전문가들도 이해할 수 있다.

구문적 수단

복잡하지만 병렬 구조로 연결되어 있으며, 이 때 and와 같이 단순한 등위 접속사로 연결되어 있어서 쉽게 처리 가능하다.

참여

단순: 수신인들의 간접 호칭과 참여를 담고 있는 독백

구문적 수단

모두를 아우르는 인칭대명사인 'we'와 소유대명사인 'our'를 전체 텍스트에서 사용했다. 이로 인해 상황 내에서의 상호관계적인 맥락이 활성화되었다.

담화매체

매체와 연결성

복잡: 위 텍스트는 글로 쓴 텍스트라는 느낌을 주지 않도록 고안된 텍스트로 크게 낭독하거나 구두 공연에 적합하다. Biber가 제시한 세 가지 관점, 즉 관여 대 정보적, 명시적 대 상황 의존적, 추상적 대 비추상적인 차원을 기반으로 위 텍스트를 다음과 같이 분류할 수 있다. 위 텍스트는 정보적이라기보다는 참여적이고, 명시적이라기보다는 상황 의존적이고, 비추상적이라기보다는 더 추상적이다.

어휘적 수단

추상적이고 정서적인 단어와 언어, 은유를 자주 사용했다.
예시는 아래와 같다.

Ⅰ - purpose, needs, aspirations, creatively and competitively, quality of life
Ⅱ - deep roots, cultures, unparalleled inheritance, international expertise
Ⅲ - long term success, total commitment, exceptional standards of performance and productivity, embrace new ideas

구문적 수단

복잡하지만 추가적으로 연결되는 병렬 구조로 이루어져 있어 쉽게 인지적으로 처리되기 때문에 구두 공연에 적합하다.

텍스트적 수단

특정한 항목에 대한 탈자동화와 전경화에 대한 수사적인 수단으로, 어휘의 반복과 문법적 유사성이 두드러지게 사용되고 있다. 이를 통해 텍스트의 '임무'를 수사적으로 좀 더 효율적이고 감정적으로 관여하도록 만들 뿐 아니라 결속성을 증가시킨다. 예: $Ⅰ_{1,2}$

(a) 어휘의 반복: $Ⅰ_{1,2}$ - everyday/everywhere; $Ⅲ_1$, $Ⅴ_2$ - long term; $Ⅱ_{4,5,6}$ - international/local/multi-local multinational
(b) 전치사구의 유사성: Ⅴ - for our business and long term value creation, for our shareholders and employees
(c) to 부정사구의 유사성: Ⅰ - to meet ... to anticipate ... and to respond
(d) 명사-형용사 그룹 후치수식의 병렬 구조: 특출한 기준을 향한 헌신:

  III$_{3,4}$ - to working together ... and to a willingness to embrace
- (e) 즉흥적으로 나중에 든 생각을 말하는 것 같은 느낌의 동격 구문을 통해 구두로 표현하고 자연스러우며 정서적으로 관여하는 인상을 줄 뿐 아니라 수사적으로 기업 이미지를 효과적으로 이해할 수 있도록 해 준다. 예: II$_{5,6}$
- (f) 수신인들에게 회사의 임무가 가지는 가치를 납득시키기 위해 수사학적으로 효과적인 구문이다. 문단의 시작에서 발음이 비슷한 어구를 배치함으로써 거시구조의 결속력이 높아졌고, 'This is Unilever's road'라는 문장을 통해 앞에 나온 모든 문단들을 회고하고 정리하며 평가하는 효과적인 문단이 되었다.

  종합적으로 봤을 때 수신인들은 다소 과장된 느낌의 서술이긴 하지만 마지막 부분까지 반복과 유사한 구문으로 가득 차 있는 명확한 구조의 텍스트를 통해 조심스럽게 지도를 받고 있다고 말할 수 있다.

장르

  이 텍스트는 강령(mission statement)이라는 장르에 속해 있다. 강령이란 설득적인 자기표현을 통해 한 회사의 정체성을 다지기 위해 고안된 계획서다. 이 장르에 있는 텍스트의 경우 종교적으로 이야기하면 선교사의 열정과 도덕적 담화관계로 특징지어질 수 있다. 어떤 의미에서 이와 같은 장르는 광고의 하위분류로 간주될 수 있다. 즉, 이 장르에 속해 있는 텍스트의 목적이 대부분의 광고에서처럼 특정 상품의 판매 증가에 있지는 않다고 하더라도 한 회사의 성과에 대해 칭찬하고 일반적으로 회사의 특징, 고용인들의 행동과 회사의 향후 발전에 대한 낙관적인 전망에 대해 완전히 긍정적인 설명을 함으로써 이 장르에 속하는 텍스트를 광고에 비유하는 일이 정당화될지도 모르겠다.

'내재적 번역' 프로젝트라는 틀 내에서 이 장르에 속해 있는 수많은 텍스트를 활용해 시행된 (병렬 코퍼스와 비교 코퍼스를 이용한) 광대한 코퍼스 작업을 통해 위 텍스트에 대한 분석 결과가 더욱 확고해진다. 이 작업에 대한 내용은 10장에서 언급했었다. 특히나 관련된 연구는 Böttger(2007)의 연구로, 그녀는 논문에서 임무와 비전에 대해 분석하면서 담화관계와 담화매체에 따른 강한 대인관계적 표지를 강조했다.

기능 진술서

관념적 기능 요소와 대인관계적 기능 요소로 구성되어 있는 원문 텍스트의 기능은 다음과 같이 요약될 수 있다. 이 텍스트는 긍정적이고 인상적이며 효과적으로 회사를 설명하는 동시에 현재 이 회사의 직원들이 가져야 하는 행동이나 태도, 가치에 대한 규범을 설명함으로써 간접적으로 직원들에게 회사 구성원 모두를 위해 중요한 목표를 요청하려는 저자의 의도가 담겨 있다.

대인관계적 기능 요소는 담화장, 담화관계, 담화매체의 세 가지 차원 모두에서 (이 장르에 속한 텍스트들과 마찬가지로) 강하게 유표화되어 있다.

담화장 차원에서는 긍정적 내포와 더불어 다수의 단어 및 구문 특히 평가적 속성이나 강조, 최상급 표현뿐 아니라 관계적 과정 그중에서도 심리적 과정을 많이 사용함으로써 대인관계적 기능 요소가 상당히 강화되고 있다.

담화관계 차원에서는 상투적인 어휘와 그 어휘를 반복하고 유사하게 표현함으로써 얻을 수 있는 수사학적 효과를 통해 나타나는 (극적인 문체라기보다는) 정서적인 문체, 평가 및 강조 형용사와 명사의 특성, 특정한 애매모호함이나 간접성을 얻을 수 있는 문법적 은유 표현 등 이 모든 요소로 인해 명백하게 대인관계적 기능 요소가 강화된다. 문체 차원에서 어떠한 복잡한 기술적 단어나 문구 없이 일상적인 대화체를 사용하고 추가절을 사용해 문장을 확장해서 구조적으로 단순하게 만드는 등의 선택으로 인해 쉽게 이해할 수 있는(comprehensibility) 구조가 되었고 수신인들에게 좀 더 강한 서술적 효과를 줄 수 있다.

담화매체 차원에서는, 큰 소리로 낭독하기 위해 쓰여진 텍스트와 같이 복잡한 특성을 지닌 매체이고, 관여적, 상황 의존적, 그리고 다소 추상적이며 정서적인 효과를 가져 오는 단어 및 언어를 사용함으로써 더 증폭되는 특성을 지닌 매체이며, 수신인들이 관여하는 내용이 포함되어 있는 '독백'을 다루고 있다는 사실 등은 대인관계적 기능 요소가 강화되는 역할을 하고 있다. 게다가 단순한 병렬 구조 및 추가 구조에 의해 실현되는 높은 연결성과 주로 어휘 반복이나 문법적 유사성에 의해 실현되는 텍스트 결속구조 및 결속성으로 인해 대인관계적 기능 요소가 강화된다. 왜냐하면 상기에서 언급한 모든 요소가 가독성을 높이게 되고 그에 따라 대인관계적 기능 요소에 영향을 끼치기 때문이다.

ST와 TT 비교

담화장

어휘 차이

단어와 연어들은 일관되게 긍정적 내포를 덜 가지고 있다. 따라서 '그림자 의미(shadow meaning, Chafe 2000)'는 좀 더 부정적이고 덜 강압적이며 더 직접적이고 공격적이다. 이런 특성을 보여주는 예시를 살펴보자.

Ⅰ₁ - '*unsere Anstrengungen darauf konzentrieren* (~에 집중하다)' vs. 'our purpose is to meet...(우리의 목적은 ~를 충족하는 것이다)'

Ⅱ₂ - '*groβes Kapital* (거대 자본)' vs. 'unparalleled inheritance (비교할 수 없는 유산)'

Ⅱ₃ - '*unser Wissen* (우리의 지식)' vs. 'our wealth of knowledge (풍부한 지식)'

Ⅱ₅,₆ - '*ein multinationales Unternehmen mit multi-lokaler Ausrichtung* (다 지역 포커스를 가진 다국적 기업)' vs. 'a truly multi-local multinational (다양한 지역에 기반을 가지고 있는 진정한 다국적 기업)'

Ⅲ₁ - '*nur möglich, wenn wir uns auβergewöhnliche Standards ... setzen* (우리 자신이 특별한 기준을 세울 경우에만 가능한)' vs. 'total commitment to exceptional standards(높은 표준을 따르려는 전면적인 헌신)'

Ⅲ₃ - '*effizient*(능률적으로, 유효하게)' vs. 'effectively(효과적으로)', 이 경우 '비슷해 보이지만 뜻이 다른 단어(false friends)' 쌍이다. 'effectively'는 긍정적인 최종 결과와 연관이 있는 반면, '*effizient*'는 요청과 연어를 이루는 어휘 항목으로 최대 성과에 대한 압박이 깔려 있다.

Ⅲ₄ - '*neue Ideen durchzusetzen*(새로운 아이디어를 관철하다)' vs. 'embrace new ideas(새로운 아이디어를 수용하다)'

Ⅳ₄/Ⅳ₁,₂ - '*vorbildlich verhalten*(모범적으로 행동하다)' vs. 'the highest standards of corporate behaviour(기업 행동 방식의 최고 수준)'

추상적이고 은유적인 단어와 문구의 사용이 제한적이라 명확성과 직접성이 더 강해졌다. 문법적인 은유의 경우 적절한 형태의 구문으로 변환되

기도 했다. 예를 들면,

III₄ - 'neue Ideen durchzusetzen(새로운 아이디어를 관철하다)' vs. 'embrace new ideas(새로운 아이디어를 수용하다)'

IV₁,₂,₃ - 'dass wir ... nur dann erfolgreich sind, wenn (~할 경우에만 우리는 성공적일 수 있다)' vs. 'requires the highest standards of corporate behaviour(기업 행동양식에 있어 최고의 기준을 요구한다)'

V₃,₄/ V₁,₂,₃ - 'Dies tun wir für unsere Kapitalgeber und unsere Mitarbeiter (이것은 당사가 우리의 주주들과 직원들을 위해 하는 일입니다)' vs. 'This is Unilever's road to ,,, long term value creation for our shareholders and employees(이것은 주주 및 직원들을 위해 장기간 가치를 만들어 내기 위해 ... 유니레버가 향하고 있는 방향입니다)'

과정

독일어 번역의 특징은 물리적인 과정을 더 많이 표현한다는 것이다.

I₁ - 'Wir ... konzentrieren unsere Anstrengungen(우리는 ...에 우리의 노력을 집중한다)' vs. 'Our purpose in Unilever is ...(유니레버의 목표는 ...이다)'

III₃/ III₁,₂,₃ - 'wenn wir effizient ... zusammenarbeiten(우리가 효율적으로 ... 에 협력할 경우)' vs. 'commitment to ... working together effectively (효율적으로 함께 일하는 데 대한 전면적인 헌신)'

IV₂,₃,₄/IV₁,₂ - 'wenn wir uns ... vorbildlich verhalten(우리가 모범적으로 행동할 경우에)' vs. 'requires the highest standards of corporate behaviour(기업의 행동 방식이 최고 수준의 표준을 요구한다)'

V₃,₄/ V₁,₂,₃ - 'Dies tun wir für unsere Kapitalgeber und unsere Mitarbeiter

(이것은 당사가 우리의 주주와 직원을 위해 하는 일이다)' vs. 'This is Unilever's road to ... long term value creation for our shareholders and employees(이것은 주주 및 직원들을 위해 장기간 가치를 만들어 내기 위해 ... 유니레버가 향하고 있는 방향입니다)'

담화관계

저자의 개인적 입장

독일어 번역문은 영어 원문보다 정서적으로 관여하는 정도가 훨씬 덜하다. 독일어 번역문은 긍정적인 방향으로 이끄는 느낌이 덜 하고, 좀 더 요구적이고 훈계적이며 일반적으로 좀 더 중립적이고 객관적이며 구체적이다. 영어 원문이 설득한다는 측면에서 긍정적이고 자유롭게 세계를 지향하는 반면 독일어 번역문은 조건을 두고 그에 따른 제한을 두고 있다.

어휘 차이

독일어 텍스트에서는 긍정적인 내포를 나타내는 단어나 연어가 더 적고 강조 형용사나 최상급 형용사가 적게 나타난다('담화장' 참조).

I_1 - 'wir ... konzentrieren unsere Anstrengungen(우리는 ~에 우리의 노력을 집중한다)' vs. 'our purpose is to meet(우리의 목적은 ~를 충족하는 것이다)', 독일어의 그림자 의미는 확실히 부정적이라서 열심히 일하고 노력하고 단련하게끔 만든다. 반면 영어 원문은 어정쩡한 어투로 추상적이고 중립적으로 '우리의 목적은 ~'이라고 하고 있다.

III_5 - 'immer wieder neu hinzuzulernen(항상 새로이 배우다)' vs. 'learn continuously(계속 배우다)', 독일어 구문인 'immer wieder(항상)'는 끈질기게 비난할 때나 이전에 했던 일들이 만족스럽지 않아 현재 모

자라는 부분을 극복하기 위해서는 항상 새롭게 출발해야 함을 의미할 때 흔히 사용되기 때문에 명백하게 부정적인 그림자 의미를 가지고 있다. '새롭게 시작하라'는 그림자 의미를 통해 예전 일과의 단절이 느껴지며, 이는 영어에서 'continuously'라는 부사를 사용한 것과는 완전히 반대된다.

Ⅳ₁ - 'Wir sind davon überzeugt(우리는 ~를 확신한다)' vs. 'We believe(우리는 생각한다)', 'We believe'라는 문구는 이성적이지도 인지적이지도 않으며, 다소 감정적이고 종교적인 느낌도 든다. 한편 'Überzeugt(확신한다)'는 이성적인 느낌을 주고 확신이라는 이성적 과정의 최종점이라는 사실을 내포하기도 한다.

구문 차이

Ⅱ₅ - 영어 원문에서 나타나는 저자의 지속적이고 긍정적인 입장은 능동태가 포함되어 있는 절에서 한정 용법의 행위주 주어인 인칭대명사 'we'가 들어가 있다는 사실로 확실히 알 수 있다. 이는 대인관계적 개념인 '서비스'와도 연관된다. 독일어 번역문에서는 소유대명사인 'unser(우리의)'를 사용함으로써 수신인들과 어떤 서비스가 수신인들에게 제공되는지 보다는 회사의 지식 및 전문 기술에 더 중점을 두고 있다.

Ⅲ - 독일어 번역문에서는 제한적이고 부정적인 조건문인 'nur möglich, wenn(~할 경우에만 가능한)'이 사용되었다. 반면 영어 원문에서는 'total commitment'를 중심으로 긍정적인 문장이 사용되었다. 'total commitment'는 강한 도덕의식이라는 그림자 의미를 가지고 있는 연어 관계로, 'require' 동사를 사용해 레마 위치에 놓여 있다.

사회적 역할 관계

수신인들을 납득시키는 것과 관련하여 텍스트 내에서 표현되고 있는 요구하는 행위에서는 직접성과 명료성이 더 강하게 나타나고 있으며, 회사의 철학을 기리는 열정이 축소되고 조건부로 작용하며 제한적이고 흡사 종교적으로 묘사되고 있다.

어휘 차이

좀 더 부정적으로 함축된 어휘(담화장과 비교)와 좀 더 명백한 책망. 예: III_3 - '*effizient*(능률적으로, 유효하게)' vs. 'effective'

- I - 'the quality of life(삶의 질)'는 독일어인 '*ihre Lebensqualität*(그들 삶의 질)'보다 좀 더 일반적이고 포괄적인 표현이다.
- IV_3 - 'the societies(사회)' vs. '*unserem Gemeinwesen*(우리의 커뮤니티)', 좀 더 지역 단위에 의미를 두는 독일어 구문보다 영어 구문이 훨씬 포괄적이다.
- $IV_{1,2/2,3,4}$ - 'highest standards of corporate behaviour' vs. '*wenn wir uns ... vorbildlich verhalten*(우리가 ~에 모범적으로 행동할 경우에)', '모범적인 행동'이라는 문구는 현학적인 학교 선생님이라는 그림자 의미를 가지고 있으며 좀 더 직접적인 요청을 제시하고 있다. 이는 영어에서 간접적으로 문법적 은유를 사용하고 있는 것과는 극명한 대조를 부인다

구문 차이

(a) 독일어 텍스트에서는 문법적 은유의 사용을 피하고 있다. 예: I_1 - '*Wir als Unilever konzentrieren unsere Anstrengungen ...*(우리는 유니레버가 ~하려는 우리의 노력에 집중하고 있습니다)' vs. 'Our purpose in Unilever is to meet ...(우리의 목적은 ~를 충족하는 것이다)'

(b) 수신인들이 이행하게 될 업무가 가지는 진정한 가치에 대해 조건을 설정하게 되는 'if' 조건문을 사용한다. 이로 인해 더 강한 권고력이 생겼다. 특히 'ist nur möglich, wenn wir(~하는 경우에만 가능한, III$_1$)'과 'daß wir als Unternehmen nur dann erfolgreich sind, wenn (우리가 ~하는 경우에만 기업으로서 성공할 수 있다, IV$_{1,2}$)'를 비교해 보라. 이과 같은 구문들은 위협이라는 발화수반력과 거의 유사하다고 볼 수 있다.

사회적 태도

번역문의 문체는 경제 텍스트나 비즈니스 텍스트처럼 기술적이라고 설명할 수 있다. 이는 영어 원문과 다르다.

어휘 차이

비즈니스 용어가 더 많이 등장한다.

I$_5$ - 'wettbewerbsfähige Marken- und Servicekonzepte(경쟁력 있는 브랜드 컨셉 및 서비스 컨셉)' vs. 'branded products and services(브랜드의 상품과 서비스)', 독일어에서는 이 부분이 비즈니스 은어로 번역된 반면 영어 문구는 흔히 쓰이는 표현이다.

II$_2$ - 'großes Kapital(거대 자본)' vs. 'unparalleled inheritance(무엇과도 비교할 수 없는 유산)'

II$_4$ - 'internationale Expertise(국제적인 전문 기술)' vs. 'international expertise(국제적인 전문 기술)', 독일어에서는 'internationale expertise'가 흔히 사용되는 단어들이 아닌 외래어다. 따라서 특수한

경제 어역이라 할 수 있다.

V₁,₂ - 'profitables Wachstum(수익 증대)' vs. 'sustainable, profitable growth(지속가능하고 이윤을 창출할 수 있는 성장)', 독일어에서는 'profitable'이 비즈니스 특수 용어로 많이 사용되는 외래어다.

V₃ - 'unsere Kapitalgeber(우리의 투자자)' vs. 'our shareholders(우리 주주들)', 독일어에서 이 문구는 비즈니스 특수 용어다.

구문 차이

'if' 종속절 등과 같은 종속 구문을 사용함으로써 독일어 텍스트가 더 많이 복잡하다.

참여

단순: 수신인들이 간접적으로 참여하는 독백

담화매체

매체

단순: 문어체. 번역문은 좀 더 정보적이고 중립적으로 객관적이다. Biber가 분류한 차원을 기준으로 설명해 보면, 관여적이기 보다는 정보적, 상황의존적이기 보다는 더 명시적, 추상적이기 보다는 더 비추상적으로 독일어 번역문을 특징지을 수 있다.

어휘 차이

독일어 번역문에서는 비즈니스 특수 용어가 굉장히 자주 등장하며, 이는 표준 구어체 영어를 사용하는 것과는 다르다(위에 언급되어 있는 '사회적 태도' 참조).

- Ⅰ₂ - '*Bedarf*(요구)' vs. 'needs(필요)'; Ⅰ₅ - '*wettbewerbsfähige Marken- und Servicekonzepte*(브랜드 컨셉 및 서비스 컨셉)' vs. 'branded products and services(브랜드의 상품과 서비스)'
- Ⅱ₁ - '*Kapital*(자본)' vs. 'inheritance(유산)', 독일어의 특수 용어 대 영어의 대화체 단어
- Ⅱ₄ - '*Expertise*' vs. 'expertise', 독일어의 expertise는 외래어이자 특수 용어다.
- Ⅴ₁,₂ - '*profitables Wachstum*(수익성 증대)', 영어 단어의 'profitable'과는 달리 독일어 단어인 '*profitable*'은 외래 차용어로 비즈니스 특수 용어다.

구문 차이

(a) '*wenn*(만약에)'로 시작하는 종속 조건절의 사용: 독일어 텍스트에서는 Ⅲ₁과 Ⅳ₂
(b) 구문적인 유사성을 통해 독자 친화적인 구조의 생략: Ⅰ, Ⅲ, Ⅳ
(c) 전치사구가 삽입되면서 단순한 문구가 합쳐져 있는 영어 문장의 특성이 파괴되었다. 예: Ⅴ - *über nachhaltiges, profitables Wachstum* (지속 가능하고 수익성 있는 성장을 통해서)

텍스트 차이

독일어 텍스트를 전체적으로 봤을 때는 문법적 유사성을 만들어 냄으로써 얻을 수 있는 결속성이 존재하지 않는다.
하지만 독일어 번역문에서는 '*dies*[this]', '*hierberi*[in this respect]' 등의 대용 접속사(anaphoric conjunction)를 전형적으로 삽입함으로써 미세구

조적으로는 강하게 결속성을 보이고 있다. 이는 영문 텍스트에서 발견할 수 있는 장문의 절 구조를 파괴하고 있는 독일어 번역문에서는 필요한 과정이다. 하지만 이러한 과정을 통해 영어 원문에서 어휘 항목이나 'to' 부정사 구문, 명사-형용사 그룹 후치수식(post-nominal modification)의 반복을 통해 얻어지는 수사학적으로 효과적인 유사성이 파괴된다.

거시구조적 관점 및 결속성 관점에서 본다면 독일어 텍스트의 문단이 시작하는 부분에서 유사성이 손실된 것이 중요한 차이점이다. 또한 약간 과장된 느낌이 들면서 총괄적으로 정리하는 마지막 문단 역시 독일어 텍스트에서 손실되었다. 이 두 가지 요소가 생략되면서 텍스트의 결속성이 감소하였다. 독일어 텍스트에서는 좀 더 국소적으로 결속성이 드러나는 패턴이 발달하였다. 따라서 각 절의 레마가 (일종의 해설 역할로) 다음 절의 테마가 되는 테마-레마 배열이 유지되고 있다. 대용형 전치부사인 'hierbei(이 점에 있어서)', 'damit(이 때문에)' (I_3과 I_5), 대용형 지시대명사인 'dies(이것)' (II_2와 V_3), 후속 어구와 대응하는 시간 부사인 'dann' (IV_2), 그리고 테마-레마 배열로 인해 이러한 결속성이 생겨난다.

결론적으로 어휘의 반복, 거시구조학적으로는 문단의 시작에서의 반복, 문법적 유사성, 내용을 종합하는 마지막 절 등의 부족으로 인해 독일어 텍스트의 수신인들은 덜 효율적으로 텍스트를 통한 안내를 받는다.

장르

영어 원문의 장르가 독일어 번역문에서는 다르게 해석되고 있다. 이 사실은 'company philosophy[*Unternehmensphilosophie*, 기업 철학]'인 제목에서부터 명백하게 드러난다. 독일어의 장르는 설득적인 광고 텍스트와 마찬가지로 내용을 마음속에 품는 장르는 아니다. 영문 텍스트보다 수사학적으로 덜 정제되어 있고 사명감에 초점을 두지 않으며 절대적으로 긍정적이긴 하지만 다소 요구를 하는 느낌이고 요청하고 보고하며 객관적인 유형의 강령 장르다.

기능 진술서

독일어 번역문에서 대인관계적 기능 요소는 약하게 유표화되어 있다. 번역사는 의식적이든 무의식적이든 간에 문화적 필터를 사용해서 독일어로 번역했다. 영어와 독일어 텍스트를 분석하고 비교하면 모든 차원에서 언어권 간의 차이를 발견할 수 있다.

두 텍스트 간 발화매개적(perlocutionary) 효과는 다르다. 영문 텍스트는 추상적이고 최상급인 단어나 구, 문법적 은유 등을 사용함으로써 긍정적이고 정서적인 담화관계 내에서 간접적으로 의미를 전달한다는 특징을 나타낸다. 그리고 이러한 특징 때문에 수신인들에게 소속감이나 유대감을 고무시키기 위해 수신인 지향성이 고안되었다. 이는 강한 '기업 이미지'라는 가치를 수신인들에게 확신시켜주기 위해 사용된 수사적 방법이 가지는 설득력을 통해서만 아무런 압박 없이도 나타난다.

독일어 번역문은 덜 간접적이고 함축적이라서 회사 내에서 일어나는 현 상황을 구체적이고 정보적으로 전달한다. 종종 부정적으로 함축된 단어 및 구를 사용하거나 위장된 위협으로 간주되는 if 종속절을 사용함으로써 교사들처럼 무엇인가를 강력하게 요구하는 듯한 일종의 규율화가 이루어지게 된다. 영문 텍스트에서 중요한 역할을 하는 수사학적 전략은 독일어 번역문에서는 나타나지 않는다. 독일어 텍스트에서 전형적으로 나타나는 의사소통 규범(8장 참조), 즉 직접성, 명료성, 내용 지향성은 문화적 필터링 과정에서 독일어 번역에 추가된 특성이며, 이러한 필터링 과정을 통해 영어 원문에서 사용된 수사적 전략도 사라졌다.

결론적으로, 필자가 제시하고 테스트해 본 수정 모델에서 필자는 기본적인 구조는 유지하기로 했다. 수정된 내용은 '참여(participation)'라는 범주가 담화관계 내에 위치한 것과 '장르'라는 범주에서 코퍼스 연구의 중요한 역할을 보여 주는 박스가 하나 추가된 것이다. 분석 메커니즘 측면에서 본다면 수정 모델에서는 이제 담화장 범주 내에서 다른 동사 유형의 발생 정도를 조사하며(Halliday식의 과정, Halliday and Matthiessen 2004) 중복을 최소화하기 위한 목적으로 텍스트적 측면의 분석을 담화매체 장르로 제한한다. 담화매체하에서 필자는 '연결성(connectivity)'이라고 불리는 포괄적인 범주를 포함한다. 연결성은 텍스트의 결속구조 및 결속성이라는 현상을 포함한다. 수정 모델의 주축 가운데 하나인 문화적 필터, 내재적 번역과 외현적 번역 간 차이, Paradis의 신경언어학 이론을 근거로 번역 과정에서 심리언어학적 복잡성에서 나타날 것으로 예상되는 차이 또한 수정 모델에 포함되어 있다. 이중언어의 생산 및 수신에서 화용적 요소의 중요성에 초점을 두고 있는 Paradis의 이론 역시 화용적 분석과 기능적 분석에 의존하고 있는 필자의 모델을 지지하고 있다.

마지막으로 필자는 언어학적으로 기반을 두고 있는 분석과 필자가 '사회적 검정(social evaluation)'으로 부르는 것 사이의 차이점이 중요하다는 사실을 다시 한 번 강조하고 싶다.

번역품질평가 시 (과학적 기반의) 분석과 (사회적) 판단 사이의 차이점을 최대한 많이 아는 것이 중요하다. 다시 말해 텍스트 프로필을 비교해서 알 수 있는 차이점을 통해 분석에서 발견한 차이점들을 기술하고 설명할 수 있으면 번역물에 대한 품질도 검정할 수 있다.

기능 언어학적 접근법에서는 직관, 반응, 신념 등과 같은 복잡한 심리적 범주를 검정을 위한 토대로 삼는 대신 (가끔 어떤 과정을 거치는지 모를 때도 있지만) 사람의 결정 과정의 생산물인 텍스트에 초점을 두고 있다.

하지만 이 접근법이 번역 평가자로 하여금 어떤 것이 '좋은' 번역이고 '나쁜' 번역인지 판단을 내리게 해 줄 수는 없다. 어떠한 검정이라도 평가 결과는 사회적 검정 판단 범주에 필연적으로 속해 있는 다양한 요인들에 따라 달라진다. 이러한 판단은 번역 비평의 분석·비교 과정을 바탕으로 이루어진다. 즉, 판단은 사회적 검정 판단을 주장하는 데 있어 근거를 제공하는 언어적 분석인 것이다. 외현적 번역과 내재적 번역 중 어떤 번역을 선택하느냐는 번역사, 번역할 텍스트, 텍스트에 대한 번역사의 주관적 해석에 달려있을 뿐 아니라 해당 번역이 행해져야 하는 이유, 예상 독자, 출판 및 마케팅 정책 등 언어적 절차로써의 번역과는 아무 상관없는 요소들에 따라서도 달라진다. 이러한 요인들은 바로 사회적 요소들로 행위자뿐 아니라 사회·문화적, 정치적, 이데올로기적 제약과 관련이 있다. 하지만 번역은 언어적이고 텍스트적인 현상이기도 하다. 번역 검정자들이 가장 신경 쓰고 있는 부분은 여전히 언어적이고 텍스트적인 비교·분석이다. 텍스트 분석과 분리가 된다면 사회적 요인은 그 다음으로 관련이 있다. 언어적 기술과 설명이 사회적, 정치적, 윤리적 혹은 개별적인 근거를 바탕으로 주장되는 평가와 혼동되어서는 안 된다. 이러한 주장은 사회적 수용성, 정치적 정당성, 애매한 정치적 개입 혹은 잠시 동안의 시대적 유행 등의 기준 때문에 과학적 유효성과 신뢰도에 대한 기준이 침해당하는 현재의 환경을 감안해 보았을 때 매우 중요해 보인다. 번역이 무엇을 위한 작업인지 번역은 어때야 하고 어떨 수 있고 무엇을 위해 존재해야 하는지 등의 문제들과 현상 그 자체로의 번역, 언어·텍스트적 작업으로서의 번역이 혼동되어서는 안 된다.

언어와 마찬가지로 번역 검정에는 두 가지 기능적 요소가 있다. 하나는 관념적 기능이고 나머지 하나는 대인관계적 기능이다. 이 두 요소들은 다시 두 단계로 나뉜다. 1단계는 지식과 연구를 바탕으로 하는 언어적 분석, 기술(description), 설명이다. 2단계는 가치 판단, 관련성에 대한 사회적·윤리적 문제들, 개인 취향이다. 번역에는 이 두 가지 단계가 다 필요하다. 분석 없이 판단만 하게 되면 무책임한 작업이 되고, 판단을 하지 않고 분석만 하게 되면 무의미한 작업이 된다. 하지만 우리는 판단은 쉽지만 이해는 엄청나게 복잡하다는 사실을 인정해야만 한다.

2장에서 강조한 기본적인 기준 세 가지(원문과 해당 번역문 간 관계, 텍스트와 행위자 간 관계, 번역과 2차 텍스트 작업과의 차이)로 돌아가 보면 필자의 번역품질평가모델은 번역을 두 가지 요소가 연결되어 있는 (double-linkage) 작업으로 보는 견해를 기반으로 하고 있다. 번역, 번역 수용자, 도착어 문화 내에서 번역의 수용 중 한 가지만 고려하는 것과는 반대로 필자의 번역품질평가모델은 어떤 특수한 번역 사례에서 양 종점에 외현적 번역과 내재적 번역을 두고 두 가지 요소 중 어떤 것이 더 우선순위를 가지는지 보여줄 수 있는 연속 변이의 존재를 받아들임으로써 출발어 텍스트와 도착어 텍스트 둘 다를 고려한다. 텍스트(특징)와 관련된 행위자(저자, 번역사, 독자) 간 관계는 원문과 번역문을 화용적·기능적으로 분석하는 정교한 시스템을 제공함으로써 명백하게 설명된다. 이 경우, 어떤 한 번역이 내재적 번역과 외현적 번역의 연속 변이 선상에서 어디에 위치하느냐에 따라 달라지는 수용(reception)의 유형을 결정하게 된다. 마지막으로 필자의 모델에서는 버전으로 변화할 수 있는 번역을 파악하는 조건을 명시함으로써 번역과 여러 다른 텍스트 작업 유형을 구분하기 위한 구체적인 방법이 제시된다.

어떤 번역이 언제 더 이상 번역이 아닌 내재적 버전으로 판단되는지에 관해 좀 더 확실하게 주장하기 위해 경험적으로 검증된 문화적 필터가 검정 과정에 통합된다. 실제로 과거 20여 년 동안 임의적이지 않은 방법으로 내재적 번역 평가에 바탕이 되는 더 나은 근거를 위해 서로 다른 언어 쌍에 대하여 대조 화용론 분야에서 많은 연구가 행해져 오고 있다. 하지만 사회·문화적 규범 및 의사소통 규범이 가지는 역동적인 특성과 시대에

뒤떨어지는 연구 방법을 감안해 본다면 번역 비평가들은 주어진 언어 쌍 내에서 문화적 필터를 적용함으로써 변화의 적절성에 대해 그들이 판단할 수 있도록 도와주는 새로운 방법에 정통하기 위해 지속적으로 고군분투해야 할 것이다.

즉, 다시 한 번 강조하고자 하는 내용은 필자의 모델이 다른 무엇보다도 언어적 분석, 기술, 텍스트 비교 등을 제공해서 이들을 상황적 맥락이나 문화적 맥락, 그리고 (장르와 코퍼스 연구라는 범주를 통해) 동일한 의사소통 목적을 가지는 텍스트와 연결 짓는 것이다. 이러한 작업은 차별화된 번역 목적(내재적 대 외현적)에 대한 이론을 기본 틀로 하여 시행된다. 번역품질평가모델과 이 모델이 제공하는 메타언어를 정해지는 기술, 해석, 설명의 유형과 사회적, 정치적, 윤리적, 도덕적 규범이나 개인적인 신념을 바탕으로 '좋음'과 '나쁨'이라고 평가 판단을 내리는 것을 혼동해서는 안 된다. 번역문과 원문에 대해 '어떻게' 그리고 '왜'라는 답변을 분석한 내용은 주어진 번역문이 적절해 보이는지 여부 및 어느 정도 적절해 보이는지에 대해 논란이 있는 경우 평가를 내리기 위한 기술(descriptive) 기반이 되어야 한다.

참고문헌

Agar, Michael (1994) *Language Shock.* New York: Morrow.

Al-Qinai, Jamal (2000) 'Translation Quality Assessment: Strategies, Parametres and Procedures', *Meta* XLV 3: 497-519.

Altenberg, Bengt and Sylviane Granger (2002) 'Recent Trends in Cross-linguistic Lexical Studies', in Bengt Altenberg and Sylviane Granger (eds) *Lexis in Contrast. Corpus-based Approaches*. Amsterdam: Benjamins, 3-48.

Alves, Fabio, Adriana Pagano, Stella Neumann, Erich Steiner and Silvia Hansen-Schirra (2010) 'Translation Units and Grammatical Shifts: Towards an Integration of Product- and Process-based Translation Research', in Gregory Shreve and Erik Angelone (eds) *Translation and Cognition*. Amsterdam: Benjamins, 109-42.

Amman, Margret (1990) 'Anmerkungen zu einer Theorie der Ubersetzungskritik undihrer praktischen Anwendung', *TEXTconTEXT* 6: 55-62.

Amouzadeh, Mohammed and Juliane House (2010) 'Translation as a Language Contact Phenomenon: The Case of English and Persian', *Languages in Contrast* 10: 54-75.

Austin, John (1962) *How to Do Things with Words*. Oxford: Clarendon Press.

Backhaus, Peter (2006) *Linguistic Landscapes*. Bristol: Multilingual Matters.

Baker, Mona (1992/2011) *In Other Words: A Course Book on Translation*. London: Routledge.

Baker, Mona (1993) 'Corpus Linguistics and Translation Studies: Implications and Applications', in Mona Baker, Gill Francis and Elena Tognini-Boneeli (eds) *Text and Technology: In Honour of John Sinclair*. Amsterdam: Benjamins, 233-50.

Baker, Mona (2006) *Translation and Conflict: A Narrative Account*. London: Routledge.

Baker, Mona and Carol Maier (eds) (2011) *Ethics and the Curriculum*. Manchester: St.Jerome.

Baker, Mona and Luis Perez-Gonzalez (2011) 'Translation and Interpreting', in James Simpson (ed.) *The Routledge Handbook of Applied Linguistics*. London: Routledge, 39-52.

Bassetti, Benedetta and Vivian Cook (2011) 'Relating Language and Cognition: The Second Language User', in Vivian Cook and Benedetta Bassetti (eds) *Language and Bilingual Cognition*. New York: Psychology Press, 143-90.

Baumgarten, Nicole, Juliane House and Julia Probst (2004) 'English as a Lingua Franca in Covert Translation Processes', *The Translator* 10: 83-108.

Becher, Viktor (2011) *Explicitation and Implicitation in Translation: A Corpus-based Study of English-German and German-English Translations of Business Texts*. PhD Dissertation University of Hamburg. Available online.

Becher, Viktor, Juliane House and Svenja Kranich (2009) 'Convergence and Divergence of Communicative Norms through Language Contact in Translation', in Kurt Braunmuller and Juliane House (eds) *Convergence and Divergence in Language Contact Situations*. Amsterdam: Benjamins, 125-52.

Beeby Lonsdale, Alison (2009) 'Directionality', in Mona Baker and Gabriela Saldanha (eds) *The Routledge Encyclopedia of Translation Studies*, 2nd ed. London: Routledge, 84-88.

Biber, Douglas (1988) *Variation across Speech and Writing*. Cambridge: Cambridge University Press.

Blommaert, Jan (2005) *Discourse: A Critical Introduction*. Cambridge: Cambridge University Press.

Blommaert, Jan (2010) *The Sociolinguistics of Globalisation*. Cambridge: Cambridge University Press.

Blum-Kulka, Shoshana (1986) 'Shifts of Cohesion and Coherence in Translation', in Juliane House and Shoshana Blum-Kulka (eds) *Interlingual and Intercultural Communication*. Tubingen: Narr, 17-35.

Blum-Kulka, Shoshana and Juliane House (1989) 'Cross-cultural and Situational

Variation in Requesting Behaviour', in Shoshana Blum-Kulka, Juliane House and Gabi Kasper (eds) *Cross-cultural Pragmatics*. Norwood, NJ: Ablex, 123-54.

Blum-Kulka, Shoshana, Juliane House and Gabriele Kasper (eds) (1989) *Cross-cultural Pragmatics*. Norwood, NJ: Ablex.

Böttger, Claudia (2007) *Lost in Translation? An Analysis of the Role of English as a Lingua Franca of Multilingual Business Communication*. Hamburg: Kovac.

Bourdieu, Pierre (1977) *Outline of a Theory of Practice* (Translation by R. Nice). Cambridge: Cambridge University Press.

Braun, Peter, Burkhard Schader and Johannes Volmert (2003) *Internationalismen II*. Tübingen: Niemeyer.

van den Broeck, Raymond (1985) 'Second Thoughts on Translation Criticism: A Model of its Analytic Function', in Theo Hermans (ed.) *The Manipulation of Literature*. New York: St. Martin's Press, 54-62.

van den Broeck, Raymond (1986) 'Contrastive Discourse Analysis as a Tool for the Interpretation of Shifts in Translated Texts', in Juliane House and Shoshana Blum-Kulka (eds) *Interlingual and Intercultural Communication*. Tübingen: Narr, 37-47.

Bühler, Karl (1934/1965) *Sprachtheorie. Die Darstellungsfunktion der Sprache*. Jena/Stuttgart: Fischer.

Bührig, Kristin and Claudia Böttger (2010) 'Multilingual Business Writing. The Case of Crisis Communication', in Bernd Meyer and Birgit Apfelbaum (eds) *Multilingualism at Work*. Amsterdam: Benjamins, 252-72.

Bührig, Kristin and Jan ten Thije (2006) *Beyond Misunderstanding: Linguistic Analyses of Intercultural Communication*. Amsterdam: Benjamins.

Bührig, Kristin, Juliane House and Jan ten Thije (eds) (2009) *Translational Action and Intercultural Communication*. Manchester: St. Jerome.

Canagarajah, Suresh (2007) 'Lingua Franca English, Multilingual Communities, and Language Acquisition', *The Modern Language Journal* 91: 923-39.

Catford, John (1965) *A Linguistic Theory of Translation*. Oxford: Oxford University Press.

Chafe, Wallace (2000) 'Loci of Diversity and Convergence in Thought and Language', in Martin Putz and Marjolyn Verspoor (eds) *Explorations in Linguistic Relativity*. Amsterdam: Benjamins, 101-24.

Clark, Herbert (1996) *Using Language*. Cambridge: Cambridge University Press.

Clyne, Michael (1994) *Intercultural Communication at Work: Cultural Values in Discourse*. Cambridge: Cambridge University Press.

Cogo, Alessia and Martin Dewey (2012) *Analysing English as a Lingua Franca. A Corpusdriven Investigation*. London: Continuum.

Cohen, Henry and Brigitte Stemmer (eds) (2007) *Consciousness and Cognition*. London: Academic Press.

Cook, Vivian and Benedetta Bassetti (eds) (2011) *Language and Bilingual Cognition*. New York: Psychology Press.

Coupland, Nicolas, Johannes Wiemann and Howard Giles (eds) (1991) *'Miscommunication' and Problematic Talk*. London: Sage.

Cronin, Michael (2003) *Translation and Globalization*. London: Routledge.

Crystal, David and Derek Davy (1969) *Investigating English Style*. London: Longman.

Derrida, Jacques (1985) *'Des Tours de Babel' Difference in Translation* (Translated and edited by Joseph Graham). London: Cornell University Press, 165-208.

Eagleman, David (2011) *Incognito: The Secret Lives of the Brain*. New York: Pantheon.

Edmondson, Willis (1981) *Spoken Discourse: A Model for Analysis*. London: Longman.

Edmondson, Willis and Juliane House (1981) *Let's Talk and Talk about it: A Pedagogic Interactional Grammar of English*. Munich: Urban & Schwarzenberg.

Edmondson, Willis, Juliane House, Gabriele Kasper and Brigitte Stemmer (1984) 'Learning the Pragmatics of Discourse: A Project Report', *Applied Linguistics* 5: 113-27.

Ehlich, Konrad (1984) 'Zum Textbegriff ', in Annelie Rothkegel and Barbara Sandig (eds) *Text - Textsorten - Semantik*. Hamburg: Buske, 9-25.

Ehrensberger-Dow, Maureen, Susanne Gopferich and Sharon O'Brien (eds) (2013) Special Issue: Interdisciplinarity in Translation and Interpreting Process Research. *Target* 25:1.
Enfield, N.J. and Stephen Levinson (eds) (2006) *Roots of Human Sociality*. Oxford: Berg.
Enkvist, Nils Erik (1973) *Linguistic Stylistics*. The Hague: Mouton.
Esselink, Bert (2000) *A Practical Guide to Localization*. Amsterdam: Benjamins.
European Commission (2009) *Translating for a Multilingual Community*. Luxembourg: Office for Official Publications of the European Communities.
Firth, Alan (2009) 'The Lingua Franca Factor', in Juliane House (ed.) Special Issue: English Lingua Franca. *Intercultual Pragmatics* 6:2: 147-70.
Firth, John Rupert (1959) *Papers in Linguistics 1934-1951*. Oxford: Oxford University Press.
Gadamer, Hans-Georg (1960) *Wahrheit und Methode: Grundzüge einer philosophischen Hermeneutik*. Tübingen: Mohr.
Galtung, Johan (1985) 'Struktur, Kultur und intellektueller Stil', in Alois Wierlacher (ed.) *Das Fremde und das Eigene*. Munich: iudicium, 151-93.
Goodwin, Phil (2010) 'Ethical Problems in Translation: Why We Need Steiner after All', *The Translator* 16: 19-42.
Göpferich, Susanne and Riitta Jääskeläinen (2009) 'Process Research into the Development of Translation Competence: Where Are We, and Where Do We Need to Go?', *Across Languages and Cultures* 10: 169-91.
Gorter, Dirk (2006) *Linguistic Landscape: A New Approach to Multilingualism*. Clevedon: Multilingual Matters.
Gregory, Michael (1967) 'Aspects of Varieties Differentiation', *Journal of Linguistics* 3: 177-98.
Grosjean, Francois (2001) 'The Bilingual's Language Modes', in Janet Nicol (ed.) *One Mind, Two Languages: Bilingual Language Processing*. Oxford: Blackwell, 1-22.
Gumperz, John (1982) *Discourse Strategies*. Cambridge: Cambridge University Press.

Hall, Edward T. (1976) *Beyond Culture*. New York: Doubleday.

Hall, Edward T. and Mildred Hall (1983) *Hidden Differences: Studies in International Communication*. Hamburg: Gruner und Jahr.

Halliday, M.A.K. (1973) *Explorations in the Functions of Language*. London: Arnold.

Halliday, M.A.K. (1989) *Spoken and Written Language*. Oxford: Oxford University Press.

Halliday, M.A.K and Ruqaiya Hasan (1989) *Language, Context and Text: Aspects of Language in a Social Semiotic Perspective*. Oxford: Oxford University Press.

Halliday, M.A.K. and Christian M.I.M. Matthiessen (2004) (3rd ed.) *An Introduction to Functional Grammar*. London: Arnold.

Halverson, Sandra (2004) 'Assumed Translation: Reconciling Toury and Kommissarov and Moving a Step Forward', *Target* 16: 341-54.

Halverson, Sandra (2008) 'Translations as Institutional Facts: An Ontology for "Assumed Translation"', in Anthony Pym, Miriam Schlesinger and Daniel Simeoni (eds) *Beyond Descriptive Translation Studies: In Homage to Gideon Toury*. Amsterdam: Benjamins, 343-61.

Halverson, Sandra (2010) 'Cognitive Translation Studies: Developments in Theory and Methods', in Gregory Shreve and Eric Angelone (eds) *Translation and Cognition*. Amsterdam: Benjamins, 349-70.

Halverson, Sandra (2014) 'Re-orienting Translation Studies: Cognitive Approaches and the Centrality of the Translator', in Juliane House (ed.) *Translation: A Multidisciplinary Approach*. London: Palgrave Macmillan, 116-39.

Harfmann, Martin (2009) *Explikation in deutsch-arabischer Übersetzung am Beispiel von Imagedarstellungen*. PhD Dissertation, University of Hamburg.

Hatim, Basil and Ian Mason (1990) *Discourse and the Translator*. London: Longman.

Hatim, Basil and Ian Mason (1997) *The Translator as Communicator*. London: Routledge.

Havranek, Bohuslav (1964) 'The Functional Differentiation of the Standard Language', in Paul Garvin (ed. and trans.) *A Prague School Reader on Aesthetics, Literary Structure and Style*. Washington, DC: Georgetown University Press, 3-16.

Heine, Bernd and Tania Kuteva (2005) *Language Contact and Grammatical Change*. Cambridge: Cambridge University Press.

Hernandez, Arturo (2009) 'Language Switching in the Bilingual Brain: What's Next?', *Brain and Language* 109: 133-40.

Hofstede, Geert (1984) *Culture's Consequences*. New York: Sage.

Hofstede, Geert (1991) *Cultures and Organizations*. New York: McGraw-Hill.

Holliday, Adrian (1999) 'Small Cultures', *Applied Linguistics* 20: 237-67.

Holliday, Adrian (2013) *Intercultural Communication*. London: Routledge.

House, Juliane (1977) (2nd ed. 1981) *A Model for Translation Quality Assessment*. Tubingen: Narr.

House, Juliane (1989) 'Politeness in English and German', in Shoshana Blum-Kulka, Juliane House and Gabriele Kasper (eds) *Cross-cultural Pragmatics*. Norwood, NJ: Ablex, 96-122.

House, Juliane (1996) 'Contrastive Discourse Analysis and Misunderstanding: The Case of German and English', in Marlis Hellinger and Ulrich Ammon (eds) *Contrastive Sociolinguistics*. Berlin: de Gruyter, 345-61.

House, Juliane (1997) *Translation Quality Assessment: A Model Revisited*. Tubingen: Narr.

House, Juliane (2003a) 'Misunderstanding in Intercultural University Encounters', in Juliane House, Gabriele Kasper and Steven Ross (eds) *Misunderstanding in Social Life: Discourse Approaches to Problematic Talk*. London: Longman, 22-56.

House, Juliane (2003b) 'English as a Lingua Franca: A Threat to Multilingualism?', *Journal of Sociolinguistics* 7: 556-78.

House, Juliane (2004) 'Linguistic Aspects of the Translation of Children's Books', in *Übersetzung-Translation-Traduction. An International Handbook*. Berlin: Mouton de Gruyter, 683-97.

House, Juliane (2006a) 'Text and Context in Translation', *Journal of Pragmatics* 38: 338-58.

House, Juliane (2006b) 'Communicative Styles in English and German', *European Journal of English Studies* 10: 249-67.

House, Juliane (2009) *Translation*. Oxford: Oxford University Press.

House, Juliane (2010) 'A Case for Globish', *The Linguist*. December: 16-17.

House, Juliane (2011a) 'Global and Intercultural Communication', in Karin Aijmer and Gisle Andersen (eds) *Handbook of Pragmatics*, Vol. 5. Berlin: Mouton de Gruyter, 363-90.

House, Juliane (2011b) 'Translation and Bilingual Cognition', in Vivian Cook and Benedetta Bassetti (eds) *Language and Bilingual Cognition*. New York: Psychology Press, 519-28.

House, Juliane (2012) 'Translation, Interpreting and Intercultural Communication', in *Routledge Handbook of Intercultural Communication*. London: Routledge, 495-510.

House, Juliane (2013a) 'Towards a New Linguistic-cognitive Orientation in Translation Studies', *Target* 25: 46-60.

House, Juliane (2013b) 'Translation and English as a Lingua Franca', *The Interpreter and Translator Trainer* 7: 279-98.

House, Juliane (ed.) (2014) *Translation: A Multidisciplinary Approach*. Basingstoke: Palgrave Macmillan.

House, Juliane and Gabriele Kasper (1981) 'Politeness Markers in English and German', in Florian Coulmas (ed.) *Conversational Routine*. The Hague: Mouton, 157-85.

House, Juliane, Gabriele Kasper and Steven Ross (eds) (2003) *Misunderstanding in Social Life: Discourse Approaches to Problematic Talk*. London: Longman.

D'Hulst, Jacqueline (1997) 'Focus on the Target Text: Towards a Functional Model for Translation Quality Assessment', in Kinga Klaudy and Janos Kohn (eds) *Transfere necesse ist*. Budapest: Scholastica, 102-07.

Huntingdon, Samuel (1997) *The Clash of Civilization and the Remaking of the World Order*. New York: Simon and Schuster.

Hymes, Dell (1968) 'The Ethnography of Speaking', in Joshua Fishman (ed.) *Readings in the Sociology of Language*. The Hague: Mouton, 99-138.

Inghilleri, Moira (2003) 'Habitus, Field and Discourse: Interpreting as a Socially Situated Activity', *Target* 15: 243-68.

Inghilleri, Moira (2009) 'Translators in War Zones: Ethics under Fire in Iraq', in Esperanca Bielsa and Christopher Hughes (eds) *Globalization, Political Violence and Translation*. Basingstoke: Palgrave Macmillan.

Jääskeläinen, Riitta (2011) 'Back to Basics: Designing a Study to Determine the Validity and Reliability of Verbal Report Data on Translation Processes', in Sharon O'Brien (ed.) *Cognitive Explorations of Translation*. London: Continuum, 15-29.

Jakobson, Roman (1960) 'Closing Statement: Linguistics and Poetics', in Thomas A. Sebeok (ed.) *Style in Language*. Cambridge, MA: MIT Press, 350-77.

Jakobson, Roman (1966) 'On Linguistic Aspects of Translation', in Reuben Brower (ed.) *On Translation*. New York: Oxford University Press.

Joos, Martin (1961) *The Five Clocks*. New York: Harcourt, Brace and World.

Junge, Svenja (2011) *Japanese Business Rhetoric: A Global Genre in Local Settings. A Comparative Analysis of Person Deixis in English and Japanese Business Reports*. MA Thesis, University of Hamburg.

Kade, Otto (1968) 'Zufall und Gesetzmäβigkeit in der Übersetzung', *Beihefte zur Zeitschrift Fremdsprachen 1*. Leipzig: Enzyklopädie.

Kaplan, Robert (1966) 'Cultural Thought Patterns in Intercultural Education', *Language Learning* 16: 1-20.

Klein, Denise, Robert Zatorre, Jen-Kai Chen, Brenda Milner, Joelle Crane, Pascal Belin and Marc Bouffard (2006) 'Bilingual Brain Organization. A Functional Magnetic Resonance Adapation Study', *Neuroimage* 31: 366-75.

Koller, Werner (1974) 'Anmerkungen zu Definitionen des Übersetzungs 'vorgangs' und der Übersetzungskritik', in Wolfram Wilss and Gisela Thome (eds) *Aspekte der Theoretischen, Sprachenpaarbezogenen und Angewandten Sprachwissenschaft*. Heidelberg: Groos, 35-45.

Koller, Werner (1995) 'The Concept of Equivalence and the Object of Translation

Studies', *Target* 7: 191-222.

Koller, Werner (2011) (11th ed.) *Einführung in die Übersetzungswissenschaft*. Tübingen: Francke.

Kranich, Svenja and Victorina González-Díaz (2010) 'Good, Great or Remarkable? Evaluations in English, German and Spanish Letters to Shareholders', Paper given at the Conference *New Challenges for Multilingualism in Europe*, Dubrovnik.

Kranich, Svenja, Juliane House and Viktor Becher (2012) 'Changing Conventions in English and German Translations of Popular Science Texts', in Kurt Braunmuller and Christoph Gabriel (eds) *Multilingual Individuals and Multilingual Societies*. Amsterdam: Benjamins, 315-35.

Krein-Kühle, Monika (2013) 'Towards High-quality Translation Corpora: The Cologne Specialized Translation Corpus (CSTC) - A New Tool Designed to Improve Translation Research', in Monika Krein-Kuhle and Ursula Wienen (eds) *Kölner Konferenz zur Fachtextübersetzung* 2010. Frankfurt/Main: Lang, 3-17.

Krein-Kühle, Monika (2014) 'Translation and Equivalence', in Juliane House (ed.) *Translation: A Multidisciplinary Approach*. Basingstoke: Palgrave Macmillan.

Küppers, Anne (2008) *Deutsche und französische Aktionärsbriefe*. MA Thesis, University of Hamburg.

Larose, Robert (1998) 'Méthodologie de l'évaluation des traductions', *Meta* 43: 163-86.

Leech, Geoffrey (1983) *Principles of Pragmatics*. London: Longman.

Levy, Jiří (1967) 'Translation as a Decision Process', in *To Honour Roman Jakobson on the Occasion of his Seventieth Birthday*, Vol. 2. The Hague: Mouton, 1171-82.

Liu, Sisi (forthcoming) *The Influence of English as a Lingua Franca on Chinese*. PhD Dissertation, University of Hamburg.

Lüdi, Georges, Katharina Höchle and Patchareerat Yanaprasart (2010) 'Plurilingual Practices at Multilingual Workplaces', in Bernd Meyer and

Birgit Apfelbaum (eds) *Multilingualism at Work*. Amsterdam: Benjamins, 211-34.

Lyons, John (1969) *Introduction to Theoretical Linguistics*. Cambridge: Cambridge University Press.

Maier, Carol (2007) 'The Translator's Visibility: The Rights and Responsibilities Thereof ', in Myriam Salama-Carr (ed.) *Translating and Interpreting Conflict*. Amsterdam: Rodopi.

Mair, Christian (2006) *Twentieth-century English: History, Variation and Standardization*. Cambridge: Cambridge University Press.

Malinowski, Bronislav (1923) 'The Problem of Meaning in Primitive Languages', in Charles K. Ogden and I.A. Richards (eds) *The Meaning of Meaning*. New York: Harcourt, Brace and World, 296-336.

Mathesius, Vilem (1971) 'Die funktionale Linguistik', in Eduard Benes and Josef Vachek (eds) *Stilistik und Soziolinguistik*. Munich: List, 1-18.

Munday, Jeremy (2008) (3rd ed. 2012) *Introducing Translation Studies: Theories and Applications*. London: Routledge.

Munday, Jeremy and Basil Hatim (2004) *Translation: An Advanced Resource Book*. London: Routledge.

Neubert, Albrecht (1970) 'Elemente einer allgemeinen Theorie der Translation', in *Actes du Xe Congrès International des Linguistes*, Bucharest, 1967, 451-56.

Neubert, Albrecht (1985) *Text and Translation*. Leipzig: Enzyklopadie.

Nida, Eugene (1964) *Toward a Science of Translation*. Leiden: Brill.

Nida, Eugene and Charles Taber (1969) *The Theory and Practice of Translation*. Leiden: Brill.

O'Brien, Sharon (2011) *Cognitive Explorations of Translation*. London: Continuum.

O'Brien, Sharon (2013) 'The Borrowers: Researching the Cognitive Aspects of Translation', *Target* 25: 5-17.

Ogden, Charles and I.A. Richards (1946) (8th ed.) *The Meaning of Meaning*. London: Routledge and Kegan Paul.

Paepcke, Fritz, Klaus Berger and Hans-Michael Speier (eds) (1986) *Im Übersetzen*

Leben: Übersetzen und Textvergleich. Tübingen: Narr.

Paradis, Michel (2004) *A Neurolinguistic Theory of Bilingualism*. Amsterdam: Benjamins.

Paradis, Michel (2009) *Declarative and Procedural Determinants of Second Languages*. Amsterdam: Benjamins.

Pike, Kenneth (1967) (2nd ed.) *Language in Relation to a Unified Theory of Human Behavior*. The Hague: Mouton.

Piller, Ingrid (2011) *Intercultural Communication: A Critical Introduction*. Edinburgh: Edinburgh University Press.

Pokorn, Nike (2005) *Challenging the Traditional Axioms: Translation into a Non-mother Tongue*. Amsterdam: Benjamins.

Popper, Karl (1972) *Objective Knowledge. An Evolutionary Approach*. Oxford: Clarendon Press.

Price, Cathy, David Green and Roswitha von Studnitz (1999) 'A Functional Imaging Study of Translation and Language Switching', *Brain* 112: 2221-35.

Prunč, Erich (2007) *Entwicklungslinien in der Translationswissenschaft*. Berlin: Frank und Timme.

Pym, Anthony (1995) 'European Translation Studies, *une science qui dérange*, and why Equivalence Needn't Be a Dirty Word', *TTR* 8: 153-76.

Pym, Anthony (2010) *Exploring Translation Theories*. London: Routledge.

Rehbein, Jochen, Jan ten Thije and Anna Verschik (2012) 'Lingua Receptiva (LaRa). Remarks on the Quintessence of Receptive Multilingualism', *International Journal of Bilingualism* 16: 248-64.

Reiss, Katharina (1968) 'Überlegungen zu einer Theorie der Übersetzungskritik', *Linguistica Antverpiensia* 2: 369-83.

Reiss, Katharina (1971) *Möglichkeiten und Grenzen der Übersetzungskritik*. Munich: Hueber.

Reiss, Katharina (1973) 'Der Texttyp als Ansatzpunkt fur die Lösung von Übersetzungsproblemen', *Linguistica Antverpiensia* 7: 111-27.

Reiss, Katharina and Hans Vermeer (1984) *Grundlegung einer allgemeinen Translationstheorie*. Tübingen: Niemeyer.

Risku, Hanna (2010) 'A Cognitive Scientific View on Technical Communication and Translation. Do Embodiment and Situatedness Really Make a Difference?', *Target* 22: 94-111.

Robbins, Philip and Murat Aydede (2009) 'A Short Primer Situated Cognition', in Philip Robbins and Murat Aydede (eds) *The Cambridge Handbook* Robinson, Douglas (1997) *Translation and Empire. Postcolonial Theories Explained*. Manchester: St. Jerome.

Sarangi, Srikant (1994) 'Intercultural or Not: Beyond Celebration of Cultural Differences in Miscommunication Analysis', *Pragmatics* 4: 409-27.

Savory, Theodore (1963) 'Enquete', in Edmond Cary and Rudolf Jumpelt (eds) *Quality and Translation*. New York: Macmillan.

Savory, Theodore (1968) *The Art of Translation*. Boston: The Writer.

Schleiermacher, Friedrich (1977) (1st ed. 1813) 'Über die verschiedenen Methoden des Übersetzens', in Hans-Jürgen Störig (ed.) *Das Problem des Übersetzens*. Darmstadt: Wissenschaftliche Buchgesellschaft, 38-70.

Schreiber, Michael (1993) *Übersetzung und Bearbeitung. Zur Differenzierung und Abgrenzung des Übersetzungsbegriffs*. Tubingen: Narr.

Scollon, Ron and Susanne Wong Scollon (1995) *Intercultural Communication: A Discourse Approach*. Oxford: Blackwell.

Searle, John (1969) *Speech Acts: An Essay in the Philosophy of Language*. Cambridge: Cambridge University Press.

Searle, John (1995) *The Construction of Social Reality*. New York: Simon and Schuster.

Seidlhofer, Barbara (2011) *Understanding English as a Lingua Franca*. Oxford: Oxford University Press.

Shore, Bradd (1996) *Culture in Mind: Cognition, Culture, and the Problem of Meaning*. Oxford: Oxford University Press.

Shreve, Gregory and Erik Angelone (eds) (2010) *Translation and Cognition*. Amsterdam: Benjamins.

Shreve, Gregory and Erik Angelone (2011) 'Uncertainty Management, Metacognitive Bundling in Problem Solving, and Translation Quality', in

Sharon O'Brien (ed.) *Cognitive Explorations of Translation*. London: Continuum, 108-30.

Smith, Veronika and Christine Klein-Braley (1997) 'Advertising - A Five Stage Strategy for Translation', in Mary Snell-Hornby, Zuzana Jettmarova and Klaus Kaindl (eds) *Translation as Intercultural Communication*. Amsterdam: Benjamins.

Snell-Hornby, Mary (1988) *Translation Studies: An Integrated Approach*. Amsterdam: Benjamins.

Snell-Hornby, Mary (2010) 'Mind the GAB', *The Linguist* June/July: 18-19.

Söll, Ludwig (1974) *Gesprochenes und Geschriebenes Französisch*. Berlin: Schmidt.

Spencer-Oatey, Helen (2000) *Culturally Speaking: Managing Rapport through Talk across Cultures*. London: Continuum.

Sperber, Dan (1996) *Explaining Culture*. Oxford: Blackwell.

Steiner, Erich (1998) 'A Register-based Translation Evaluation: An Advertisement as a Case in Point', *Target* 10: 291-318.

Steiner, George (1975) *After Babel: Aspects of Language and Translation*. Oxford: Oxford University Press.

Stolze, Radegundis (2003) *Hermeneutik und Translation*. Tubingen: Narr.

Stolze, Radegundis (2011) *Übersetzungstheorien: Eine Einführung*. Tübingen: Narr.

Tannen, Deborah (1986) *That's Not What I Meant! How Conversational Style Makes or Breaks Your Relations with Others*. New York: Morrow.

Teich, Elke (2004) *Cross-Linguistic Variation in System and Text*. Berlin: Mouton de Gruyter.

ten Thije, Jan and Ludger Zeevaert (2007) *Receptive Multilingualism*. Amsterdam: Benjamins.

Terkourafi, Marina (2011) 'Thank You, Sorry, and Please in Cypriot Greek: What Happens to Politeness Markers when They Are Borrowed across Languages', *Journal of Pragmatics* 43: 218-35.

Thomas, Jenny (1983) 'Cross-cultural Pragmatic Failure', *Applied Linguistics* 4:

91-112.

Tirkkonen-Condit, Sonja (1985) *Argumentative Text Structure and Translation*. PhD Dissertation, University of Jyvääskylä.

Tirkkonen-Condit, Sonja (1986) 'Text Type Markers and Translation Equivalence', in Juliane House and Shoshana Blum-Kulka (eds) *Interlingual and Intercultural Communication*. Tübingen: Narr, 95-114.

Toulmin, Stephen (1958) *The Uses of Argument*. Cambridge: Cambridge University Press.

Toury, Gideon (1995) *Descriptive Translation Studies and Beyond*. Amsterdam: Benjamins.

Toury, Gideon (2012) *Descriptive Translation Studies and Beyond*. Revised edition. Amsterdam: Benjamins.

Tymoczko, Maria (2005) 'Trajectories of Research in Translation Studies', *Meta* 4: 1082-97.

Venuti, Lawrence (1995) *The Translator's Invisibility: A History of Translation*. London: Routledge.

Vermeer, Hans (1984) 'Textkohärenz in der Übersetzungstheorie und -didaktik', in Wolfram Wilss and Gisela Thome (eds) *Die Theorie des Übersetzens und ihr Aufschlusswert für die Übersetzungs- und Dolmetschdidaktik*. Tubingen: Narr, 46-51.

Wagner, Emma (2003) 'Why International Organizations Need Translation Theory', in Luis Perez Gonzalez (ed.) *Speaking in Tongues: Language across Contexts and Users*. Valencia: University of Valencia, 91-102.

Wenger, Etienne (1998) *Communities of Practice*. Cambridge: Cambridge University Press.

Widdowson, Henry (1994) 'The Ownership of English'. *TESOL Quarterly* 28: 377-89.

Williams, Malcolm (2004) *Translation Quality Assessment: An Argument-centered Approach*. Ottawa: University of Ottawa Press.

Wilss, Wolfram (1974) 'Probleme und Perspektiven der Übersetzungskritik', *IRAL* 12: 23-41.

Wilss, Wolfram (1982) *The Science of Translation: Problems and Methods*. Tubingen: Narr.

Yamamori, Fusako (2013) *Höflichkeitsäquivalenz in deutschen Übersetzungen japanischer Texte*. PhD Dissertation, University of Hamburg.

Zanettin, Federico (2014) 'Corpora in Translation', in Juliane House (ed.) *Translation: A Multidisciplinary Approach*. Basingstoke: Palgrave Macmillan.

찾아보기

용어

〈ㄱ〉
게르만족(Teutonic) 방식 ·············· 159
격식체 ································· 46
결속구조 ······························ 30
결속성 ···························· 27, 30
고맥락 ································ 161
공동 번역 프로젝트 ················ 178
공손성 ······························· 148
공통점 ······························· 204
관념적 기능 ········· 39, 53, 56, 236
광고 ··············· 155, 156, 168, 222
구어-문어(oral-literate) 차원 ······· 105
국제주의 ···························· 166
그림자 의미 ············ 227, 228, 229
근무 조건 ······························ 3
근사(approximative) 등가 ············ 10
기능적 등가 ············ 41, 43, 98, 99, 108, 109, 111, 114, 162, 163, 201
기능적 문장 관점 ····················· 51
기능적 자기 공명 기록법 ··········· 198
기능주의적 접근법 ·········· 18, 19, 28
기술적 기능 ··························· 39

〈ㄴ〉
내용중심(content-oriented) 텍스트 ·· 24
내재적 버전 ··· 96, 110, 112, 113, 237
내재적 번역 ········ 91, 92, 93, 96, 97, 98, 100, 101, 109, 201
내재적 번역 프로젝트 ········· 179, 209
내재적 번역과 문화적 필터 ········ 145, 163, 180
내재적 번역의 기능적 등가 ········· 93
내재적으로 잘못된 오류 ·· 52, 53, 100
논증 이론 ····························· 31

〈ㄷ〉
다중언어능력 ······················· 203
다층적 동시성 ······················ 170
달력에 실린 교훈적인 이야기 ······· 89
담화 구문 ··························· 147
담화 세계 ··························· 180
담화 유형 ··························· 158
담화 전략 ··························· 147
담화관계 ····· 104, 105, 110, 129, 135, 137, 142, 222, 223, 227, 234, 235
담화매체 ····· 104, 132, 135, 141, 209, 220, 224, 231, 235
담화의 세계화 ····· 166, 167, 168, 169, 170, 171, 172, 173, 174, 175, 176, 177, 178, 179, 180
담화장 ········ 104, 105, 127, 134, 136, 142, 209, 215, 223, 224
대인관계적 기능 ·· 39, 56, 79, 86, 94, 134, 135, 223, 224
대조 화용 분석 ············ 26, 146, 148
대조 화용론적 분석 ···················· 197
대조 화용언어론적 분석 ······ 151, 152, 153, 154, 155, 156

대조적 담화 분석 ·················· 146
독일 과학 재단 다언어주의 연구 센터
  ································· 183
독일어 장르 관습 ················· 193
동결체 ····························· 46
두 언어 간 버전 ·················· 97
등가 ········ 1, 8, 9, 10, 11, 15, 18, 19,
  20, 21, 24, 26, 27, 30, 33, 34, 35, 36,
  43, 48, 54, 90, 101, 110

〈ㄹ〉
라이프치히 학파 ············· 10, 23
Robert Kaplan의 문화적 사고 유형
  ································· 158
로컬라이제이션 업계 ············ 173
링구아 리셉티바 ·················· 172
링구아 프랑카 ······· 6, 170, 171, 179

〈ㅁ〉
맥락적(상황적) 기능 ············· 38
메타 화용 평가 테스트 ·········· 146
멘탈리스트적 관점 ················ 14
명료성 ···························· 17
무차원적 불일치 ·················· 104
문화 간 의사소통 ······ 2, 5, 151, 157,
  158
문화 간 차이(영어-독일어) ········· 149,
  150, 151, 152, 153, 154, 155, 156
문화 간 화행 실현 프로젝트 ······ 146,
  148
문화 분류 ························ 160
문화적 맥락 ················· 5, 238
문화적 변이 ····················· 151
문화적 사고 유형 ················ 158
문화적 필터 ········· 92, 93, 96, 98, 99,
  108, 109, 110, 111, 112

문화적 필터링 ·· 94, 98, 99, 111, 180,
  208, 234
문화적·사회적 추세 ················ 193

〈ㅂ〉
반응 기반 접근법 ·················· 16
반응의 등가 ······················· 17
발화매개적(perlocutionary) 효과 ··· 234
발화수반력 ········ 35, 76, 82, 83, 140,
  149, 167, 219, 230
발화수반력 표시 장치 ············· 167
방향성 ···························· 176
방향적(directional) 등가 ··········· 11
번안 ····························· 16
번역절차포착 ···················· 204
부수적(subsidiary) 텍스트 ········ 24
부적절한 번역 ···················· 96
분석가들(analysts, judgement) ······· 54
분석적·법칙적 패러다임 ·········· 182

〈ㅅ〉
사건 관련 전위 ·················· 198
사례 연구 접근법 ················· 55
사용역 ········ 104, 105, 106, 108, 109,
  113, 201, 202
사회 문화적 ······················· 90
사회 문화적 맥락 ············· 21, 22
사회문화적 규범 ··········· 93, 98, 99
사회와 인지의 접점 ·············· 204
사회적 ····················· 80, 84, 236
사회적 역할 관계 ········ 44, 46, 74, 80,
  81, 84, 86, 87, 94, 96, 100, 130, 138,
  142, 209, 218
사회적 태도 ········· 44, 46, 76, 86, 96,
  100, 104, 131, 219, 230
상업적인 회보 ···················· 93

상징적 관련성 ·················· 51
상징적(symbolic) 기능 ············ 37
상황적 맥락 ··········· 5, 42, 43, 103
상황적 인지 ····················· 203
상황적 차원 ··· 43, 48, 49, 50, 53, 54,
　　96, 100, 103, 104, 111, 112
색슨족(Saxonic) 방식 ············ 159
서술 기억 ······················· 199
설교적 담화관계 ················· 189
세계 변이 ······················· 108
세계화 ····· 6, 165, 166, 167, 168, 169,
　　170, 172, 174, 177, 179, 180, 194
수사적 전략 ···················· 235
수용적 이중언어주의 ············· 172
스코포스 지향적인 접근법 ······· 18, 27
시야의 융해 ······················ 15
시청각미디어(audiomedial) 텍스트
　　································ 24
신경언어 이론 ··················· 199
신경영상(neuro-imaging) 연구 ····· 198

〈ㅇ〉
아비투스 ························ 203
아이 트래킹 ····················· 197
앵글로 색슨 규범 ············ 179, 180
양전자 방사 단층 촬영 ············ 198
어휘 목록 ······················· 199
어휘군 ·························· 167
어휘적 특성 ······················ 30
언어 문화권 ········· 34, 98, 113, 158,
　　177, 207
언어 언급 ······················· 108
언어 책략 ······················· 147
언어경관 ······················· 167
언어쌍에 대한 특정한 대조 실용 분석
　　································ 111

언어외적 배경 ···················· 18
언어의 기능 ············ 36, 37, 38, 41
언어적 번역 ······················ 97
언어학 지향적 접근법 ············· 23
에틱 텍스트 ······················ 52
역동적 등가 ··················· 9, 17
연결성 ················ 28, 209, 220, 235
연속 변이 ··········· 41, 54, 101, 237
영(zero) 등가 ····················· 10
영어 기반의 수사적 구조 ·········· 167
영어권의 규범 ·············· 183, 193
영어식 어구를 차용 ··········· 166, 167
완전(total) 등가 ··················· 10
외연적 의미 ······················ 52
외현적 번역 ··· 88, 89, 90, 91, 92, 97,
　　98, 99, 101, 107, 108, 109, 110, 112,
　　114, 180, 201, 236
위험부담이 없는(non-risk-taking) 전략
　　································ 93
유럽연합 집행위원회의 번역부 ····· 170
의사소통 규범 ····· 184, 193, 194, 207,
　　208, 234, 237
의사소통 선호도 ················· 145
의사소통의 민족지학 ·············· 42
이문화 연구 ··········· 143, 160, 202
이미크 텍스트 ···················· 52
이중언어 모드 ··················· 195
이중언어능력 ··················· 203
2차적 기능 ················ 90, 99, 109
2차적 기능의 등가 ··············· 109
인식 양태 표지 ·········· 190, 191, 192
인지 과정 ···················· 8, 205
인지 화용적 절차 ················ 205
인지언어학적 방향 ··············· 202
일본(Nipponic) 방식 ·············· 159

〈ㅈ〉

자동화 ································· 50
장르 ····· 105, 106, 113, 114, 115, 133,
　　　141, 184, 208, 222, 233, 235
장면과 프레임 ······················ 27
저맥락 ······························· 161
적절한 번역 ················ 90, 98, 103
전경화 ······················ 49, 50, 57
절차 기억 ··························· 199
절충적 접근법 ······················ 30
정보성 ································ 17
정서적 기능 ························ 37
정서·표현적(emotive-expressive) 기능
　　　······························· 37
주관성 ······················ 9, 15, 45, 189
주제 구조 ···························· 30
지능적 방식 ······················· 158
지표성 ······························· 163
지표성의 순서 ····················· 168
지표적 의미 ······················· 168
직접성 ······························ 148

〈ㅊ〉

차연 ································· 22
차원적 불일치 ···················· 104
참여 ······· 44, 45, 73, 80, 81, 86, 133,
　　　141, 209, 220, 231, 235
초구조적(superstructural) 차원 ······ 29
친밀체 ······························· 46

〈ㅋ〉

코퍼스 기반 연구 ··················· 6
코퍼스 연구 · 181, 205, 208, 209, 235
Cologne Specialized Translation
　　　Corpus ····················· 181
키로깅 ······························· 197

〈ㅌ〉

탐구적·해석적 패러다임 ············ 182
테마-레마 구조 ····· 45, 50, 51, 73, 77,
　　　79, 85, 129, 209, 233
텍스트 유형 ············ 24, 30, 36, 41
텍스트 프로필 ········ 42, 48, 49, 104,
　　　116, 235
텍스트 행위 ························ 28
텍스트소 분석 ······················ 26
텍스트적 측면 ······················ 35
통사적 등가 ························ 30
통성적(facultative) 등가 ············ 10

〈ㅍ〉

판단 ································· 54
평어체 ······························· 46
표상적(representational) 기능 ········ 37
프라하학파 ··························· 33
프랑스 특유의(Gallic) 방식 ········ 159
프레임 ······························· 108
프레임 변이 ························ 108

〈ㅎ〉

학술 담론 ··························· 175
Halliday식의 과정 ··········· 209, 235
함께 하는 활동 ···················· 205
해체론적 접근법 ···················· 22
행동주의적 관점 ···················· 17
협의체 ······························· 46
형식중심(form-oriented) 텍스트 ····· 24
형태적 대응 ························ 30
호소적(conative) 텍스트 ············ 24
화면 기록 ····························· 7
화용적 등가 ························ 30
화제화 ······························· 90
확장된 발화 상황 ················· 162

인명

⟨A⟩
Alison Beeby Lonsdale ·············· 177

⟨B⟩
Basil Hatim ····················· 8, 23, 30
Bradd Shore ································· 204
Bronislav Malinowski ·············· 36, 42

⟨C⟩
Charles Taber ································ 17
Christine Klein-Braley ················ 153
Claudia Böttger ····················· 173, 223

⟨D⟩
Dan Sperber ························ 196, 204
David Crystal ························· 44, 50
Dell Hymes ······························ 38, 42
Derek Devy ····························· 44, 50
Douglas Biber ·············· 105, 132, 220, 231

⟨E⟩
Edward Hall ································ 160
Elke Teich ······································ 23
Emma Wagner ····························· 178
Erich Prunč ····································· 9
Erich Steiner ···························· 23, 30
Erik Angelone ························· 7, 197
Eugine Nida ············ 5, 8, 9, 17, 23, 31, 57

⟨F⟩
Friedrich Schleiermacher ········ 15, 107

⟨G⟩
Geert Hofstede ····························· 160
Geoffrey Leech ······························ 40
George Steiner ······························· 15
Gideon Toury ································ 19
Gregory Shreve ······················· 7, 197

⟨H⟩
Hanna Risku ································ 204
Hans Vermeer ······················ 8, 27, 41
Hans-Georg Gadamer ··················· 15
Herbert Clark ······················· 204, 205

⟨I⟩
I. A. Richards ································ 37
Ian Mason ······························ 8, 23, 30

⟨J⟩
Jacqueline D'Hulst ························ 28
Jacques Derrida ···························· 22
Jamal Al-Qinai ························ 29, 30
Jan Blommaert ····· 161, 168, 169, 170
Johan Galtung ····························· 159
Johann Peter Hebel ······················· 89
John Catford ························· 8, 9, 35
John Searle ····················· 34, 203, 204
Juan Luis Vives ···························· 24

⟨K⟩
Karl Barth ······································ 89
Karl Bühler ····························· 24, 37
Koller, Werner ······························· 11
Konrad Ehlich ······························ 162

찾아보기 **259**